图书编委会

总策划：彭国华

总统筹：杨　轲

主　编：韩冰曦　王　慧

编写组成员（排名不分先后）：

魏　飞　李玮琦　王妍卓　周小梨

周素丽　韩　拓　罗　婷　等

人类文明新形态
中国式现代化

人民日报社人民论坛杂志社　主编

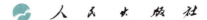

人 民 出 版 社

序

中国式现代化：一种全新的人类文明形态

文明是人类社会实践的产物，人类社会从低级到高级、从简单到复杂、从落后到进步的发展过程，就是不同形态的人类文明演进发展的过程。当今世界不同国家、不同地区各具特色的现代化道路，植根于丰富多样、源远流长的文明传承。人类社会创造的各种文明，都闪烁着璀璨光芒，为各国现代化积蓄了厚重底蕴、赋予其鲜明特质，并跨越时空、超越国界，共同为人类社会现代化进程作出了重要贡献。

人类社会发展进程曲折起伏，各国探索现代化道路的历程充满艰辛。长期以来，一些西方发达国家凭借现代化的先发优势和话语强权，将资本主义文明视作"普世文明"向世界推广，使众多发展中国家陷入对西方现代化的"路径依赖"。人类文明发展已经进入21世纪，当今世界正经历百年未有之大变局。多重挑战和危机交织叠加，世界经济复苏艰难，发展鸿沟不断拉大，生态环境持续恶化，冷战思维阴魂不

扫码听全文

散，等等，都对人类文明未来发展提出挑战与考验，迫切需要新的人类文明形态引领和推动人类社会现代化进程。

马克思指出："凡是民族作为民族所做的事情，都是他们为人类社会而做的事情"。在追求现代化的历程中，中国共产党带领中国人民进行了艰苦卓绝的奋斗，不仅创造了世所罕见的经济快速发展和社会长期稳定两大奇迹，而且成功走出了中国式现代化道路，创造了人类文明新形态。这充分彰显了中国共产党百余年奋斗在人类文明发展史上的重要地位，是中华民族自信自立自强、致力于不断为人类作出更大贡献的鲜明体现。

从建党百年之际首次提出"人类文明新形态"，到《中共中央关于党的百年奋斗重大成就和历史经验的决议》提出"党领导人民成功走出中国式现代化道路，创造了人类文明新形态"，再到党的二十大将"创造人类文明新形态"作为中国式现代化的本质要求之一，我们对人类文明新形态的认识和理解步步深入。习近平总书记指出："中国式现代化，深深植根于中华优秀传统文化，体现科学社会主义的先进本质，借鉴吸收一切人类优秀文明成果，代表人类文明进步的发展方向，展现了不同于西方现代化模式的新图景，是一种全新的人类文明形态。"

人类文明新形态，具有基于中国国情的鲜明特色，其坚持以人民为中心，坚持走共同富裕道路，推动物质文明和精神文明相协调，坚持人与自然和谐共生，促进人的全面发展和社会全面进步，构成了物质文明、政治文明、精神文明、社会文明和生态文明协调发展的新型文明体系。

　　人类文明新形态，打破了"现代化＝西方化"的迷思，展现了现代化的另一幅图景，拓展了发展中国家走向现代化的路径选择，为人类对更好社会制度的探索提供了中国方案，蕴含着独特的世界观、价值观、历史观、文明观、民主观、生态观。人类文明新形态是中国共产党领导中国人民的伟大创造，是世界文明的重要组成部分，丰富和发展了马克思主义关于人类文明发展的理论，昭示了人类社会未来发展的光明前景。

　　人类文明新形态，倡导和平、发展、公平、正义、民主、自由的全人类共同价值，遵循人类文明发展的一般规律，致力于实现人自由而全面的发展，以文明交流超越文明隔阂、文明互鉴超越文明冲突、文明共存超越文明优越，必将极大丰富世界文明百花园，其中蕴含的文明主张、体现的文明情怀、产生的文明影响，对于构建人类命运共同体具有重要推动作用，为实现人类千百年来共同追求的价值提供了新的路径。

　　人类文明新形态的理论创造和实践发展只有进行时没有完成时。开创了人类文明新形态的当代中国，不仅是今日之中国、中国之中国，也是亚洲之中国、世界之中国。未来之中国，必将以更加开放的姿态拥抱世界，以更有活力的文明成就贡献世界！

——人民论坛编纂组

目　录

中国式现代化是一种全新的人类文明形态

人类文明形态的历史、现实与趋势⋯⋯⋯⋯⋯⋯王存刚 003
　　——一个概要的论述

中国式现代化是一种全新的
　　人类文明形态 ⋯⋯⋯⋯⋯⋯⋯⋯⋯⋯⋯韩庆祥　张　健 016

中国式现代化对人类文明的历史性贡献⋯⋯⋯⋯韩喜平 031

从人类文明新形态看实现全球善治的
　　可能维度 ⋯⋯⋯⋯⋯⋯⋯⋯⋯⋯⋯⋯⋯⋯⋯熊李力 047

世界历史进程中的中国式现代化

世界现代化的一般规律及国别特征.................王鸣野 063

发展中国家走向现代化的现实状况与模式.....戴长征 079
　　——基于几个典型案例的分析

当前欧美各国现代化面临的共同挑战.............庞金友 092

中国式现代化是世界现代化理论和实践的
　　重大创新...陈　鹏 105

中国式现代化何以成为世界现代化的
　　增长极...王明进 115

中国式现代化理论的世界性维度与
　　人类文明意义.......................................王立胜 126

深刻认识中国式现代化的中国特色

深刻理解和把握中国式现代化的
　　哲学意蕴.............................王均伟　胡晓青 139

中国人口规模巨大的现代化究竟

　　意味着什么 .... 高　帆　158

促进人民精神生活共同富裕 .... 颜晓峰　173

以文化自信自强谱写中国式现代化

　　文化长卷 .... 蔡劲松　188

建设人与自然和谐共生现代化的

　　政治宣言和行动纲领 .... 张云飞　196

在中国式现代化建设中提高人民生活品质：

　　内在要求与实践向度 .... 丁元竹　206

效率与公平实现动态统一的制度基础和

　　价值支撑 .... 王金柱　226

在理论和实践的创新中推进中国式现代化

以系统观念整体推进中国式现代化 .... 任　洁　245

正确把握顶层设计与实践探索的关系 .... 郑功成　259

守正创新：中国式现代化的逻辑进路 .... 何虎生 270

中国式现代化保持活力与秩序的关键 .... 田 丰 285

在"内"与"外"的深度交融中

推进中国式现代化 .... 付文军 296

调查报告：公众关于中国式现代化的所思所想所盼

公众关于中国式现代化的所思所想所盼 ...... 人民智库 309

中国式现代化
是一种全新的人类文明形态

　　中国式现代化扎根于中华优秀传统文化土壤，成长于中国特色社会主义建设鲜活实践，得益于一切人类优秀文明成果滋养，创造了以人的发展为保证、以人的幸福为特征、以人的解放为导向的人类文明新形态，实现了对西方现代化历史局限性的本质性突破和创新性发展，开启了人类逐步走向世界大同、天下文明的新的伟大历史进程。

人类文明形态的历史、现实与趋势

——一个概要的论述

王存刚 *

人类历史本质上是文明的历史。按照马克思主义的观点，文明是人类社会实践的产物，它与生产方式和交换方式直接相关。因此，对于文明的理解，应当把它同人类的物质生产和精神生产联系起来，把文明看作是反映物质生产和精神生产两方面成果的总和，将其视为标示人类社会开化程度和进步状态的范畴。人类文明形态是文明存在的基本形式，指称人类社会实践的组织方式，人类文明形态的演进就表现为这种组织方式的产生、发展乃至衰落、消亡的过程。审视和描述人类文明形态变化的科学方法，应当把握历史逻辑与理论逻辑的一致性。系统深入地研究人类文明形态的变化，有助于准确把握人类文明演进的规律和方向，深刻认识人类文明新形态的重大意义。

扫码听全文

---

* 王存刚，南开大学周恩来政府管理学院教授。

人类文明形态的历史：大致进程与基本特点

研究人类文明形态问题，首先应当了解人类文明形态的历史。习近平总书记指出："历史是一面镜子，从历史中，我们能够更好看清世界、参透生活、认识自己；历史也是一位智者，同历史对话，我们能够更好认识过去、把握当下、面向未来。"[①]

人类文明形态的历史进程。基于生产力发展水平，人类文明形态的历史进程可以划分为原始文明、农业文明、工业文明和后工业文明四大阶段。这四大阶段迭次发展，展现出不断进步的总体态势。

作为人类文明的第一阶段，原始文明经历了缓慢而又漫长的演进过程，其间，人类生产能力十分低下，各种形式的共同体（族群、氏族等）必须依靠集体力量才能生产出生活所必需的物质生活资料。交通和通信技术的落后，使得各共同体只能在相对狭隘、彼此隔绝的空间中独立发展起来。据英国历史学家汤因比的研究，截止到他那个时代，西方学者在全世界总共发现了超过 650 个左右"拥有充分资料"的原始社会。至于从大约 30 万年前人类诞生之时起，到底有多少原始社会曾经出现又灭亡，其数量已不可能知晓了。[②]铁器的发明和使用使得人类改造自然的能力获得质的飞跃，并因此进入农业文明阶段。

---

① 《习近平谈治国理政》第二卷，外文出版社 2017 年版，第 351 页。

② ［英］阿诺德·汤因比：《历史研究》上卷，D.C. 萨默维尔编，郭小凌、王皖强等译，上海人民出版社 2010 年版，第 38 页。

农业文明同样经历了漫长的历史演进过程。在这一阶段，人类六大古文明分别在世界不同地区形成，即西亚幼发拉底河与底格里斯河流域的苏美尔—阿卡德—巴比伦文明，北非尼罗河流域的古埃及文明，地中海北岸的古希腊—罗马文明，中南美洲的玛雅—阿兹特克—印加文明，南亚印度河、恒河流域的印度文明，黄河、长江流域的中华文明。六大古文明均从原始社会中产生，它们各具特色、各擅胜场，但均为各共同体在不同生产条件下对自然环境反应的结果。创建这些文明中心的共同体，都是在"社会地控制自然力"方面走在了其他共同体的前面。交通和通信技术的进步使得文明间的交往开始出现，但并不活跃。农业文明在经济和技术上的主导地位一直持续到16—17世纪。英国工业革命的爆发、大规模生产方式的出现，使得农业文明逐渐为工业文明所取代。

与农业文明几乎不约而同地在世界各个地方发展起来不同，工业文明首先在欧洲兴起，而后传播到世界其他地区。工业文明以工业化为重要标志，机械化大生产占主导地位，迄今已有几百年的历史。在这一时期，人类充分展现了主体性和创造性，科学技术以意想不到的速度兴起，并飞速发展起来，在经济和社会生活中产生了重大影响。建立在科学技术整体发展基础上的大规模生产方式，极大提高了劳动生产率，使得人类所生产的物品空前丰富，物质财富总体上快速增长。而交通和通信技术的不断进步，又为文明间的交往提供了便捷条件，空间因素对于人类交往的制约已变得微不足道，人类交往范围因而不断扩大。世界市场的形成使文明间的交往成为必要，并极大激发了文明间交往的潜力。各种文明在空间上的横向接触衍生出复杂的文明间关系，其间既有和睦的相处，也有激烈的碰撞；既有成功的经验，也有失败的教训，但人类文明整体向前发展的趋势并没有改变。

对于人类是否已经进入后工业文明，学术界尚存争议。我们认为，人类在经历加速工业化进程之后，业已进入后工业化阶段。后工业社会是工业社会发展的结果。在这一阶段，社会经济结构已从商品生产经济为主转向以服务型经济为主，人们高度依赖信息，知识生产成为社会主轴。互联网的出现，数字技术的发展，与物理空间平行的数字空间的形成，都使后工业文明不仅迥异于农业文明，而且与作为母体的工业文明也存在显著差别。在这一阶段，尽管各文明的社会载体在经济和技术方面仍有明显差异，甚至存在这样或那样的"鸿沟"，但平等已成为全人类共同价值之一，文明多样性得到国际法意义上的承认和尊重，文明间的交往更加便捷。与此同时，文明的分化、整合与创新也以不同形式、不同速度持续演进。

人类文明形态演进的基本特点。简要地梳理人类文明形态的历史进程，可以发现其主要具有以下特点。

文明具有多样性。无论如何界定"文明"这一概念，它总是与作为社会实践主体的人类的思维方式和行为方式有关。人们的思维方式、行为方式在不同的时空中呈现出不同的样态，从而赋予人们所在的文明以独特的品格和气质，进而使该文明呈现出与其他文明显著不同的特征。虽然文明可能在历史长河中发生巨大变化，但这些特征却有可能保留下来。正是在这一意义上，习近平总书记指出："文明具有多样性，就如同自然界物种的多样性一样，一同构成我们这个星球的生命本源。"① 文明形态的多样性与时间相关,后续文明总是超越前接文明,展现出发展的趋向。文明形态的多样性也与空间相关,每种文明都与特定空间中的特定共同体相关联,这种共同体自近代以来主要表现为国家和民族。"每一种文明都延续着一个国家和民族的精神血脉,既需要薪火相传、代代守护,更需要与时俱进、勇于创新。"②

文明间和谐共存的前提是平等。尽管在经济社会发展水平特别是技术能力等物质层面,不同文明在某一个时点或时段上的确存在差异,但从价值层面看,每一种文明都扎根于自己的生存土壤,都是人类劳动和智慧的结晶,都有独特的存在价值。因此,各种人类文明在价值上是平等的。世界上不存在十全十美的文明,也不存在一无是处的文明,文明没有高低、优劣之分。与"文明平等观"相反的是"文明等级论"。这一肇始于启蒙运动、流行于 19 世纪和 20 世纪,如今仍然在全球范围内产生影响的文明观,"以近代西方文明为标准,将广大的非西方地区划分为'半文明'与'不文明'(或曰'野蛮')两个等级,旨在'论证'西方列强对这些地区进行殖民扩张的合法性,把殖民活动打造成'教化''规训'非西方地区的'义务',同时强调非西方地区若想成为'文明'社会一员,必须效仿近代西方的一整套政治、文化、社会体制"③。形成于西方的"文明等级论"在东方不乏

---

① 《习近平外交演讲集》第一卷,中央文献出版社 2022 年版,第 378 页。

② 《习近平外交演讲集》第一卷,中央文献出版社 2022 年版,第 103 页。

③ 王锐:《近代西方"文明等级论"的基本特征与话语实践——兼论其对于中国的影响》,《政治学研究》2021 年第 5 期。

拥趸。比如，日本启蒙思想家福泽谕吉虽然秉持文明进步观念，但却错误地认为，当时的欧洲文明是同时代人类智慧所能达到的最高程度，各国若想进步，就必须以欧洲文明为目标。欧陆世界的"文明等级论"，特别是福泽谕吉的相关看法，在西学东渐、东学西渐的进程中对近代中国思想界也产生了一定的影响。在当代流行的意识形态话语中，"文明等级论"的意涵和逻辑仍时隐时现。盛极一时的西方现代化理论就是如此。

文明间恰当的相处方式是包容。承认并尊重文明形态的多样性与平等，内在蕴含着对其他文明的包容。所谓文明包容，就是承认其他文明存在的合理性，承认文明间差异的必然性，尊重其他文明的核心价值。对其他文明包容可以为文明交流互鉴提供必要动力，是文明发展的本质要求。而否认其他文明存在的合理性，或者试图人为抹平文明间的差异，则有可能产生反噬效果，对自身文明造成伤害。汤因比就注意到：对其他文明采取的攻击性行为，通常会遭遇"以牙还牙的反击，最直接的反击方式是用武力回敬武力……历史上的这样的例证比比皆是"[1]。而这种充满"敌意"的行为无不造成灾难性的后果。

文明发展需要交流互鉴。交流可以拓展视野、开阔胸襟，互鉴可以取长补短、共同发展。而要做到这些，交往是必要条件。法国历史学家费尔南·布罗代尔认为："没有一种文明可以毫不流动地存续下来：所有文明都通过贸易和外来者的激励作用得到了丰

---

① ［英］阿诺德·汤因比：《历史研究》下卷，D.C.萨默维尔编，郭小凌、王皖强等译，上海人民出版社 2010 年版。

富。"① 比如，倘若离开阿拉伯商队横跨沙漠和大草原这样的流动，离开他们在地中海地区和印度洋沿岸乃至远到马六甲和中国的旅行，伊斯兰世界便无法想象。历史经验告诉我们，文明交流互鉴是推动人类文明进步与世界和平发展的动力。只有交流互鉴，文明才能充满生命力。只要秉持包容精神，就不存在什么"文明冲突"，就可以实现文明和谐。

人类文明形态的现实：
命运共同体的形成与文明新形态的创建

现实是历史进程的当下形态。人类文明形态的现实既是人类文明形态历史演化的结果，又与时偕行，呈现出一些新特点。

西方文明在当今人类文明体系中仍占据中心位置，但衰颓之势已现。从人类文明发展史看，西方文明是一个后来者，并曾长期落后于同时代的其他文明。但自 16 世纪以来，这一文明崛起过程迅猛，扩展态势强烈，对其他文明冲击巨大。结果是：近代以来 400 余年之久的文明间关系，大体是由其他文明对西方文明的从属所构成的。当今世界经济、政治体系均由西方国家主导建立，并因此具有鲜明的西方文明印记。西方文明也被一些人视为"普世文明"，"为西方对其他社会的文化统治和那些社会模仿西方的实践和体制的需要作辩护"，它

---

① [法] 费尔南·布罗代尔：《文明史：人类五千年文明的传承与交流》，常绍民等译，中信出版社 2017 年版。

在本质上"是西方对付非西方社会的意识形态"。① 西方文明崛起及扩展的过程并不像有些历史学家所描述的那样温和，其并不是通过思想、价值或宗教的特殊优越性吸引非西方世界民众自愿皈依，而是展现出有组织暴力的特征，对其他文明展开攻击、压榨甚至并吞，因而整个过程始终伴随着血与火。

在当今世界，尽管西方文明总体已呈衰颓之势，但由于该文明的社会载体即欧美国家仍在整体实力上占据优势，因此该文明形态在世界文明体系中仍具深厚影响，并使相关国家和地区获益颇丰。也因此，该文明形态的社会载体对其他文明的复兴或崛起一直十分敏感。2019 年 4 月，时任美国国务院政策规划办公室主任凯伦·斯金纳公开表示：美国与中国的竞争是两个文明和两个人种的斗争，这是美国从未经历过的。为此，她所领导的机构正在制定一项类似冷战期间由乔治·凯南提出的对付苏联的遏制战略，以便应对中国这样一个"非高加索人种的强大竞争对手"。虽然斯金纳在各方压力下被迫离职，但其思想并未消散，而是以"民主对抗专制"的话术形式保留了下来。拜登政府上台后反复强调，"民主国家"——其实就是西方文明及其追随者——已经变得更强大，并号召"所有人团结起来"对抗"全世界的严峻挑战"。召开所谓的"民主峰会"、强化跨大西洋联盟、鼓噪维护"基于规则的国际秩序"、将中国和俄罗斯视为战略竞争对手等，其实都是"文明冲突论"的新版本、新实践，其目的就是护持西方文明的中心地位。

---

① ［美］塞缪尔·亨廷顿：《文明的冲突与世界秩序的重建》，周琪等译，新华出版社1999 年版。

各种文明之间命运与共。在当今世界，文明多样性是一个客观事实。尽管人们生活在不同的文化、宗教和社会制度之中，种族、语言、肤色有着明显的差异，但事实上已成为你中有我、我中有你的命运共同体，共同面临着战争、饥饿、恐怖主义、气候变化、能源安全、公共卫生等多方面的挑战，需要团结合作才能有效应对。

成为命运共同体的客观事实，要求各种文明在互动中应当遵循全人类共同价值处理彼此间的关系。和平与发展已成为各种文明的共同事业，公平正义已成为各种文明的共同理想，民主自由已成为各种文明的共同追求。多样性既是人类文明的魅力所在，更是世界发展的动力之源。

中国正在创建文明新形态。有 5000 余年历史的中华文明，曾为人类文明整体进步作出过重大贡献，迄今仍有蓬勃生机与非凡活力。纵观中华文明发展史，至少有两点与其他文明不同：一是它的物质文明和精神文明持续发展，其间从未中断。二是它从小到大的扩展，主要是通过民族融合或联合的和平方式。在处理与其他文明的关系方面，中华文明向来以"协和万邦"为主导原则，倡导"和合"理念，以"天下大同"为理想目标。在中外文明交流互鉴过程中，虽然有冲突、矛盾、疑惑、拒绝，但更多是学习、消化、融合、创新。

人类文明史显示，一种文明要绵延不绝、永续发展，既需要薪火相传、代代守护，更需要顺时应势、推陈出新。一种文明不管曾经多么辉煌夺目，如果不能顺时应势、推陈出新，就可能失去生机活力，甚至失去未来。作为当代中国的执政党，中国共产党是开明开放的政党，它对于人类文明的一切优秀成果，从来都是结合实际、以开放态度积极吸收借鉴。在中国共产党的坚强领导下，当代中国成功推进和拓展了具有鲜明自身特点的现代化道路。中国式现代化，是人口规模巨大的现代化，是全体人民共同富裕的现代化，是物质文明和精神文明相协调的现代化，是人与自然和谐共生的现代化，是走和平发展道路的现代化。中国式现代化深深植根于中华优秀传统文化，借鉴吸收一切人类优秀文明成果，代表人类文明进步发展方向，实现了对西方现代化逻辑的历史性超越，是一种全新的人类文明形态。

中国式现代化这一人类文明新形态大体具有五种特质：一是在地性。中国式现代化吸收中华民族漫长奋斗积累起来的文化养分，积淀了中华民族最深层次的精神追求，体现着中华民族独特的精神标识，是古老中华文明的当代形态。二是当下性。中国式现代化深刻体现了当今时代的性质、特点和趋向，深刻展示了当代中国的新实践、新特点、新取向。三是开放性。中国式现代化得益于经济全球化所造就的开放时代，得益于中国对外开放进程，并在这一进程中逐渐成型。四是包容性。中国式现代化是"中华民族多元一体格局"的学理延伸和实践发展，体现了处理中华文明与其他文明关系的理念和态度，内在包含了"各美其美、美人之美、美美与共、天下大同"的理念。五是进步性。中国式现代化面向未来，并为人类生存和发展提供正能量。上述五个特点彼此关联、相互成就。可以预见，这一人类文明新形态将在未来中国更高水平、更高质量的开放中继续成长，并有助于纠正近代以来长期存在的世界文明体系的"西方中心"倾向。

人类文明形态的趋势：在交流互鉴中共同进步

一部文明史，就是一本富有启发意义的教科书，它记录下每种文明走过的足迹，也给每种文明未来的发展提供镜鉴。

人类文明的美好前景在于更加积极、更为充分的交流互鉴。对于人类文明的未来，人们有不同的判断。一种观点认为，人类文明终将趋同。美国政治学者弗朗西斯·福山提出的"历史终结论"，其实是"文明趋同论"的另一种表达。基于对人类文明史的系统考察，布罗代尔提出了与"文明趋同论"相反的观点："即使假定世界上所有文明或早或晚终将采纳相同的技术，即使人们的生活方式因此也部分地趋同，我们在长时期内仍然将面对事实上非常不同的各种文明。"① 面对这种具有显著长期性的现实，如何处理文明间的关系是需要认真解决好的重要课题。

人类文明的美好前景在于更加积极、更为充分的交流互鉴。在新的历史条件下，只有在更大范围、更多途径、更为密切的文明交流中，才能不断增进各方共识、找到共同价值，实现文明融合。只有不断推进文明融合，才能形成共建美好世界的最大公约数，厚植人类共同进步的基础。要坚决反对用某种文明"一统江湖"的倾向，坚决反对以一种文明代替另一种文明的做法。

中国将在新的历史条件下为文明发展进步发挥积极作用。习近平

---

① ［法］费尔南·布罗代尔：《文明史：人类五千年文明的传承与交流》，常绍民等译，中信出版社 2017 年版。

总书记指出："对待不同文明，我们需要比天空更宽阔的胸怀。"①习近平总书记郑重倡议，"推动不同文明相互尊重、和谐共处，让文明交流互鉴成为增进各国人民友谊的桥梁、推动人类社会进步的动力、维护世界和平的纽带"；"从不同文明中寻求智慧、汲取营养，为人们提供精神支撑和心灵慰藉，携手解决人类共同面临的各种挑战"；"用创新增添文明发展动力、激活文明进步的源头活水，不断创造出跨越时空、富有永恒魅力的文明成果"。

"周虽旧邦，其命维新。"当今中国积极弘扬全人类共同价值，促进各国人民相知相亲，愿与世界各国携手促进人类各种文明之花竞相绽放。中国希望与欧洲共建文明之桥，把中欧两大文明连接起来。人文交流是中非新型战略伙伴关系的重要支柱，它为中非关系发展提供了丰富的文化营养。中拉加强文明对话和文化交流，努力成为不同文明和谐共处、相互促进的典范。中国坚定支持中东、阿拉伯国家维护民族文化传统，反对一切针对特定民族宗教的歧视和偏见。中国愿与世界各国开展文明对话，一起挖掘民族文明传统中积极处世之道同当今时代的共鸣点。中国提出的"一带一路"倡议已使沿线国家成为人文交流聚集活跃之地。中国倡议召开的亚洲文明对话大会，聚焦亚洲文明交流互鉴与命运共同体主题，旨在传承弘扬亚洲和世界各国的文明成果，搭建文明互学互鉴、共同发展平台，在国际社会引发积极反响。未来，中国"将按照时代的新进步，推动中华文明创造性转化和创新性发展，激活其生命力，把跨越时空、超越国度、富有永恒魅

---

① 《习近平外交演讲集》第一卷，中央文献出版社 2022 年版，第 102 页。

力、具有当代价值的文化精神弘扬起来……让中华文明同世界各国人民创造的丰富多彩的文明一道，为人类提供正确的精神指引和强大的精神动力"[①]。

■ 参考文献

《习近平谈治国理政》第二卷，外文出版社 2017 年版。

《习近平外交演讲集》第一卷，中央文献出版社 2022 年版。

[英] 阿诺德·汤因比：《历史研究》上卷，D.C. 萨默维尔编，郭小凌、王皖强等译，上海人民出版社 2010 年版。

[法] 费尔南·布罗代尔：《文明史：人类五千年文明的传承与交流》，常绍民等译，中信出版社 2017 年版。

[美] 塞缪尔·亨廷顿：《文明的冲突与世界秩序的重建》，周琪等译，新华出版社 1999 年版。

王锐：《近代西方"文明等级论"的基本特征与话语实践——兼论其对于中国的影响》，《政治学研究》2021 年第 5 期。

[①] 《习近平外交演讲集》第一卷，中央文献出版社 2022 年版，第 103—104 页。

中国式现代化是
一种全新的人类文明形态

韩庆祥　张　健*

围绕正确理解和大力推进中国式现代化，习近平总书记强调："中国式现代化，深深植根于中华优秀传统文化，体现科学社会主义的先进本质，借鉴吸收一切人类优秀文明成果，代表人类文明进步的发展方向，展现了不同于西方现代化模式的新图景，是一种全新的人类文明形态。"这表明：中国式现代化扎根于中华优秀传统文化土壤，成长于中国特色社会主义建设实践进程，得益于一切人类优秀文明成果滋养，三者决定了中国式现代化生成根基、本质特征的优越性与价值观主张的先进性。那么，作为一种"全新的人类文明形态"，中国式现代化之新，究竟新在哪里？其所开创的人类文明新形态的本质是什么？本文试就这些问题作一些思考和研究。

扫码听全文

---

* 韩庆祥，国家哲学社会科学一级教授，中共中央党校专家工作室领衔专家；张健，天津市中国特色社会主义理论体系研究中心天津市委党校基地教授，天津市委党校教育长。

从文明比较视野看中国式现代化之新：
西方现代化的历史局限与中国式现代化的根本性突破

在世界现代化话语体系中，西方现代化和中国式现代化虽然具有某些共同特征，但本质并不相同。从生成根基来看，西方现代化发端于西方文化和工业革命，在发展中形成"主客二分"的哲学思维范式；中国式现代化植根于中华优秀传统文化土壤，在中西文化碰撞中深度形成和发展了马克思主义的"主客统一"哲学思维，并在中国特色社会主义实践的探索中逐步形成一种"主主平等、共享普惠"的哲学思维理路和价值取向。一般来说，西方现代化的"主客二分"，其底层逻辑是"主统治客"，强调主体对客体（对象）的统治、支配、征服、改造。中国式现代化的"主客统一"，其底层逻辑是"主体际"，强调主主平等、共享普惠，强调主体活动的修身、齐家、治国、平天下不同梯次之间的本质同构。根基的不同，决定了两种现代化实践及其历史命运的不同。

应当肯定，西方现代化具有历史进步作用，它极大促进了地方历史转变为世界历史，推进了人类文明的发展。《共产党宣言》强调："资产阶级在它的不到一百年的阶级统治中所创造的生产力，比过去一切世代创造的全部生产力还要多，还要大。"同时也不可否认，基于"主客二分"的西方现代化，其强调"主统治客"的思维方式，具有很大的历史局限性，主要体现在支撑其理论体系的"西方中心论"在逻辑上不可持续，在实践上漏洞百出。

一般认为，"西方中心论"是伴随近代西方工业化而提出的一种理论。其理论体系和话语体系的逻辑起点是西方现代化及其实践道路观，其建构逻辑包括若干环节，其中有三个核心环节值得注意：第一，"西方中心论"把"西方现代化道路"解释成"世界现代化的唯一道路"，强调后发式现代化国家应完全遵循西方设定的"现代化道路"；第二，把世界划为西方世界和非西方世界，认为西方世界的民族是"主"，非西方世界的民族是"客"，主必须统治客；第三，认为西方文明是世界上最先进的文明，西方世界需要行使上帝旨意的"文明开化使命"。可以看到，上述建构内含这样的思路：先发性＝唯一性；二分世界＝主统治客；先进性＝统治合法性。然而在逻辑上，先发性不一定就是唯一性，主客二分也不一定就是主统治客，先进性更不必然意味着统治的合法性。因此，"西方中心论"的逻辑自洽性严重不足，存在诸多问题和缺陷。进一步讲，上述核心架构实际上体现了这样的思维：把先发性当作了唯一性，把主客二分单一化为主统治客，把先进性简单化为统治合法性。无论是"当作了"，还是"单一化为"，还是"简单化为"，归根结底都是主观意志，缺乏客观必然性支撑，没有逻辑的可持续性，在实践上也显露出诸多弊端。

这里需要说明的是，在实践上，西方现代化之所以具有现实的力量，不是因为其完全具有合规律性与合道义性，而主要是因为资产阶级掌握了国家机器，通过国家暴力（资产阶级专政）实现了自身的阶级诉求。但是，历史经验表明，任何一种事物，如果在逻辑上存在不足，在实践上暴露出种种弊端，主要依靠暴力维系，那么其未来必定是难以为继的。不难预见，西方现代化必将随着其现实困境的逐渐加剧，在实践上逐步退出历史舞台。

相反，与西方现代化强调基于"主统治客"的"西方中心论"不同，中国式现代化则立足于中国特色社会主义实践，体现科学社会主义的先进本质，借鉴吸收一切人类优秀文明成果，秉持"主客统一"的思维理念，积极主张"主主平等"哲学范式，代表人类文明进步的发展方向，展现了不同于西方现代化模式的新图景。可以说，这种从深层思维、哲学高度上对西方现代化的超越，这种在价值观上对"主统治客"和"西方中心论"的科学批判，这种对"主主平等、共享普惠"现代化哲学范式的自觉构建，是形成两种现代化本质性分野的决定性因素。在这个意义上，作为一种人类文明新形态的中国式现代化，它的"新"，首先源于它对西方现代化历史局限性的本质性突破和创新性发展，集中表现为它打破了西方现代化的困局，开辟了一种基于中华优秀传统文化、一切人类优秀文明成果和马克思主义相融合的人类现代化新局面。可以讲，在世界现代化格局中，这意味着一种崭新的现代化话语体系的产生；我们也完全有理由相信，随着新时代中国的进一步发展，它必将对人类文明发展产生重大影响。

从哲学范式看中国式现代化之新：
从"主统治客"到"主主平等、共享普惠"

基于科学社会主义的理论探索和实践变革，马克思对人类历史发展进程进行了深刻的哲学思考，并在此基础上提出了关于人的发展和社会发展"三形态理论"。从深层次看，这一理论立足人类生产实践的进步，围绕"生产力—交换方式—人的发展形态—社会发展阶段"这一主要分析框架，聚焦"人与自然的交换—人与物的交换—人与人的交换"这一核心脉络，揭示了人类历史从传统走向现代、从现代走向未来的基本规律和总体走向。应该说，这是马克思主义关于人类实现现代化进程的深层次、系统化、究根性之思考，是我们今天深入研究中国式现代化的解释框架和方法指导。

　　具体来说，在对人的发展形态和人类历史发展阶段考察的基础上，马克思指出："人的依赖关系（起初完全是自然发生的），是最初的社会形式，在这种形式下，人的生产能力只是在狭小的范围内和孤立的地点上发展着。以物的依赖性为基础的人的独立性，是第二大形式，在这种形式下，才形成普遍的社会物质变换、全面的关系、多方面的需要以及全面的能力的体系。建立在个人全面发展和他们共同的、社会的生产能力成为从属于他们的社会财富这一基础上的自由个性，是第三个阶段。"分析这一文本论述不难发现，在马克思那里，人的发展被分为三种历史形态：基于自然经济历史阶段的"人的依赖"—基于商品经济历史阶段的物的依赖基础上的"人的独立性"—基于未来产品经济历史阶段的"自由个性"，体现出"人的依赖—人的独立性—自由个性"的发展链条。从理论上说，现代化的本质归根结底是人的现代化，是人的发展之进程。在这个意义上，上述"人的依赖—人的独立性—自由个性"之发展链条，对我们深入分析当今世界现代化的历史演进特别是中国式现代化的鲜明特质，是一种深刻而又权威的学理依据。下面，我们针对本文论题着重分析后两个环节，并在此基础上提炼概括马克思主义关于现代化的哲学话语特征。

首先，关于人的独立性。人的独立性的形成源于商品生产，即人通过大规模的工业化生产和商品贸易，一定程度上摆脱了人对自然的依赖。在这种背景下，人的生活一定程度上不再绝对受自然条件的限制，人的活动空间增大，可选择项增多，自主性增强。这意味着，随着商品交换的日益扩展，人作为个体，其独立自主成为现实。但是，在该阶段，人类生产力水平的总前提是"劳动是谋生手段"，即人要活着，就不得不劳动。之所以如此，源于在这一阶段，人类的劳动产品虽然有剩余，但剩余量有限，只能达到可以用来与他人相交换的程度，还远未达到想要什么就能直接索取什么的地步（按需分配）。基于这种生产力的总体性限制，人的生产活动具有两种历史局限性：一种是商品生产对人的"二元分化"，即在商品生产开始前，因为生产力水平有限，生产资料只能是社会部分占有（即私有制），由此作为个体的人在进入市场交换之前就在事实上分化成两类群体——拥有生产资料的人和失去生产资料的人，前者演化为资产阶级，后者演化为无产阶级；另一种是生产资料私有对分配过程的"二元分化"，即在商品生产开始后，分配环节呈现出剥削和被剥削两种根本对立局面，也就是资本家因占有生产资料而拥有对产品分配的主导权、话语权及其支配权，从而在现实中无偿占有剩余价值，工人只能获得自身劳动力价值（工资）。上述两个"二元分化"，在商品交换中又逐渐衍生出资本的和劳动的两种历史演进逻辑。

具体来说，在商品交换实践中，资产者除了有劳动力（体力和脑力）资源，还具有因占有生产资料而产生的对商品分配的支配性；而无产者，因为不占有生产资料，在生产中只拥有劳动力这唯一的资源。从性质上看，生产资料是"身外之物"，具有外部性；劳动力是"身内之物"，具有内源性。因为这种差异，人的独立性就演化为如下现实情形：在交换中，资产者自然地优先用"身外之物"进行交换，无产者只能用"身内之物"（通过出卖劳动力）进行交换，由此商品交换衍生出"资本至上"和"劳动至上"两种不同的价值取向及其理论体系、话语体系。在这里，人的独立性在哲学层面有三层含义：第一，人创造出商品但同时又反过来受制于商品及其交换，人的发展呈现出对物的依赖（主要体现为劳动是谋生的手段，不劳动，人就不能生活）；第二，人的全面发展具有了可能，即随着交换需求的扩大和交换的普遍化，基于需求驱动的人的能力也随之跟进，需求越大，能力跟进就越复杂，人的全面发展具有了可能性和一定的现实性；第三，一定意义上的自由，即在交换中人可以自由选择与谁进行交换、不与谁进行交换（当然因生产力的限制，人们无法选择不交换），人的发展的自由之向度开始在现实中凸显。可以说，这是人的现代化在商品经济历史阶段上的基本展示与核心框架。从逻辑上说，如果生产力进一步发展，那么，劳动是"谋生的手段"这一生产力水平就要不断进行量的积累，在完成必要的量变积累后，下一步必然是走向劳动成为"第一需要"的质变。基于这一质变的人的发展，就主要体现为"自由个性"阶段的到来。

其次，关于人的"自由个性"。应当说，立足当下去看，人的发展到了这一阶段（自由个性）便属于未来时，即是一种还未发生的事情。在这个意义上，以下分析，本质上都是一种逻辑推演。具体说，在该阶段，生产力高度发达，社会物质财富极大丰富，人们想要什么就有什么，社会进入"按需分配"阶段。届时，因为人们想要什么就有什么，社会按需分配，人与人之间进行商品交换的需求也就自然消失，若需求消失，商品经济也就随之消失，商品经济消失，劳动是"谋生手段"的根源也就消失（即个体不进行商品交换也能生活，商品交换已无必要），劳动作为谋生手段根源消失，劳动便成为"第一需要"，人的活动只受客观必然性支配。在此基础上，基于合规律性的个体自由将成为现实，基于自由个性的人的全面发展也将成为现实。在这个意义上，自由个性的内涵可概括为三个基本点：一是劳动成为第一需要，不劳动则不自由；二是人的活动只受客观必然性限制，基于合规律性的自由普遍化并成为个体的生活常态；三是人的自由而全面发展成为日常生活状态，基于自由个性的自由人联合体成为社会组织形态，国家消亡，阶级不复存在。可以说，上述逻辑推演，就是人的现代化在劳动成为"第一需要"阶段时的总体图景、核心框架。

综合上述对人的独立性和自由个性的分析不难看到，马克思对人类社会发展的思考，始终围绕的是"历史主体"（人的发展）这一要素，始终坚持的是基于主客统一的"主体际"这一分析框架，始终指向的是生产力发展（生存性劳动、谋生手段、第一需要）这一向度。可以说，马克思对人类社会发展的哲学分析具有这样的特征：立足点是"主体"，分析框架是"主体际"，强调的是"主体性"这一维度，一以贯之的是"生产力发展"这一主线。换言之，上述特征呈现出这样的逻辑关联：着眼"主主之间"→强调主主之间的"历史的平等性"→

贯穿于"发展"之主线，即体现为一种"主主平等、共享普惠"之分析框架。可以说，这种分析框架超越了西方现代化的"主客二分"及其"主统治客"之简单化、抽象式的思维模式。从比较意义上，这种对"主主之间"范式的高度自觉和对"主客二分"范式的扬弃，以及对"主统治客"的批判性超越，实质上蕴含了对"主主之间"不是"二分"、不是"统治"之关系的哲学主张。应该说，这就是中国式现代化的哲学根基，本质上归属于科学社会主义的价值观体系。完全可以说，这就是对中国式现代化哲学话语之溯源，此源可谓"源远"。而"源远"也必"流长"。作为立足于中国特色社会主义建设实践、体现科学社会主义先进本质的中国式现代化，其在新时代又应该有什么样的哲学话语，这是一个"源远"必"流长"之逻辑必然需要关注的重要学理问题。

这里谈谈中国式现代化在新时代应该具有什么样的哲学话语问题。从源头上讲，中国式现代化的哲学话语首先应归属于马克思主义的"主主平等、共享普惠"范畴，这是马克思主义与时俱进的题中应有之义。从当下实践看，中国式现代化实践除了要体现人类历史发展一般规律以外，更具有新时代中国发展的特殊指称。这意味着，推进中国式现代化需要由发展的一般性向中国发展特质聚焦，这就需要从历时性角度分析中国发展的历史逻辑，从共时性角度分析中国发展的现实逻辑。从未来发展趋势看，中国式现代化将在人类实现现代化历史长河中产生什么样的历史影响？将如何改变人类实现现代化的历史进程？这些问题也需要在这一新哲学话语中予以揭示。也就是说，新哲学话语要进一步阐释和标识出中国式现代化的未来走向及其必然性。基于此，关于中国式现代化的哲学话语应该有什么样的内容？我们认为，至少应把握两个基本点：一是主体际性，即要与马克思主义一脉相承，既突出主体和主体之间的平等性，又强调主主之间的"和而不同"，扬弃"主客二分"思维；二是普惠性，即在新时代与时俱进，要在遵循发展合规律性基础上更注重发展的合目的性，指向并凸显共享普惠发展、共同富裕发展、全要素协同发展、和谐共生发展、合作共赢发展、和平发展等几个向度。一言以蔽之，可以把新时代的中国式现代化哲学话语提炼概括为"主主平等、共享普惠"。这样，既体现出与马克思主义的"主主平等发展"话语范式一脉相承，同时又体现出对当今时代的"普惠"需求给以积极回应。

总之，中国式现代化的哲学话语，可以在马克思主义"主主平等发展"的基础上进一步提炼概括为"主主平等、共享普惠"。这是中国式现代化作为人类文明新形态之新的第二个方面，目的是回应21世纪科学社会主义新的实践要求、新的时代诉求。这一哲学话语的基本内涵可以这样界定：第一，摒弃主统治客的"主客二分"思维方式；第二，立足基点是"多种"（多样）要素构成的有机系统，反对基于"一元"的对立；第三，把系统全要素都看作主体，而非有的是主体、有的却是客体；第四，强调全要素作为主体都是平等的"主体"，主体之间是平等关系，具有"平等性"；第五，注重主体际所具有的"普惠"性，即共享发展、共同富裕、和谐共生、合作共赢、和平发展；第六，主主平等、共享普惠蕴含"利他为善""化人为善""自我完善""善治普惠"的时代精神。一定意义上，该话语是对科学社会主义本质先进性的集中凝练。

从文明的深层本质看中国式现代化之新：
科学社会主义的使命和人类大同之谋

从深层次看，中国式现代化成长于中国特色社会主义的实践进程，科学社会主义的先进本质是大力推进中国式现代化的坚实基础和不竭源泉。在这个意义上，中国式现代化开创人类文明新形态的内涵，更主要的是指向 21 世纪科学社会主义的使命任务。在 21 世纪及其更长远的未来，科学社会主义承担的时代使命和历史重任，将决定中国式现代化对人类文明有什么样的新贡献、新担当。

当今时代的核心进程是人类实现现代化。而在全球范围内，现代化运动起始于西方，曾经在一段历史时期内，"西方化"几乎就是"现代化"。进入 21 世纪，随着"中国奇迹"效应外溢，中国式现代化逐渐成为世界现代化格局中的一个新方向、一种新图景。

如何看待上述现代化格局的演变？从纵向看，两种现代化有时间上的先后之分，存在资本主义和社会主义两种制度、两种意识形态的根本区别，具有异质性。从横向看，二者共生于人类社会发展链条的"自然经济—商品经济—产品经济"中第二个阶段，内生于商品交换逻辑，在演进中形成"资本至上"和"劳动至上"（劳动人民至上）两种不同的实践路径和话语体系。西方现代化强调"资本至上"，对外战争、殖民、掠夺，对内剥削、压迫、强权政治。中国式现代化坚持"劳动至上"，坚持人民至上，坚持胸怀天下，为世界谋大同，二者之间也具有异质性。如何看待上述比较？美国政治学家福山认为，这预示着中国道路对西方模式开始了替代性挑战。应该说，这有一定道理。但是深入地看，这依然只是在阐述一种表象。如何理解中国式现代化对西方现代化的替代及其背后的本质，这才是问题所在。

如上所述，马克思主义对人类社会发展的"三形态理论"揭示了这样的规律，即在根本意义上，人类现代化演进的内在驱动是人类劳动水平和劳动性质的革命性变化（劳动即生存—劳动是谋生手段—劳动成为第一需要），不同阶段的劳动决定了人类现代化所依存的历史语境不同。具体说，在人与自然交换阶段，劳动就是生存本身，不劳动人就活不下去，劳动是人活着的前提和条件；在人与物交换阶段，劳动是谋生手段，不劳动人就无法生活；在人与人交换阶段，劳动是第一需要，不劳动人就不自由，劳动就是人的自由而全面发展本身。在这个意义上，考察当今时代中西现代化，其当代历史语境是"劳动是谋生手段"，其未来战略指向是"劳动成为第一需要"。

就当代历史语境来看，劳动是谋生手段，其核心内涵有二：一是体力脑力是商品（劳动力成为商品）；二是劳动力与资本的交换是商品交换的底层架构。基于这一内涵，劳动力和资本在现实的商品交换过程中各自生成相应的特质。其中，劳动力是生理性的，本质上是体力和脑力，只要个体存在，劳动力就存在，因此它伴随人类历史发展的始终，具有发展的恒久性；资本则是外赋性的，它源于生产资料的部分占有（私有制），依赖于资本所有者（资产阶级）通过国家机器实现对这种外部占有的暴力保障。在逻辑上，这意味着一旦国家机器易手，资本也就失去存在的根基和对现实的支配力。就此而言，资本具有历史的可易性和短暂性，其存在的前提是资产阶级专政。具体到现实中，西方现代化是一种基于资本逻辑的现代化，其生存的前提是资产阶级专政。资产阶级专政若存在，则西方现代化就存在，资产阶级专政若消失，则西方现代化就会消失。用发展的眼光来看，一方面，如前所述，资本的逻辑植根于"主客二分"的哲学思维，奉行的是"西方中心论"价值观，二者都具有逻辑上的历史局限性，这意味着西方现代化具有先天的合理性资源不足之痼疾；另一方面，资本依存于商品交换，在人类发展的历史长河中，商品交换因生产力水平的不足而产生，也将随着生产力水平的提升（物质极大丰富，社会按需分配）而消失，这意味着，在逻辑必然性上，商品消失之日也即资本消失之时。要言之，西方现代化除了具有先天的合理性资源不足之历史局限外，还具有历史的过程性之短板。

相反，中国式现代化与西方现代化相比，具有历史的优越性。一方面，它是基于劳动逻辑（民本逻辑）的现代化，因体力和脑力在商品经济消失后依然存在，消失的只是其商品属性（交换性），因此，在商品经济阶段完结，人类历史走向产品经济阶段之时，劳动逻辑（民本逻辑）依然存在，劳动至上的理念在劳动从"谋生手段"质变为"第一需要"的同时，直接转化为人的自由而全面发展本身。也就是说，在未来产品经济历史阶段上，"劳动至上"直接就等于"劳动是第一需要"。另一方面，基于科学社会主义先进性本质、中国特色社会主义实践的中国式现代化，将随着科学社会主义从初级阶段向更高阶段的升级而同步升级。在理论上，就中国而言，当中国特色社会主义处在"劳动是谋生手段"阶段时，历史使命是全面建成社会主义现代化强国，实现中华民族伟大复兴，中国式现代化是其基本路径；

处在"劳动成为第一需要"阶段时，国家消亡，社会成为自由人联合体，科学社会主义、中国特色社会主义的历史使命是为人类谋进步，为世界谋大同，为人类建设共产主义。可以预见，届时，中国式现代化与人类现代化将融为一体，世界大同，天下文明。在这个意义上，中国式现代化将依照其内在的"建成强国—实现复兴—为世界谋大同—为人类建设共产主义"之逻辑而逐步展开。

从未来战略指向来看，如果要用更加宏大的历史尺度去观察，分析人类实现现代化进程，则需要统筹考虑两个大的历史阶段（"劳动是谋生手段"和"劳动成为第一需要"），需要整体分析人类实现现代化全部进程。在劳动是谋生手段的阶段，如上文分析，西方现代化具有历史局限性，中国式现代化具有历史优越性，二者相互影响，使人类实现现代化格局的演变呈现出"资本逻辑日渐式微—劳动（民本）逻辑逐步上升—人类实现现代化东升西降"基本走向。可以说，这是一个完全可以预见的趋势。在劳动成为第一需要的历史阶段，西方现代化因商品交换的消失而逐渐走向终结，逐步退出历史舞台；中国式现代化因产品经济的到来而成为人类发展的主导力量。在此基础上，中国式现代化逐渐升级为人类现代化，科学社会主义、中国特色社会主义实践逐渐升级为建设共产主义伟大实践。从逻辑推演的角度去看，届时，基于劳动成为第一需要，一种人类文明新形态——中国特色社会主义的中华文明升华为社会主义的人类文明——即将呈现：主主平等、共享发展取代主客二分，劳动逻辑（或民本逻辑）取代资本逻辑，共同富裕取代两极分化，全要素协同发展取代单向度发展，人与自然和谐共生取代无止境向自然索取甚至破坏自然，和平发展取代殖民掠夺；届时，人的自由全面发展成为现实，基于自由个性时代到来，自由人联合体将成为社会组织的主形态，基于自由人联合体的普遍化，世界大同将成为全球发展新景象，基于马克思主义人类解放和中华文化天下思维、天下观的高度融合，天下文明之话语成为人类文明的主话语，基于"主主平等、共享普惠"哲学主张的普适化实践，中国式现代化将完成其历史使命，进一步升华融合为人类现代化。在这个意义上，中国式现代化在其深远历史指向上，意味着将在理论和实践上开启一个人类逐步走向世界大同、天下文明的新的伟大历史进程。

需要强调的是，中国式现代化是生发于人类商品经济的特定历史时期的，在劳动是谋生手段的历史阶段上，其发展的总趋势是"东升西降"，主要呈现为一种"中国式"逐渐向"世界化"扩展之走向。历史地具体地看，在这一宏远壮阔的历史进程中，中国式现代化的创新突破，对当代世界发展来说，预示着 21 世纪马克思主义将逐步引领世界社会主义运动，"为世界谋大同"会逐步成为人类文明发展新走向。当然，历史经验表明，这一定是一个很长且充满挑战的历史过程。然而，历史发展规律上的必然性，让我们深信不移且坚信不疑！

■ 参考文献

孙熙国、陈绍辉：《人类文明新形态的创造与世界意义》，《中国社会科学》2022年第 12 期。

刘同舫：《人类义明新形态的内在依据：生产方式的创新性发展》，《北京大学学报（哲学社会科学版）》2023 年第 1 期。

韩庆祥、张健：《中国式现代化的深层逻辑——兼论创造人类文明新形态的历史必然性》，《当代世界与社会主义》2023 年第 1 期。

中国式现代化
对人类文明的历史性贡献

韩喜平 *

　　党的二十大报告将"创造人类文明新形态"作为中国式现代化的本质要求之一，中国式现代化内在的理论逻辑与实践逻辑对应着人类文明中人全面发展、自由解放的新内容。中国式现代化通过对接现代化的一般标准、发展要求，转换具体的建设路径，在中国范围内创造了人类文明新形态，摆脱了资本逻辑对人、对社会、对自然的桎梏；中国式现代化创造的人类文明新形态具有深刻的世界影响、人类价值，这种和平发展、互利共赢的发展图景将有助于稳定国际格局、缓和国际间的矛盾与冲突，在为人类提供新的发展智慧的同时，密切人与世界的互动交往，推动了全人类解放事业的实现进程。

扫码听全文

　　* 韩喜平，吉林大学党委副书记，吉林大学马克思主义学院教授、博导。

中国式现代化展现现代化的一般内涵与普遍性

现代化是世界发展的潮流趋势，是各国人民的共同期待和奋斗目标。现代化作为一个综合的、动态的、多元的概念，是一个国家从传统到现代、从落后到发达的运动过程，在现代化实践中，人的能力和道德水平获得提升、修养得到切实加强、观念不断更新。马克思主义理论的整体架构、中心问题、价值立场都是基于对资本主义现代化成就、问题、发展的分析，以及对社会主义现代化方式、手段、目标的论证，现代社会乃至未来社会的发展问题，都是涉及"现代化"的相关问题。关于现代化的发展过程，虽然各国间在发展时间上不尽统一，但整体发展的态势是："工业较发达的国家向工业较不发达的国家所显示的，只是后者未来的景象。"[1] 现代化的一般本质就是要通过发展科技而对经济发展方式作出深层次变革，使人类社会迈进工业时代，进而创造丰富的物质财富、文化财富。邓小平同志曾指出："不搞现代化，科学技术水平不提高，社会生产力不发达，国家的实力得不到加强，人民的物质文化生活得不到改善，那末，我们的社会主义政治制度和经济制度就不能充分巩固，我们国家的安全就没有可靠的保障。"[2] 现代化已经成为当今世界各国发展图强的必经之路与必要选择，是人与社会不断向前发展进步的内在需要。中国式现代化虽然是不同于西方资本逻辑下的现代化路径，但是必然具备现代化发展的一般内涵与普遍性。

---

① 《马克思恩格斯文集》第 5 卷，人民出版社 2009 年版，第 8 页。

② 《邓小平文选》第二卷，人民出版社 1994 年版，第 86 页。

　　中国式现代化是经济高质量发展的现代化。现代化概念代表着需要以生产方式的社会化取代局限于家庭范围的自然经济，从而引发人在社会各领域生活方式的全方位转变。现代化的一般意义就是指向机器大工业、社会化大生产的方向转变，社会分工逐渐完善。基于世界范围内人类现代化历史的角度，西方现代化可以溯源至工业革命，资本主义通过推广工业化而带动国民经济的发展，甚至开拓了世界市场范围的经济循环，为提升国家整体实力作了保障。工业化作为现代化初期必须要经历的发展阶段，更是现代化模式中最一般的内容，工业化在现代化建设初期，对社会生产效率、国民经济发展速度发挥着重要的推动作用。在中国的现代化历史进程中，早在 1954 年，周恩来同志就明确提出："把中国建设成为一个强大的社会主义的现代化的工业国家。"① 马克思恩格斯指出："由广泛的国际交往所引起的同工业比较发达的国家的竞争，就足以使工业比较不发达的国家内产生类似的矛盾（例如，英国工业的竞争使德国潜在的无产阶级显露出来了）。"② 在以工业化推进现代化的过程中，中国共产党逐步发现伴随工业化带来了各种需要警惕的问题。中国式现代化的整体布局需要工业化但不能局限于工业化，在保证经济高质量发展的同时，中国式现代化致力于整体推进人的全面发展、社会各领域的共同进步，即在工业化带动发展的基础上协调社会各领域的内部结构，以此实现经济社会的稳步前进。党的二十大报告明确提出"从二〇二〇年到二〇三五年基本实现社会主义现代化"，到二〇三五年，我国发展的总体目标

① 《建国以来重要文献选编》第 5 册，中央文献出版社 1993 年版，第 589 页。
② 《马克思恩格斯文集》第 1 卷，人民出版社 2009 年版，第 568 页。

包括"建成现代化经济体系，形成新发展格局，基本实现新型工业化、信息化、城镇化、农业现代化"。经济高质量发展是中国式现代化的重要目标，而现代化引发的生产方式、生产动力变革则是实现经济高质量发展的动力源泉。根据国家统计局公布的数据，2022 年，我国 GDP 为 1210207 亿元人民币，突破 120 万亿元人民币大关，按年平均汇率折算，2022 年我国 GDP 总量约为 18.0 万亿美元，稳居世界第二。近年来，中国经济持续增长，发展质量逐步提高，社会各领域发展持续向好，这是中国式现代化的显著优势。

中国式现代化是科技进步的现代化。科学技术引领工业革命、产业革命、商业革命，是实现现代化发展的重要动力因素，这已成为现代化进程的历史规律。科技文明也成为人类文明的重要组成部分，是推动人类文明发展、推进人类现代化进程的动力源泉。从现代化发展的历史脉络中可以发现，科技革命与工业生产、产业变革关系密切，那些抓住科技革命机遇走向现代化的国家，背后都有雄厚的科技创新实力作为支撑。例如，英国在科学技术发展过程中创造的机器促成了首次工业革命，进而使得英国成为世界上第一个工业化国家，后来美国紧抓科技革命的机遇，在世界现代化体系中迅速崛起。中国在现代化建设过程中也始终重视发展科技，毛泽东同志曾深刻论证过科学技术与生产力之间的辩证关系，"不搞科学技术，生产力无法提高"[1]，并深刻认识到了科学技术对社会变革的作用："中国只有在社会经济制度方面彻底地完成社会主义改造，又在技术方面，在一切能够使用

---

[1] 《毛泽东文集》第八卷，人民出版社 1999 年版，第 351 页。

机器操作的部门和地方，统统使用机器操作，才能使社会经济面貌全部改观。"①改革开放以来，我国始终将科技作为第一生产力，将科技创新放在现代化建设的重要位置。新一轮科技革命和产业变革面临的新形势对我国科技创新能力提出了更高要求，需要通过大力发展科技来解决中国式现代化进程中面临的"卡脖子""牵鼻子"问题。党的二十大报告指出："必须坚持科技是第一生产力、人才是第一资源、创新是第一动力。"把科技自立自强作为我国现代化建设的基础性、战略性支撑，能够为中国式现代化开辟新领域中的发展赛道、培育新方向中的发展势能，进而加快经济结构转型、升级、优化。

中国式现代化是人民幸福的现代化。人是现代化发展进程中最基本的构成，物质利益、科技发展、社会财富只是满足人发展的手段，而非终极目的。片面增加物质财富的发展方式，如果不是以人的发展为目的，是无法持续、不能长远的，更不能真正实现人的现代化。恩格斯曾深刻地批判了资本主义现代化中由于过度追求城市化、工业化而对人类生活环境造成的恶劣影响，在资产阶级的不断剥削和压迫下，工人成为科技进步和资本主义现代化的牺牲品，人们被迫生活在动荡与混乱之中。习近平总书记指出："现代化的本质是人的现代化。"②"我们坚持把实现人民对美好生活的向往作为现代化建设的出发点和落脚点。"③这鲜明地体现出中国式现代化的根本目的与价值旨

---

① 《毛泽东文集》第六卷，人民出版社 1999 年版，第 438 页。

② 《十八大以来重要文献选编》（上），中央文献出版社 2014 年版，第 594 页。

③ 习近平：《高举中国特色社会主义伟大旗帜　为全面建设社会主义现代化国家而团结奋斗——在中国共产党第二十次全国代表大会上的报告》，人民出版社 2022 年版，第 22 页。

归。中国式现代化是一个面向人的科学、有机、缜密的整体，以人的现代化为内容，突出的是人的发展、人的幸福等与人相关的问题，蕴含"自由"的前景，致力于为中国人民创造更加全面、多维、丰富、均衡的发展条件。因此，人民幸福是中国式现代化的鲜明表现。2023年3月15日，习近平主席在中国共产党与世界政党高层对话会上的主旨讲话中指出："现代化道路最终能否走得通、行得稳，关键要看是否坚持以人民为中心。现代化不仅要看纸面上的指标数据，更要看人民的幸福安康。"中国在现代化道路上不断锚定人民对美好生活的向往，让现代化更好回应人民各方面诉求和多层次需要，不断增进人民福祉，实现人民幸福。比较而言，中国式现代化与资本主义现代化本质上的不同在于，中国式现代化始终坚持并不断追求人民至上，突出人的主体地位和核心价值，并揭示了人的现代化的科学性、全面性、实践性、进步性。

中国式现代化是掌握现代化话语权的现代化。凭借现代化的先发优势，以美国为首的一些西方国家率先开创了现代化的知识话语体系，掌握着对现代化理论解释的话语权。第二次世界大战后，以美国为首的一些西方国家为把整个世界纳入资本主义文明体系而大力宣传现代化的西方模式，通过创立现代化理论，向后发国家传递、灌输"现代化就是西方化""西方中心论""历史终结论"等思想，这实际上是掌握话语权的以美国为首的一些西方国家对发展中国家的意识形态输出。2023年3月15日，习近平主席在中国共产党与世界政党高层对话会上的主旨讲话中指出："现代化不是少数国家的'专利品'，也不是非此即彼的'单选题'，不能搞简单的千篇一律、'复制粘贴'。

一个国家走向现代化，既要遵循现代化一般规律，更要立足本国国情，具有本国特色。什么样的现代化最适合自己，本国人民最有发言权。"中国式现代化的成功推进和拓展，显示了世界上既不存在定于一尊的现代化模式，也不存在放之四海而皆准的现代化标准。虽然西方现代化相较于之前人类社会的发展形态有着较大的进步和突破，但是西方现代化在本质上就是资本主义化，只是人类现代化进程中的组成部分。中国式现代化是对中国共产党领导中国人民进行社会主义现代化建设经验的提炼总结和总体概括，是打破西方现代化话语垄断的中国式现代化理论方案，其中包括现代化目标在各个历史阶段的转换承接、现代化方式在不同时期的灵活多变。这是一种不同于西方模式的中国式现代化话语体系，为人类对现代化道路的探索提供新助力，为解决人类面临的共同问题提供更多更好的中国智慧、中国方案、中国力量。

中国式现代化代表人类文明进步的发展方向

文明是"人类在认识和改造世界的活动中所创造的物质的、制度的和精神的成果的总和"[1]，作为多形态、多层次的系统性内容，文明是对不同历史阶段中人们的存在方式与社会发展走向的映射，随着人类生产方式、生活方式的变革而变更。不同文明历经碰撞、融合，在

[1] 《中国大百科全书》第23卷，中国大百科全书出版社2009年版，第296页。

一定时间内产生相对稳定的文明形态，不同维度下对人类文明形态演进的划分也不尽统一。文明作为社会发展的基石，需要通过"社会中的人"与"人创造的社会"两个角度加以把握。基于此，文明体现着现代化的特征，现代化创造着文明的内容，二者互相作用、彼此交织。近现代以来人类文明形态的演进，需要在现代化发展的历史进程中加以阐释。

文明的存在与发展需要现代化的支撑。文明作为一种带有"发展"意味的概念表达，是建立在坚实的物质基础之上的，物质文明是文明形态中最为根本的表征，而现代化是提高社会生产效率、创造社会财富的必经之路。现代化是从传统文明向现代文明演进过程中的主要推动力，现代化中的科技变革、社会分工、世界交往等都是现代文明之所以"先进"的有力支撑。同时，文明是人类区别于动物并高于动物的特征，是人类（人类社会）独有的形态。涉及文明内涵与范围的内容，都是与社会生产、人类生活的具体方式相关的。当今世界发展中的文明是对民主、自由、平等、和谐等美好状态的抽象概括，包含了生产进步、社会和谐、人的自由这三重递进式的要求。而经济社会的具体发展方式及其引起的人的生存形式、精神理念的变革，都是推动人类文明形态向前发展的根本动力。现代化就是支撑文明得以向好演变的社会发展方式，现代化的成熟过程也是人类文明形态的演进过程。因此，文明的内容、程度、进步都需要现代化作保障。

现代化本身就是一种文明的发展方式。现代化是近现代以来各国在社会发展目标上适应世界文明发展趋势的宏观体现，是发达国家与发展中国家正在追赶或想要追赶的发展状态，对人类文明形态的变革具有重要意义。现代化是以机器大工业式的自动化生产取代土地田园式的手工生产的一种转变，是以人身自由的法权关系取代传统社会中人身依附关系的一种转变，是对人与社会存在方式、发展方式的高度概括，指向于一种更便捷、更独立、更自由的人类社会状态，也体现着人自身能力素养、精神面貌、道德情感的整体跃升。这些由于现代化建设而在社会生产领域与人类生活领域发生的变化，就是对人类文明形态的具体表达与事实指向。

人类文明形态在前资本主义社会的所有发展阶段中整体呈现出"未开化"的样态。渔牧文明、农耕文明等时期的文明表征着人对自然的臣服以及人对家庭、氏族等共同体的依赖，自然的、社会的力量都主要作为束缚人发展的力量而存在，"我们越往前追溯历史，个人，从而也是进行生产的个人，就越表现为不独立，从属于一个较大的整体：最初还是十分自然地在家庭和扩大成为氏族的家庭中"①。基于农业社会的传统发展方式，人类与人类社会的发展是缓慢的，文明形态的演进更替是平缓的，直到现代化发展方式的出现才彻底改变了人类社会文明的面貌。

资本主义社会开创了人类社会发展的现代化方式以及资本主义文明形态，曾一度代表了人类社会文明的先进形态。马克思恩格斯在《共产党宣言》中指出："资产阶级在它的不到一百年的阶级统治中所创造的生产力，比过去一切世代创造的全部生产力还要多，还要大。"②科技、工业等现代化内容创造了巨大的物质财富，为人脱离

---

① 《马克思恩格斯文集》第8卷，人民出版社2009年版，第6页。
② 《马克思恩格斯文集》第2卷，人民出版社2009年版，第36页。

"人的依赖"状态提供了保证，进而使人进入到在物的依赖性基础上的"相对独立性"阶段，人的主体意识开始觉醒、主体能力也获得了发展。但是，资本逻辑本身固有的矛盾导致资本主义现代化成为了要被修正、被超越的现代化模式，资本主义文明无法适应人类与人类社会发展的方向趋势，成为要被更替的文明形态，其中的积弊让西方现代化道路在各种危机的倒逼中逐渐丧失"权威"。中国式现代化道路作为成功实践社会主义要求的现代化新模式，创造了人类文明新形态。这是集经济高质量发展、物质富足、精神富有、环境优美、世界和平于一体的现代化新模式，在这种新的现代化发展方式、发展目的中将人类文明形态推向了新阶段。马克思对共产主义文明的论证正是基于对资本主义文明的反思以及对资本主义现代化模式的批判，通过肯定现代化这一方式的历史必然，彻底改变指导现代化发展的价值理念与实践方式，使现代化呈现出社会主义的性质与内涵，进而重构人类文明结构中的以人为核心的多重关系，即人与人、人与社会、人与自然、人与世界的关系。这样才能使人类文明呈现出"自由""解放"等美好的内容。未来社会将会是以"自由人联合体"为存在样态，"在那里，每个人的自由发展是一切人的自由发展的条件"①，这意味着人类将在生产力高度发达、物质财富充分涌流的社会形态中提升自身能力素质、提振个人精神状态，人能够充分享受到现代化建设成果。

人类文明新形态之"新"是相较于资本主义文明形态而言的，

---

① 《马克思恩格斯文集》第10卷，人民出版社2009年版，第666页。

而这种新的文明形态是在中国式现代化道路中创造出来的。中国式现代化蕴含的独特世界观、价值观、历史观、文明观、民主观、生态观及其伟大实践，是对世界现代化理论和实践的重大创新。中国式现代化全面推动物质文明、政治文明、精神文明、社会文明、生态文明协调发展，更新了现代化发展中资本主导的物化逻辑，突出了人在现代化进程中的中心地位，肯定了人在文明形态中的主体地位。因此，中国式现代化以"新"的道路推动了人与社会互相促进的现代化进程，是真正重视"人"自身价值的人类文明。就未来趋势而言，我国在推进中国式现代化建设中将会持续以实现科技更强、社会更和谐、生活更美好、环境更优美等作为目标要求，最终实现人的自由而全面发展这一目的，不断趋向于"自由人联合体""全人类解放"等价值理想。

中国式现代化展现了不同于西方现代化模式的新图景

2023 年 2 月 7 日，习近平总书记在新进中央委员会的委员、候补委员和省部级主要领导干部学习贯彻习近平新时代中国特色社会主义思想和党的二十大精神研讨班开班式上指出："中国式现代化，深深植根于中华优秀传统文化，体现科学社会主义的先进本质，借鉴吸收一切人类优秀文明成果，代表人类文明进步的发展方向，展现了不同于西方现代化模式的新图景，是一种全新的人类文明形态。"人类文明新形态作为中国式现代化的本质要求之一，体现了中国式现代化对人类文明新形态的创造、丰富及发展。中国式现代化创造了人类文明新形态，可以归因于其对以人为核心的现代化的创新与深化。中国式现代化以设定"人口规模巨大"的新发展标准，将现代化的目标与方向转向到"人"这一更文明的层面上来，通过共享发展、协调发展、绿色发展、和平发展来对接人的现代化这一内容。

以推进人口规模巨大的现代化、实现全体人民共同富裕助力人与人之间的平等关系。中国式现代化是全体人民共同富裕的现代化，实现巨大人口规模的共同富裕是将人类文明引向公平、正义的基础保证。"共同富裕"中的"共同"就是指向人口规模巨大的全体中国人民，"富裕"则代表着让人可以充分享受到社会发展的物质成果、精神成果等，从而实现人与人之间合作共赢式的和谐关系，人与人之间的平等、友善使社会整体显现出富强、公正的样态。14亿多人口在基本生活需要、个体发展需要不断得到满足的过程中实现对美好生活的向往，人民收入不断增加、人口素质不断增强、人民群众的幸福感获得感不断提升。2022年，我国人均国内生产总值为85698元人民币，按年平均汇率折算达12741美元；全年全国居民人均可支配收入为36883元人民币，比上年名义增长5.0%。人民群众关注的就业、医疗、教育、养老等社会事业一直在不断发展，我国劳动年龄人口受教育程度持续提升，人才红利逐步显现。2022年，我国16—59岁劳动年龄人口平均受教育年限达到10.93年，比2021年提高0.11年，比2020年提高0.18年；截至2022年年末，全国范围内的社会保险覆盖面继续扩大，全国基本养老、失业、工伤保险参保人数分别比上年末增加了 2430 万人、849 万人、825 万人。与此同时，中国开展脱贫攻坚、推进全体人民共同富裕的实践，也是对实现全人类共同富裕的有益探索。中国近一亿农村贫困人口实现脱贫，历史性地解决了绝对贫困问题，为全球减贫事业作出了重大贡献，也为缩小南北差距、缩小不同人群之间的贫富差距创造了条件。这就是中国式现代化在增进人与人之间互信、平等交往方面作出的重要努力。皮尤研究中心一份报告指出，美国的收入不平等自 20 世纪 80 年代以来持续加剧。1980年，美国顶层 10% 家庭的收入约是底层 10% 家庭收入的 9.1 倍，而到了 2018 年，这一比率扩大到 12.6 倍。① 而中国式现代化得以创造出人类文明新形态，也正是因为其能够以实现全体人民共同富裕保障人民至上、社会和谐等文明因素，为人类在平等中获得发展、在发展中实现和谐提供了科学探索。

以物质文明与精神文明相协调重新调适人与社会之间的关系。以往的发展更侧重的是"效率"，这种发展方式不可避免地带有功利主义色彩，一些人甚至将"发展"狭义地等同于 GDP 或收入方面可以被量化的数字，从而陷入"单向度""理性人"的物化误区，逐渐使人丧失了对美好生活的追求，难以满足人在智能、体能、情感等方面的诉求。中国式现代化以兼顾社会物质富足与人的精神富有为要求，扬弃了资本主义文明中对个人主义、拜金主义、消费主义的过度推崇。中国式现代化在解放生产力、推进经济建设的过程中，坚持社会主义核心价值观、发扬中华优秀传统文化。同时，中国通过实施教育

---

① 《"美国病了"——起底美国的制度性衰落》，2022 年 10 月 1 日，见 http://www.news.cn/world/2022-10/01/c_1129046918.htm。

强国、文化强国、体育强国、健康中国等战略，使基本公共服务体系不断完善，人民群众的精神文化生活丰富多彩，社会整体的发展风貌焕然一新。

以人与自然和谐共生大力缓解人与自然环境的矛盾关系。人与自然之间的纽带关系是人之为人必须要面对、处理的原始关系，人通过改变自然而逐渐创造了属于人类社会的文明历史。然而，在以往的现代化路径中，人们将自然作为人类现代化发展的对立面，例如，资本主义工业文明时代基本秉持的都是"先污染、求发展"的理念，这对整个生态文明系统中的资源、环境都造成了不可逆转的损害。中国在推进现代化的实践中深刻认识到了这一问题，并着力于转变发展理念，注重把握生活富裕、生态良好之间的平衡关系，甚至为了更为长远的发展而关停并转那些高耗能、高污染、高排放的"三高型"企业，向世界发出"构建人与自然生命共同体""共建地球生命共同体"的倡议。中国式现代化通过不断深化能源革命，发展低碳产业、绿色经济，有序对接碳达峰碳中和的推进，城市宜居品质持续提升，污染防治攻坚战取得重要成效，人居环境得到切实改善。2022 年，全国空气质量稳中向好，地级及以上城市优良天数比例为 86.5%；重污染天数比例首次降到 1% 以内，达到 0.9%。中国式现代化创造的生态文明，以人与自然的和谐共生将当下建设与后世发展有效衔接，对整个世界的清洁美丽与人类永续发展起到了正向作用。

以走和平发展道路对冲世界发展格局的动荡。以往现代化的价值立场充满排他性，为了本国资本的增殖可以借以世界市场对全世界的后发国家进行殖民、屠戮、抢掠，这种以不文明的手段实现"文明目的"的现代化充满了悖论感。人类在这种排他性的思维理念下的行为，只会加剧世界的分化与动荡，加速资本主义文明权威的瓦解。中国式现代化创造的社会主义文明不仅体现出对本国人民生活的关切，还体现在对世界发展的促进、对人类进步的推动上。人与社会这两种概念的具体指向不仅局限于一国范围内，还可以拓展至全世界与全人类。因此，中国式现代化以一种全新的发展思路将和平与发展贯通起来，通过构建人类命运共同体，精准地定位了全人类的共同利益点与价值交汇点。截至 2023 年 1 月，中国已与 151 个国家、32 个国际组织签署 200 余份共建"一带一路"合作文件。2013—2021 年，中国与"一带一路"沿线国家进出口额从 6.5 万亿元人民币增至 11.6 万亿元人民币，年均增长 7.5%，占同期进出口总额比重由 25.0%提升至 29.7%，我国对"一带一路"沿线国家直接投资额累计达 1613 亿美元。党的二十大明确中国式现代化将继续"推动构建人类命运共同体，创造人类文明新形态"，由走和平发展道路的现代化与现代化基本原则共同结合而成的文明发展方式，将不断丰富和发展人类文明新形态。

■ 参考文献

《马克思恩格斯文集》第 1 卷，人民出版社 2009 年版。
《马克思恩格斯文集》第 2 卷，人民出版社 2009 年版。
《马克思恩格斯文集》第 5 卷，人民出版社 2009 年版。
《马克思恩格斯文集》第 8 卷，人民出版社 2009 年版。
《马克思恩格斯文集》第 10 卷，人民出版社 2009 年版。
《毛泽东文集》第六卷，人民出版社 1999 年版。
《毛泽东文集》第八卷，人民出版社 1999 年版。
《邓小平文选》第二卷，人民出版社 1994 年版。

《建国以来重要文献选编》第 5 册，中央文献出版社 1993 年版。

《十八大以来重要文献选编》（上），中央文献出版社 2014 年版。

习近平：《高举中国特色社会主义伟大旗帜　为全面建设社会主义现代化国家而团结奋斗——在中国共产党第二十次全国代表大会上的报告》，人民出版社 2022 年版。

《中国大百科全书》第 23 卷，中国大百科全书出版社 2009 年版。

《"美国病了"——起底美国的制度性衰落》，2022 年 10 月 1 日，见 http://www.news.cn/world/2022-10/01/c_1129046918.htm。

从人类文明新形态
看实现全球善治的可能维度

熊李力[*]

2023 年 2 月，习近平总书记在学习贯彻党的二十大精神研讨班开班式上指出："中国式现代化，深深植根于中华优秀传统文化，体现科学社会主义的先进本质，借鉴吸收一切人类优秀文明成果，代表人类文明进步的发展方向，展现了不同于西方现代化模式的新图景，是一种全新的人类文明形态。"中国式现代化蕴含独特的世界观、价值观、历史观、文明观、民主观、生态观，承载着人类文明新形态，为引领全球治理迈向全球善治提供了中国方案。

善治思想并非舶来之物，其在中国历史上源远流长。早在两千多年前，董仲舒在向汉武帝陈述朝政利弊时即已指出："当更化而不更化，虽有大贤不能善治也。"由此阐述了国家实现善政的必要条件，提出"更化则可善治"的命题。在这种最早的"善治"思想影响下，其后历朝历代

扫码听全文

---

* 熊李力，对外经济贸易大学国家对外开放研究院研究员、区域国别研究院执行院长、国际关系学院教授。

都不同程度地宣扬诸如国强民富和国泰民安等善政理念。

在当代国际社会,"善治"概念的流行始于20世纪80年代末90年代初。随着冷战结束和多边国际机制不断发展,全球治理成为学术界和政策界的热门话题。在大国军事对抗等传统问题有所弱化的同时,消除贫困、环境保护等非传统问题在国际政治和世界经济发展中日益凸显。在此背景下,实现全球善治成为全球治理的理想化目标。联合国前秘书长科菲·安南曾指出:"善治也许是消除贫困与促进发展最重要的因素。"对于解决国际社会面临的共同问题,全球善治开始被寄予厚望。

当前引用最为广泛的善治概念出自联合国亚洲及太平洋经济社会委员会,其总结了善治的八个主要特点:"参与性、以共识为导向、责任制、透明、响应民需、有效高效、公平包容以及遵循法治。"[1]无论是在国内社会还是国际社会,善治均被视作公共利益最大化的治理范式。就此而言,全球善治理念与人类命运共同体理念具有一致性,二者的宗旨目标皆为实现全球公共利益最大化。

现代善治理念是高度政治文明的产物,强调治理主体的多元化。在这种多元化的治理结构中,每个国家都是全球善治的主体,每个全球性问题都是全球善治的对象。作为负责任大国,中国一直致力于为解决全球性问题提出中国方案、贡献中国智慧。习近平总书记在庆祝中国共产党成立100周年大会上指出:"我们坚持和发展中国特色社会主义,推动物质文明、政治文明、精神文明、社会文明、生态文明

---

[1] United Nations Economic and Social Commission for Asia and the Pacific. (2009) "What is Good Governance?" [J/OL] .http://www.unescap.org/sites/default/files/good-governance.pdf.

协调发展，创造了中国式现代化新道路，创造了人类文明新形态。"中国式现代化承载的人类文明新形态，为实现全球善治擘画了一幅壮丽的多维度蓝图：以国家和人民富足、自由、全面发展为核心目标，物质文明、政治文明、精神文明、社会文明、生态文明全面提升，经济、政治、文化、社会、生态五维治理协调并进，进而全面推进全球治理体系和治理能力现代化的深刻变革。

物质文明新形态：
实现全球善治的经济治理维度

物质文明是人类在改造世界过程中形成的物质成果，体现为人类物质生产生活方式的持续改善。恩格斯这样阐述物质文明的重要性："正像达尔文发现有机界的发展规律一样，马克思发现了人类历史的发展规律，即历来为繁芜丛杂的意识形态所掩盖着的一个简单事实：人们首先必须吃、喝、住、穿，然后才能从事政治、科学、艺术、宗教等等；所以，直接的物质的生活资料的生产，从而一个民族或一个时代的一定的经济发展阶段，便构成基础，人们的国家设施、法的观点、艺术以至宗教观念，就是从这个基础上发展起来的，因而，也必须由这个基础来解释，而不是像过去那样做得相反。"[1]

通过全球经济治理推动世界经济增长、提升人民物质生活水平，

---

① 《马克思恩格斯选集》第3卷，人民出版社2012年版，第1002页。

是国际社会摆脱普遍贫困、迈向共同繁荣的基本途径。然而，现有全球经济治理体系无法适应复杂多变的世界经济形势。近年来，世界经济经历了新冠疫情、能源危机、乌克兰危机、全球通胀等多轮冲击，虽呈现复苏迹象，仍面临基础不稳、动力不足、发展不均等多重问题，下行风险和不确定性明显上升。立足全球经济变局，为更好应对各种严峻挑战，国际社会需广泛协商、凝聚共识，改革和完善全球经济治理体系，为实现全球善治打下坚实的经济基础。

改革和完善全球经济治理体系，既需形成全球统一的治理架构，又应充分尊重各国国情的差异。有鉴于此，切实有效推进全球经济治理，应优先选择国际社会最大公约数作为重点突破领域，这一最大公约数即为全球减贫事业。世界银行每两年发布一期《贫困与共同繁荣》报告（Poverty and Shared Prosperity），该报告在 2020 年和 2022 年连续两期指出，新冠疫情导致全球贫困问题更趋严重。2022 年的报告中指出："2020 年新冠大流行导致约 7000 万人陷入极端贫困，是 1990 年开始全球贫困监测以来最多的一年。""疫情致使全球极端贫困率从 2019 年的 8.4% 增长到 2020 年的 9.3%。"①

此外，全球消除饥饿和营养不良事业的进展也在"开倒车"。联合国粮农组织、国际农业发展基金、联合国儿童基金会、世界粮食计划署和世界卫生组织联合发布的《2022 年世界粮食安全和营养状况》报告指出，截至 2021 年，约有 9.24 亿人（占全球人口的 11.7%）面临严重的粮食不安全威胁，约有 23 亿人（占全球人口的 29.3%）面

---

① World Bank.（2022）. Poverty and Shared Prosperity 2022 : Correcting Course. Washington, DC : World Bank.

临中度或重度的粮食不安全威胁，分别比新冠疫情暴发前增加了 2.07 亿人和 3.5 亿人。在这种严峻形势下，非洲和亚洲特定地区以及低收入者、女性、儿童等群体遭受到更为严重的伤害。长此以往，国际社会共同落实《联合国 2030 年可持续发展议程》前景渺茫。

在全球减贫事业进展几乎陷于停滞之际，中国却克服重重困难，提前十年实现《联合国 2030 年可持续发展议程》减贫目标。按照国际贫困标准，中国贫困人口从 1981 年到 2015 年间减少 8.68 亿，同期世界脱贫人口为 11.7 亿，中国脱贫人口占同期世界减贫人数的 74%。截至 2020 年底，中国彻底消除绝对贫困，创造了人类自有文明史以来最大人口规模的减贫成就，为全球经济治理贡献了精准扶贫、精准脱贫的中国方案，开创了人类物质文明新形态，在全球范围内尤其是广大发展中国家具有可推广性。正如 2021 年发布的《人类减贫的中国实践》白皮书所述："中国在减贫实践中探索形成的宝贵经验，既属于中国也属于世界，拓展了人类反贫困思路，为人类减贫探索了新的路径。"

作为"中国减贫密码"，中国特色反贫困理论不仅有助于发展中国家摆脱贫困，而且为发达国家缩小国内贫富差距提供了有益借鉴。习近平总书记在全国脱贫攻坚总结表彰大会上指出，中国特色反贫困理论包括七个方面的重要经验和认识：坚持党的领导；坚持以人民为中心的发展思想；坚持发挥我国社会主义制度能够集中力量办大事的政治优势；坚持精准扶贫方略；坚持调动广大贫困群众积极性、主动性、创造性；坚持弘扬和衷共济、团结互助美德；坚持求真务实、较真碰硬。从目标理念、制度保证、社会基础到实施路径及具体方法，

"七个坚持"高度概括了中国特色反贫困理论体系，是马克思主义反贫困理论中国化最新成果。这套系统的"中国减贫密码"展示了一种新的人类物质文明形态，对实现全球经济善治的减贫事业具有重大的示范意义。时任老挝人民革命党中央总书记、国家主席本扬·沃拉吉一行曾专程走访"精准扶贫"典型湖南省十八洞村，探寻十八洞村的扶贫经验和优秀做法，并于一年后在回信中写道："当前，老挝正在全力开展扶贫脱贫，致力于摆脱欠发达状态，十八洞村的成功实践给老挝提供了十分宝贵的经验。"

政治文明新形态：
实现全球善治的政治治理维度

政治文明是人类在政治实践活动中形成的有益成果，体现在民主、法治与自由等全人类的价值理念等方面。1844 年，马克思在《关于现代国家的著作的计划草稿》中首次阐述了"政治文明"的概念，虽然最终未能正式成文，但是从该草稿中依然可以看出，马克思打算论述的概念包括"人权的宣布和国家的宪法""个人自由和公共权力""自由、平等和统一""人民主权""权力的分开""国家管理和公共管理""司法权力和法"等。① 现代政治文明的核心要义在于"民为邦本"的良政善治，这是实现全球善治的政治基础。

---

① 《马克思恩格斯全集》第 42 卷，人民出版社 1979 年版，第 238 页。

作为现代政治文明的核心，民主与全球政治治理密切相关。近年来，西式民主神话逐渐走向破灭，党争不断、选举操弄、金钱游戏、否决对抗、自由透支等乱象频出，暴露出体制失效、治理失能等深层次问题。长期以来，一些西方国家自恃霸权优势，强行在全球推行所谓"民主改造"，不仅没有成就民主，反而破坏和践踏了民主。世贸组织争端裁决研究报告显示，美国是迄今为止"最不守规矩者"，该组织三分之二的违规由美国引起。

民主是全人类的共同价值，是各国人民的共同权利，而不是少数国家的专利。国际社会哪个国家是不是民主的，应该由国际社会共同来评判。用单一的标尺衡量世界丰富多彩的政治制度，用单调的眼光审视人类五彩缤纷的政治文明，本身就是不民主的。国际事务应当由各国共商共建共享，推进国际关系民主化是人心所向、大势所趋。国际社会应当树立正确的民主观，各国正当的民主权利应得到有效维护。倘若预先设定自己的政体是民主的，进而强调只有相同政体才是民主的，这种民主观绝非实现全球善治的政治治理观念。

民主的实质是人民当家作主，人民至上应始终成为我们最高的价值追求。同时，也要将以人民为中心的发展思想全面融入国家治理体系，覆盖从制度安排到具体实践的方方面面。中国国务院新闻办公室于 2021 年 12 月发表《中国的民主》白皮书，其中指出："中国基于本国国情发展全过程人民民主，既有着鲜明的中国特色，也体现了全人类对民主的共同追求；既推动了中国的发展与中华民族的复兴，也丰富了人类政治文明形态。"在推进中国式现代化的进程中，中国共产党将富有创新性的民主理论与极具创造性的民主实践相结合，开创了政治发展新道路，创造了人类政治文明新形态。全过程人民民主既包括一套完整的制度程序，也涵盖全体人民完整的参与实践。2021年，习近平总书记在中央人大工作会议上指出："我国全过程人民民主实现了过程民主和成果民主、程序民主和实质民主、直接民主和间接民主、人民民主和国家意志相统一，是全链条、全方位、全覆盖的民主，是最广泛、最真实、最管用的社会主义民主。"这一论述清晰界定了全过程人民民主概念的内涵与外延，回答了怎样建设和实现人民民主的重大课题。全过程人民民主是实践中的构建，也是构建中的实践，更是中国对人类政治文明发展作出的重大贡献。

精神文明新形态：
实现全球善治的文化治理维度

精神文明是人类改造物质世界和精神世界取得的精神成果总和，主要表现为科学、教育、文化知识和人们的思想、政治、道德水平的提高。文化建设是精神文明建设的核心，全球文化治理是全球治理的重要组成部分，以文明互鉴、文化融通为核心的人类精神文明新形态正引领全球文化治理，推动实现全球善治。

如同全球治理的其他领域一样，全球文化治理亦面临着严峻挑战，新一轮民粹主义、种族主义等极端思潮给全球文化治理带来分歧和冲击。美国政治学者亨廷顿认为，文明的多元性和扩张性决定了不同的宗教、地域、民族、国家文明之间必然产生冲突。以美国为代表的一些西方国家自视为全球文化的主导力量，不断推动全球文化趋于同质化，致使全球文化格局的多样化发展遭遇强势遏阻，全球文化的开放性与流动性受到制约。由此在一些国家内部乃至更广泛的国际社会形成的思想对立与群体分裂，反映到国际关系中往往表现为文化和国家之间的偏见乃至仇恨，以各种形式呈现为亨廷顿所谓的"文明的冲突"。

化解"文明的冲突"需要的绝非是"尚同"，而是多元合作。中华文明历史悠久，天然具有"贵和"的文化基因，其发展史就是一部漫长的文明融合史。在中国特色社会主义新时代，中国式现代化承载的精神文明新形态致力于发展冲突最小化、成长与合作最大化的全球文化伦理，努力构建人类命运共同体，探寻人类文明共同发展的可能路径，以超越并克服当前国际关系中的文明问题及可能风险。

人类命运共同体是一个融合了各国与各民族文化的载体，是一种联结不同国家与民族、链接多元利益与梦想的新文化形态。在人类历史长河中，不同民族、不同地域的文化汇聚成波澜壮阔的历史画卷，在相互映现、碰撞与融通的过程中塑造了璀璨夺目的文化光谱。以文明互鉴、文化融通为核心的人类精神文明新形态，以及基于深度文化交流所建立的价值共识，是构建人类命运共同体的重要思想基础，为实现全球善治的文化治理提供了切实可行的新型文明观和哲学方法论。

社会文明新形态：
实现全球善治的社会治理维度

社会文明发展取决于社会的开化状态和进步程度，其核心在于社会保障体系与现代公共服务体系的不断完善，以及社会整体实现高度的安全和谐。在国内社会，社会治理的进步有助于推动国家治理体系和治理能力现代化；在国际社会，社会治理的进步有助于进一步完善全球治理体系，是实现全球善治的重要环节。

无论是国内社会还是国际社会，均应秉持共建共治共享理念，依托于强有力的公共产品与公共服务供给保障。就推进全球治理而言，构建新型国际合作机制、完善公共产品供给和公共服务平台具有必要性和紧迫性。长期以来，世界银行、国际货币基金组织以及现有的地区开发金融机构一直存在着比较严重的资金缺口，既无法有效支撑各类国际援助开发项目，也难以实现全球各区域均衡覆盖，更无法为投资周期长、风险大、政府干预度高的基础设施建设项目提供有力的资金支持。国际社会公共产品供给整体不足，导致助力全球和地区发展的目标实现遭遇较大阻力。推进全球治理，迫切需要对现有公共产品供给和公共服务体系进行补充和完善。

随着中国经济的快速发展，中国开始为全球治理提供更多的公共产品，从而助力全球公共服务体系的完善，其中较有代表性的公共产品包括亚洲基础设施投资银行（以下简称"亚投行"）和金砖国家新开发银行（以下简称"新开发银行"）。自 2016 年 1 月正式开业运营以来，亚投行已累计批准 202 个项目，贷款总额超过 388 亿美元，撬动资本近 1300 亿美元，项目遍布全球 33 个国家。自成立以来，新开发银行批准了 90 多个项目，贷款总额约 320 亿美元，此外还深度参与抗疫国际合作。疫情期间，新开发银行为金砖国家提供 100 亿美元的抗疫特别贷款。两家多边开发银行的贷款主要用于可持续基础设施建设和经济绿色复苏，涵盖交通、能源、通信、教育、公共卫生等领域，在资金筹措、金融救助、稳定产业链和供应链、促进经济和社会秩序恢复等方面发挥了积极作用，为全球治理提供了有效可靠的公共产品和公共服务。

作为国际社会重要的公共服务提供者，多边开发机构和国际合作平台为全球治理体系的完善作出了积极贡献。在亚洲基础设施投资银行第五届理事会年会视频会议上，习近平主席在开幕式致辞中希望亚投行成为促进成员共同发展、推动构建人类命运共同体的新平台，并就此提出四点建议：第一，聚焦共同发展，把亚投行打造成推动全球共同发展的新型多边开发银行。第二，勇于开拓创新，把亚投行打造成与时俱进的新型发展实践平台。第三，创造最佳实践，把亚投行打造成高标准的新型国际合作机构。第四，坚持开放包容，把亚投行打造成国际多边合作新典范。从这四点建议可以看出，中国致力于为全球治理提供新型国际公共产品，积极践行多边主义，聚焦构建人类命运共同体，促进全球治理朝着更加开放、包容、普惠、平衡、共赢的善治方向发展。

生态文明新形态：
实现全球善治的生态治理维度

生态文明是以人与环境和谐共生、循环发展、持续繁荣为基本要义的社会形态。人类生态文明新形态重在遵循绿色发展理念，形成绿色生产方式和生活方式，把生态环境保护放在经济社会发展的大局中去考量。实现全球善治，有必要推动全球生态治理国际合作，规范全球生态治理秩序。

近年来，全球范围内频发的生态危机事件表明，现行全球环境治理机制仍存在明显弊端。一些国家无视国际社会的共同利益，对国际环保规则合则用不合则弃，根据自身狭隘的利益权衡对待全球生态治理。在巨大的经济利益驱使下，一些国家生态保护乏力、环境规制放松、环境污染物跨域转移、生态治理"搭便车"等一系列问题层出不穷。

中国式现代化承载的人类生态文明新形态为推动全球生态治理迈向全球善治提供了新的思路。2021 年 4 月，习近平主席在"领导人气候峰会"上呼吁："面对全球环境治理前所未有的困难，国际社会要以前所未有的雄心和行动，勇于担当，勠力同心，共同构建人与自然生命共同体。"党的十八大以来，生态文明建设已成为中国"五位一体"总体布局中的重要组成部分，被提升至与经济建设、政治建设、文化建设、社会建设同等的战略高度。"绿水青山就是金山银山"被写入党的十九大报告和党章，绿色发展理念已深入人心。

不仅如此，为推动国际社会维护多边共识、聚焦务实行动、加速绿色转型，共同建设清洁美丽的世界，中国在联合国气候变化大会、联合国生物多样性峰会、《生物多样性公约》缔约方大会等国际重大多边场合提出了一系列推进全球生态治理的中国方案，积极贡献中国智慧。从 2019 年起，中国已成为《生物多样性公约》及其议定书核心预算的最大捐助国，并且主动设置了"3060"目标，即力争 2030 年前实现碳达峰、2060 年前实现碳中和，这是目前为止从碳达峰到碳中和的最短时间表，率先在国际环境政策领域为国际社会树立了榜样。通过夯实人类文明新形态的生态基石，中国不仅成功推动自身发展转型，而且积极参与全球生态治理国际合作，维护了国际社会的共同利益，为实现全球善治提供了切实的生态保障。

■ **参考文献**

《马克思恩格斯全集》第 42 卷，人民出版社 1979 年版。

《马克思恩格斯选集》第 3 卷，人民出版社 2012 年版。

United Nations Economic and Social Commission for Asia and the Pacific. (2009) "What is Good Governance?" [J/OL]. http://www.unescap.org/sites/default/files/good-governance.pdf.

World Bank. (2022). Poverty and Shared Prosperity 2022: Correcting Course. Washington, DC: World Bank.

世界历史
进程中的中国式现代化

　　作为全球性的世界历史转变过程，现代化是人类社会发展的必然趋势。当前欧美发达国家的现代化进程正遭遇经济不平等、激进政治、反智主义等共同挑战；发展中国家的现代化存在起步晚、发展慢、水平低等特点。中国式现代化为广大发展中国家独立自主迈向现代化树立了典范，已成为世界现代化的推进剂和增长极。

世界现代化的一般规律及国别特征

王鸣野[*]

从全球的角度看，1500年以后的人类历史是整个世界在西方的引领下进入现代化的历史，此后，世界各国和各地区，不论语言、文化、种族有什么差别，不管社会政治制度有什么不同，不论愿意与否，都无远弗届地被卷入了现代化的大潮。纵观五百多年以来的现代化历史，从英国的一枝独秀到西方的群体性领先，从北美的强势超越到日俄的迅速崛起，从苏联的社会主义道路到中国的独特模式，你追我赶，异彩纷呈，展现出人类数千年历史上绝无仅有的宏大发展画卷。然而，进入21世纪以后，面对世界百年未有之大变局，人类的现代化进程面临着新的挑战。在迎着新挑战踔厉前行之际，认识世界各国现代化的规律和特征便成为迫切的需要。

扫码听全文

---

* 王鸣野，中国石油大学（北京）马克思主义学院教授，北京市习近平新时代中国特色社会主义思想研究中心研究员。

彻底的现代政治革命是
决定一国现代化进程的前提条件

与"现代"相对的是"封建"时代，而现代政治革命的对立面则是封建革命。封建革命的目的是改朝换代，现代政治革命的目的则是推翻封建的政治、经济和文化制度，构建一种大众的、平等的、自由的和理性的政治、经济和文化体系。因此，没有彻底的现代政治革命，就不会有现代化的成功，这是五百多年来世界各国现代化进程中所呈现的最重要的规律。

马克思说："革命是历史的火车头。"现代政治革命之所以能够决定一国现代化的成败，是因为彻底的现代政治革命为现代化的发展解决了如下问题。

首先，彻底的现代政治革命用现代化的价值观代替了封建的价值观。从政治的角度看，现代化的价值观要求一国的政治制度基于多数人的利益而非少数人的利益，国家的决策出自多数人的意志而非封建独裁者的意志；从经济的角度看，现代政治革命要求废除封建的土地所有制（不论是封建地主阶级的所有制还是封建教会的神权所有制），实现财产权的合法化；从文化的角度看，现代政治革命要求整个社会从封建社会的教权、神权、皇权和各种习俗的愚昧与桎梏中摆脱出来，形成一种理性的、世俗的、开放的、进取的文化价值体系。纵观世界现代化的全部历史，英国的议会战胜王权，法国的革命者推翻王朝统治，北美殖民地赶走英国的宗主统治获得独立等，都是世界现代化历史中比较成功的现代政治革命。而反观普鲁士帝国、俄罗斯帝国、日本帝国等国的现代化所展现出的曲折和特征，无不与其现代政治革命的成色不足有关。1917 年发生于沙皇俄国的十月社会主义革命从阶级的角度看是一场无产阶级反对资产阶级的革命，但从现代化的角度看则是一场催生了一条全新的现代化道路的彻底的现代政治革命，而德意志第三帝国和日本帝国主义在二战战败后所进行的政治改造也不啻是对两国现代化道路的深度调整。从以上情况不难看出，正是因为一场又一场现代政治革命的推动，才有了英国现代化的成功、法国现代化的快速发展、美国现代化的后来居上、苏联现代化的辉煌成就以及二战之后日本和德意志联邦共和国的经济腾飞。

其次，彻底的现代政治革命用独立的、先进的新阶级取代了落后的和腐朽的旧阶级。英国、法国等国在现代化的进程中所发生的现代政治革命催生了资本主义现代化，资产阶级作为新的阶级经过和旧的封建统治阶级的多次较量，终于变成了本国的统治阶级。资产阶级登上政治舞台后，资本主义迅速发展，其所引领的现代化模式为后进国家争相模仿。反观与英法等国几乎同时登上国际舞台的西班牙、葡萄牙、俄罗斯、日本等国，由于现代政治革命的不彻底性，导致这些国家的新兴资产阶级在和旧的封建统治阶级的较量中长期处于劣势地位，从而给这些国家的现代化进程造成巨大的曲折。在全球范围的第三世界国家中，拉丁美洲各国早在 19 世纪初就获得了国家独立，然而，同样由于缺乏彻底的现代政治革命的荡涤，这些国家无不被强大的封建统治阶级所控制，资本主义和资产阶级的成长举步维艰。时至今日，拉丁美洲的大部分国家还在中等收入陷阱中苦苦挣扎。中国共产党领导中国人民进行的现代政治革命漫长而艰难，但这场革命却是20世纪下半叶全球范围内最为彻底的一场革命，它使中国摆脱了帝国主义、封建主义和官僚资本主义的压迫。

最后，彻底的现代政治革命带来的是彻底的国家独立，彻底的国家独立产生的是独立自主地选择国家现代化发展道路的广泛权力。西方资本主义国家走上现代化进程的重要路径就是对外实施殖民扩张和争夺殖民地，而与西方各国现代化的成功同时发生的是亚非拉各地区和国家的殖民地化。二战后，以英国、法国等国为代表的旧的殖民主义逐渐退出历史舞台。然而，除了少数国家以外，获得独立的第三世界各国却处在独而不立的尴尬状态：它们既和旧的宗主国有割不断的联系，又对推行新殖民主义政策的美国产生了强烈的依赖性，结果是这些新的独立国家多半变成了西方影响的延伸部分，处在世界现代化发展的边缘和半边缘地带，内政外交的变化严重受制于西方大国，根本无法独立选择自己的现代化发展道路。同一时期，中国共产党领导中国人民完成了一场彻底的现代政治革命，消除了帝国主义对中国现代化发展的干扰，切断了内部外国利益代理势力与帝国主义的联系，实现了国家内政外交的完全自主。正是在此基础上，中国政府和中国人民才取得了选择现代化道路的自主权。

工业革命是获得现代化的物质技术基础的唯一途径

现代化是对封建社会的政治、经济、社会、文化的脱胎换骨的改造进程，而支撑这一进程的核心力量则是工业革命所产生的现代物质技术基础。每一次工业革命都标志着人类的现代化进入了一个新的境界，原因正是由于新的工业革命催生了新的现代物质技术基础。在世界范围内，近代工业化过程中只有西方的英美等国和日本等极少数国家完成了工业化，而随着工业化不断从低级阶段向更高级阶段的迈进，工业化进程的"极端性"也越来越清晰地展现出来。具体地讲，工业化由"蒸汽时代"进入"电气时代"以后，一个国家尤其是非西方国家，若想走上工业化道路，必须具备以下几个"极端性"的条件。

第一个条件是"极端性"的科学知识。从工业化的历史来看，"蒸汽时代"的工业革命所产生的经验性知识个性化明显、缺乏系统性和可验证性，其传播主要靠的是掌握着技能的优秀工匠的传帮带。然而，"电气时代"到来之后，科学知识的产生需要完善先进的现代科学教育体系，而绝大多数国家缺乏构建现代科学教育体系的能力，这便注定了在实现工业化的进程中，大多数国家都将会面对被发达国家拉大距离的命运。第二次世界大战之后，"计算机时代"对最新科学知识的要求达到了一个新的高度，工业革命已经进入了知识经济的时代。"计算机时代"的一个重要特征就是知识的生产速度、规模和高度都达到了前所未有的地步。当前正在展开的"智能化时代"虽然是"计算机时代"发展的自然结果，但其对最新知识的要求则有过之而无不及，人类正快步迈入智能化生产知识的时代。因此，没有"极端性"的知识生产能力，就不可能赶上现代化的步伐。

第二个条件是"极端性"的工业技术。一次次的工业革命呈现的是越来越复杂的工业技术。从理论上讲，一个国家生产知识的能力越强，其发展工业技术的能力就越强。西方之外的大多数国家的独立不是通过彻底的现代政治革命的途径完成的，因此，在其构建现代工业基础的开始阶段就存在着各种各样无法克服的先天性价值观缺陷。这些缺陷导致这些国家在现代政治理念和制度的构建方面一直蹒跚于治乱相循的恶性循环之中，发展现代工业技术难以成为国家发展日程上的核心任务。更值得注意的是，在当前最新一波工业革命中，起决定性作用的技术被统称为"高技术"。所谓"高技术"，是指在雄厚的知识和技术积累的基础上绽放的最鲜艳的科学技术的花朵。环顾当今世界，具备高技术生产能力的国家不仅数量少，而且具有垄断性，这成为被前现代因素所累的众多落后国家难以逾越的障碍。

第三个条件是"极端性"的动员能力。国家的动员能力是一个国家在彻底的现代政治革命中产生的新的民族素质。因此，没有发生彻底的现代政治革命的国家的国家动员能力一般都比较弱。没有强大的国家动员能力，一个国家就很难充分发挥本国人力物力资源的潜力。与国家动员能力紧密相关的是国家的组织能力。任何一个国家都具备一定的人力物力组织能力，但是，能把一个国家的组织能力发挥到极限状态的则一定是发生过彻底的现代政治革命的国家，因为彻底的现代政治革命一般都会锻造出有出色组织能力的、在政治上受到本国国民普遍支持的现代政党。"极端性"能力的第三种表现是民众对国家的"奉献精神"，这种"奉献精神"表达的是广大国民对执政者所提出的国家现代化发展愿景的普遍认同和无条件支持。然而，需要再度强调的是，国民的"奉献精神"不是自然产生的，而是在彻底的现代政治革命中孕育而成的。

第四个条件是"极端性"的投入。工业革命所催生的现代化经济从其开始就展现出了对资本投入的高强度需求的特征，随着更高的工业革命阶段的出现，这种特征就表现得越来越明显。与进入20世纪新阶段的工业革命相比，19世纪的工业发展成本只是"小巫见大巫"。可以说，与现代工业革命同时发展起来的现代金融业已经成为决定一个国家工业化建设能否成功的决定性要素之一。然而，给后发国家造成的更大困难在于，没有发达雄厚的工业经济，就不可能有现代的金融业，而没有现代的金融业的输血支持，后发国家的工业化进程就会被发达国家所控制。

第五个条件是"极端性"的速度。人类进入工业化时代以来，"极端性"的速度主要体现在两个方面：一是无论从知识的生产还是从技术的积累更迭方面，都呈现出加速发展的特征，世界逐渐进入了"知识爆炸"的时代。19世纪后半期，科学技术的发展已经成为衡量一个国家工业化水准的基本尺度。工业化水平越高的国家科学技术的发展速度越快，科学技术发展速度越快的国家工业化能力也越强，两者已经构成良性循环。二战后的新科技革命所展现出的主要特征就是"高"和"快"，所谓"高"是指只有少数国家有能力发展的高科技，所谓"快"是指高科技的更迭换代速度。然而，知识和技术的加速度发展并没有产生均质性增长，反而在发达国家和发展中国家之间造成了越来越大的贫富差距，这是西方模式的现代化带来的严重后果。二是世界各国的工业化进程呈现"梯次展开、逐渐加速"的特征。众所周知，世界上最早的工业化完成于英国，耗时80多年，法国60多年，美国不到60年，1871年实现统一后的德国则仅用了大约30年的时间就完成了前述几国的工业化进程。如果说这些资本主义国家的工业化进程耗时以数十年计的话，那么经过俄国十月社会主义革命和中国新民主主义革命这两场彻底的现代政治革命后诞生的新的现代化模式则以空前未有的速度，在两个落后的封建农业国完成了基本的工业化。科学技术和工业化进程的加速度发展特征是一个国家的政治演变、经济增长、文化演进等因素正向综合作用的良性结果，然而，同样也是由于以上各种因素的反向作用，世界上大多数国家的工业化和现代化进程都在艰难前行。

第六个条件是"极端性"的规模。对于资本主义的现代化，马克思说："资产阶级在它的不到一百年的阶级统治中所创造的生产力，比过去一切世代创造的全部生产力还要多，还要大。"而工业革命无疑是推动生产力进步的首要物质性力量。和仅仅为维持生产者自我生存为目的的小农经济不同，工业化生产是以满足市场需求为目标的大规模生产，这样的生产不仅需要的是大规模的生产能力，更需要大规模的产品销售市场和大规模而稳定的原料供应。正因为对规模扩张的迫切需求，最初开始工业化的西方资本主义国家和后起的日本都争先恐后地走上了对外扩张的道路：英国从偏居欧洲一隅的小岛国变成了一个殖民地遍布全球的"日不落帝国"，法国则是紧居其后的第二大殖民帝国，明治维新之后的日本在羽翼未丰之际就祭出了对外扩张的国策。进入现代以来，西方世界发动了一场又一场战争，其背后的原因无不和争夺殖民地有关。然而，二战后，旧的殖民帝国一个接一个瓦解，殖民地纷纷独立，希望实现工业化的后发国家再也无法通过对外扩张完成工业化的规模性需求。因此，在20世纪后半期所诞生的众多第三世界国家中，真正具备独立进行工业革命能力并在一定程度上实现了工业化的国家一般都有相当大的领土和人口规模，如中国、巴西、印度等，其中只有中国成为名副其实的世界级工业强国。

现代市场经济既是现代化的动力，又是现代化的结果，同时也是现代化的衡量标准

商品交换活动在人类进入工业化时代之前就早已有之，但这类活动在生产力低下的前工业时代仅仅是小农经济的补充，只有在进入工业化时代以后，伴随着生产力的巨大进步，现代市场经济制度才成为与物质生产活动并驾齐驱甚至是凌驾其上的强大的现代化力量。纵观现代市场经济的演变历史，可以将现代市场经济的特点从政治经济学的视角阐述如下。

首先，现代市场经济体制是现代化过程的"加速器"。需要指出的是，在工业化革命到来之前，现代市场经济在欧洲的意大利、荷兰、英国、法国等国已经成为推动经济社会变革的主要力量：市场经济加速了各种经济要素的流动与整合，优化了社会资源的配置，不断开辟出新的市场和创造出新的需求，而新的市场需求又反过来对商品生产提出更高的要求。正是在不断扩大的市场需求的推动下，工业革命才在现代市场经济最发达的英国发生了。自此以后，人类的现代化就在现代市场经济体制和工业革命的双轮驱动下加速前进。

其次，一个国家的政治统一是现代市场经济存在的基本要求。在

西方资本主义发展的初期阶段，中世纪的封建领主制所造成的政治军事割据状态严重阻碍了商业资本主义的扩张，这迫使新兴的资产阶级和各国国王结成同盟以反对封建领主，最终英国、法国、德国等国先后削平割据势力，形成专制国王领导下的国家政治统一。因此，历史地看，西欧的封建专制君主对欧洲现代资本主义的发展起了很大的推动作用。可以说，没有专制君主，就不会有这些国家的政治统一，没有政治统一就不能为这些国家资本主义的发展构建统一的国内大市场，没有统一的国内市场，现代市场经济就无从谈起。统一的国内市场极大地助力了西欧各国现代资本主义的发展，而资本主义的发展又反过来不断地完善着现代市场经济的各项基本原则和制度。因此，从国家政治统一和实现现代化的关系来看，完全可以说，一个在政治上没有完成统一的国家的现代化水平是有限度的。按照这一标准衡量的话，二战后出现的很多第三世界国家的内部政治统一实际上还没有完成。这些国家内部政治统一的水平和其在独立时发生的现代政治革命的彻底性成正比，革命越彻底，政治统一的能力和水平就越高，反之就越低。

最后，强烈的扩张性是现代市场经济最明显的特征。中世纪后期西欧各国政治统一的出现在很大程度上就是还处在上升时期的现代市场经济在各国国内扩张的结果。市场的扩张带动工业的扩张，工业的扩张又进一步强化了市场扩张的欲望。市场扩张和工业扩张形成的合力很快就撑破了国家边界的限制，现代市场经济的全球性特点逐渐展现。然而，现代市场经济的扩张性不仅体现在地域范围的外延扩大方面，更体现在对实施市场经济的各个国家不断产生的内涵性整合方面：受力于现代市场经济的强大驱动，先是各国内部的各种资源要素加速流向能够产生最好效益的经济中心地带，城市化进程加速发展，百万级到数百万级人口的超大城市最先在工业化的先进国家出现。这些城市成为社会高度现代化的象征，也是综合国力的集中体现。在人口向城市流动的同时，各国内部的政治认同和文化认同的强度进一步提高，这就使现代市场经济在国内所面对的各种非经济藩篱逐步减弱甚至最终消除。最终，在现代市场经济的作用下，各国内部形成了浑然一体的经济联系和相对统一和谐的政治文化生态。

现代市场经济的全球性表现的早期阶段是英国、法国、德国、美国、日本等资本主义国家的全球殖民扩张和掠夺。二战后的情况相对复杂，一方面是西方社会以美国为中心的政治经济及安全的一体化进程，另一方面是西方发达国家对新独立的亚非第三世界国家的新殖民主义掠夺，与此同时存在的则是以苏联为首的社会主义阵营国家对新的现代化模式的探索。后冷战时期所产生的全球化是现代市场经济的最高表现方式，其显著特点是现代市场经济成为世界所有国家在推动本国的现代化进程中所共同接受的经济发展体制。后冷战时期现代化成就最为亮眼的国家首推中国，其成功的重要原因之一便是中国自20世纪70年代末实施改革开放政策以来坚定不移地沿着市场经济体制的方向探索中国的现代化道路，最终形成了中国特色的社会主义市场经济体制。这一体制将社会主义制度的优越性与市场经济的创造性、将国家的宏观调控与社会经济的微观运行有机结合，既保证了经济的快速发展又维持了社会的稳定，既使国家的现代化水平迅速提高又避免了贫富差距过大等现代化进程中出现的弊病。

西方的多党政治体制是第三世界国家现代化的陷阱

在当代以美国为首的西方世界所构建的政治话语体系中，第三世界国家在现代化的进程中出现的种种问题都与一个问题有关，那就是所谓"人权"和所谓"自由民主"。在政治制度和体制方面，所谓"人权"和所谓"自由民主"的最高体现就是多党制及其与之相配套的自由选举制度。在西方国家看来，只有坚持和实行多党制的国家才是"自由民主"的正确选择，否则就是独裁专制和侵犯"人权"。对于这类国家，西方国家毫不留情地予以打压，手段从制裁、孤立、暗杀、封锁、扶植代理人直到武装颠覆，不一而足。然而，二战后第三世界各国的曲折反复的现代化历史表明，西方的多党制给落后国家的现代化设下的是重重陷阱。

第一，多党制是二战后的后殖民主义时代西方国家在第三世界实施新殖民主义的有力工具。在旧的殖民主义时代，西方列强对殖民地实施的是赤裸裸的剥削和掠夺，新殖民主义则增添了更加隐晦的招数，如政治渗透、文化交流、经济援助等，其中尤以政治渗透为主，在此过程中向第三世界国家宣扬多党制便成为发挥影响的主要手段。只有建立了多党制，才能给西方国家影响第三世界国家提供可操作的工具，西方国家在第三世界国家的利益才能得到巩固。正因为如此，对于接受并实施了多党制的第三世界国家，西方国家百般吹捧，无论这类国家内部的问题多么严重。反之，对于拒绝接受多党制的第三世界国家，无论这类国家的治理水平多好，西方国家的反应都是指责抹黑，并采取各种手段扶植其内部的反对派力量，结果往往使这些国家陷入难以摆脱的内部冲突，根本无法集中力量进行现代化建设。

第二，多党制使西方世界掌握了评判第三世界国家政治、经济、社会等方面发展状态的裁判权。由于西方世界构成了最发达的国家群体，它们便很自然地将自己的发展模式视为放之四海而皆准的所谓"普世标准"，而第三世界国家由于长期以来深受其影响而不自觉地成为西方模式的接受者。如此一来，就出现了以西方世界为中心的"人权教师爷"群体和非西方世界的接受者群体，前一个群体不断地以不容置疑的态度向后一个群体灌输什么是正确的、什么是错误的，后一个群体则一直处在被动的接受者地位。因此对广大的第三世界国家来说，其国家的发展方向的设定，各项政策的出台，都要受到西方世界从政府到媒体的检视，他们的一言一行甚至可以决定第三世界国家政府在国内的支持率。因此，接受了多党制的第三世界国家很难独立自主地寻求本国的现代化发展道路。

第三，多党制必然使第三世界国家成为西方国家的附庸。从前两点不难看出，多党制可以使西方国家更容易地在政治、经济、文化方面对第三世界国家施加影响，从而维护自己在第三世界国家的利益。更为重要的是，多党制会使第三世界国家在不顾本国国情的情况下不知不觉地按照西方国家的模式塑造自己，而这种做法多半会在本国引发难以解决的政治动荡。于是，随政治动荡而来的是西方的干预，随干预而发生的是更多的动荡。如此陈陈相因，恶性循环，成为西方国家套在第三世界国家脖子上的无法摆脱的枷锁。

对后发国家而言，照搬照抄
外来经验不可能获得现代化的成功

在 18 世纪通过工业革命成为当时世界上现代化程度最高的国家之后，英国就被世界各国竞相追赶，先是西方的法国、德国、美国通过模仿和学习英国成为现代化的世界强国，随后则是更为落后的日本、沙俄等国也展现了不俗的工业化进展。然而，通过观察这些国家的工业化历史不难发现，18—19 世纪走上工业化的国家虽然都以英国为圭臬，但无一例外地都将外来的经验与本国实际相结合而创造了本国的工业化和现代化道路。这些最先走上工业化道路的国家群体无疑为后来的发展中国家提供了丰富的现代化经验，但不能不承认的是，除了上述国家外，亚非拉广大后发国家鲜有取得现代化的成功者。尤为重要的是，二战后的新独立国家都将现代化视为本国摆脱落后和外来干涉的最优选项，而成功者却寥寥无几。究其原因，一个很重要的方面就是这些国家无论是在走向独立的现代政治革命中还是在后来的现代化建设中，都没能正确地处理外来经验和本国国情之间的关系，无法走出一条适合本国国情的革命和建设道路，致使本国陷入外来的影响和内部的各种张力之间的泥潭中无法自拔。

始于 20 世纪 20 年代的中国现代政治革命不但成为正在设法摆脱西方殖民统治的亚非拉各国人民革命的重要组成部分，同时这场革命的成功也给第三世界的革命提供了新的重要的路径选择。

中国共产党领导的现代政治革命的成功是由多种因素决定的，而其中起着决定性作用的因素则是中国共产党能够把马克思列宁主义的普遍原理同中国革命的具体实际结合起来，不盲目照搬外来经验，走出了一条与苏俄的革命道路截然相反的农村包围城市、武装夺取政权的革命道路。在革命胜利后的社会主义现代化建设进程中，中国共产党的各代中央领导集体又坚持不懈地探索适合本国国情的现代化道路，虽然经历了波折，但终于在20世纪70年代末通过改革开放的伟大实践找到了一条中国式现代化道路。对此，习近平总书记总结道："中国式现代化，是中国共产党领导的社会主义现代化，既有各国现代化的共同特征，更有基于自己国情的中国特色。"

现代化在数百年的发展历史中所展现的规律和特点在不同时期、不同国家和不同文化语境中都有很大的差异，从而也导致人们在探讨现代化的发展规律时会产生不同的看法。因此，除了本文所列举的各点之外，在现代化的发展道路的选择方面，人们还可以把大众性参与视为世界各国现代化的重要规律；在社会价值观的演变方面，也可以将政教分离看作区分现代社会和传统社会的重要标准；在具体制度的建设方面，还可以将是否具有强有力的反腐败制度视作第三世界国家的现代化能否在正确的轨道上前进的重要衡量标准；在现代化的推动力方面，许多人会将军事力量的现代化视为第三世界国家现代化进程中的首要推动力量，等等。总之，由于国情有别，目标各异，人们对现代化的认识的多元性不可避免。

■ **参考文献**

习近平:《高举中国特色社会主义伟大旗帜 为全面建设社会主义现代化国家而团结奋斗——在中国共产党第二十次全国代表大会上的报告》,人民出版社 2022 年版。

《马克思恩格斯选集》第 1 卷,人民出版社 2012 年版。

发展中国家走向
现代化的现实状况与模式

——基于几个典型案例的分析

戴长征*

现代化是 18 世纪 60 年代英国工业革命以来人类文明演进的动态化发展趋势，它是一个涵盖整体社会系统的综合概念和现实形态。在世界现代化时间谱系中，发展中国家处于后发位置。多数发展中国家的现代化不是一个自主的社会演变过程，而是试图通过嫁接或借鉴发达国家的制度体系和发展路径，以期在短时间内实现高速度跳跃式发展追赶发达国家现代化进程，融入现代世界发展体系。发展中国家的现代化存在起步晚、发展慢、水平低等特点。

在国际上，当前发展中国家的现代化模式，集中表现为以阿根廷为代表的拉丁美洲的"钟摆式"发展，以伊朗为代表的伊斯兰世界的变革和以越南为代表的

扫码听全文

---

* 戴长征，对外经济贸易大学国际关系学院、国家安全与治理研究院院长、教授；对外经济贸易大学国际关系学院博士研究生刘欣林对本文亦有贡献。

后发型发展中国家的崛起。

现代化悖论——阿根廷的制度选择与钟摆式发展

阿根廷地处南美洲东南部，自哥伦布发现美洲大陆后成为西班牙的殖民地，在历经三个世纪的独立运动和内部动乱分裂后，于1862年成为正式统一的国家，此后阿根廷开启了近160年的现代化发展道路。得天独厚的自然环境使得阿根廷在现代化早期进程中取得显著成就，成为19世纪末期世界上最富裕的国家之一，然而周期性的经济危机和频繁的政治动荡使得曾经"世界的粮仓和肉库"逐渐成为"衰败国家"，阿根廷成为发展中国家陷入"中等收入陷阱"的样本。直到现在"阿根廷之谜"仍然是困扰拉丁美洲国家现代化进程的难题。

从1862年至今，阿根廷的现代化经历了六个钟摆式发展阶段：1862—1930年的农牧业初级产品出口带动阶段；1930—1982年的进口代替工业化发展阶段；1982—2002年推行新自由主义阶段；2003—2015年的新发展主义模式阶段；2015—2019年被视为短暂的"左退右进"阶段；2019年底至今，费尔南德斯赢得大选，庇隆主义回归，阿根廷政坛的钟摆再次向左倾斜。

1862年阿根廷开启现代化进程，总统米特雷及其继任者依托比较优势选择自由主义发展道路，逐渐形成以农牧业初级产品向欧洲出口为核心的发展模式，积极利用国内外投资，保持对外自由贸易，带动交通运输、劳动力市场、商品流动等全要素领域的现代化发展。在要素投入和有利外部环境的加持下，阿根廷迎来现代化进程的"美好时代"。然而富裕不等于发达，这一时期的阿根廷政府举债增长的发展方式和对国外资本与市场的过度依赖以及对工业化的忽视，造成19世纪70年代后阿根廷经济危机频发，直到20世纪30年代世界大萧条阿根廷在现代化进程的制度选择上第一次被迫转向民众主义。在进口替代工业化发展模式前期，阿根廷转向大力发展国家资本主义，强化对经济领域的控制，以"政治主权、经济独立和社会正义"为核心的庇隆主义短暂促进了阿根廷现代化进程中的经济繁荣。但是深层次的经济结构性问题带来了发展内生动力不足、国际收支严重失衡、负债和通货膨胀率急剧上升等长期困扰阿根廷现代化进程的关键阻碍因素。与此同时，包括阿根廷在内的整个拉美地区都陷入持久的经济危机中。

1989年，为了解决外债危机和恶性通货膨胀问题，梅内姆政府将阿根廷现代化进程带回到新自由主义发展道路，国有企业私有化浪潮席卷阿根廷，激进的贸易自由化政策打破关税壁垒，货币局制度推动金融自由化改革，阿根廷现代化进程迎来了短暂的黄金期。但是过度私有化加剧了行业垄断和贫富差距，贸易自由化政策严重削弱了政府宏观调控能力，货币局制度在有效遏制通货膨胀的同时也扩大了政府外债，外国资本把控国内金融体系使得阿根廷丧失了货币政策的独立决策权。2001年阿根廷再次爆发金融危机，宣告新自由主义发展模式破产，阿根廷现代化进程的制度选择再次回归民众主义。

2003年中左翼领导人基什内尔就任阿根廷总统。他全面否定新自由主义改革，重塑国家在市场经济发展中的主导地位，加强阿根廷中央银行的金融监管职责，收缩私有化企业在国民经济中的经营范围，同时加强对外资在阿投资的引导和监管，制定国内产业保护政策，通过税制改革和调整产业政策实现经济高速增长，以期最终构建良性社会保障体系。在新自由主义和传统发展主义模式间选择中间发展道路——阿根廷的新发展主义模式试图在国家与市场、社会经济增长与福利制度改革、全球化与自主性之间寻找平衡。2007年基什内尔的夫人克里斯蒂娜强势当选新一任阿根廷总统，并在2011年成功连任，新发展主义模式得以在阿根廷延续。但是这一模式并未解决从阿根廷踏上现代化进程起就始终困扰自己的举债发展方式和高度对外依赖性。而由于国家过度干预市场经济发展，透支政府公共财政能力，阿根廷现代化进程因此再次陷入停滞。

2015年中右翼领导人马克里赢得阿根廷总统大选，带领阿根廷短暂回归更具新自由主义色彩的发展道路。马克里政府将减少国家过度干预市场、实现贸易自由化、缩减政府公共财政性支出和恢复投资信心重返国际融资市场作为施政方向。然而马克里执政四年期间出现经济三年倒退，年均增长率约为-1%，通货膨胀率超过40%，贫困人口从2016年的30%增长至2019年的35%。新自由主义的现代化发展道路在阿根廷再次受阻。2019年，中左翼领导人费尔南德斯和克里斯蒂娜搭档赢得大选，阿根廷政坛的钟摆再次左倾，庇隆主义全面回归。然而2023年1月阿根廷国家统计局公布的数据显示，2022年阿根廷通货膨胀率高达94.8%，创近30年来新高。

阿根廷的现代化发展进程是整个拉美地区发展中国家走向现代化的一个缩影。作为一个资源禀赋型国家，阿根廷在现代化初期取得显著成就，但是随后便陷入"危机—改革—危机"的发展怪圈，和大多数拉美地区发展中国家一样，阿根廷现代化发展始终面临在民众主义和自由主义制度间的钟摆式选择，阿根廷几乎成为所有发展中国家走向现代化模式的试验场。阿根廷发展悖论就其本质来说是在一个高度断裂的政治社会中，把持国家经济命脉的寡头集团和市民社会中的劳工集团出现严重二元对立，在国家职团主义和庇护主义主导下，阿根廷政府无法消除各利益集团结构性矛盾。加之阿根廷权力制衡机制的缺失和政党政治的衰落，导致所谓的制度选择和钟摆式发展成为各利益集团争取选票和俘获国家的权宜之计。掌权的利益集团往往最大化自身利益，通过透支经济发展活力来获取短期的经济繁荣以巩固政权。这种短视的发展方式决定了阿根廷乃至拉美地区绝大多数国家在现代化进程中无法摆脱钟摆式发展困境。当前，对阿根廷来说，要想使现代化发展真正走向正轨，需要在更高的政治层面破解断裂状社会结构，促使各利益集团在超越左右翼划分的基础上就基本社会运行规则和共容利益达成共识，最终建立更具包容性和稳定性的现代化制度结构，强化国家现代化治理能力。

混合式现代化——伊朗伊斯兰民族主义样本

伊朗是位于亚洲西南部的伊朗高原上具有四五千年历史的文明古国。1906年爆发的"立宪革命"被视为伊朗现代化的起点。1925—1979年，亲西方的巴列维王朝带领伊朗从神坛走向世俗化，以土地改革为核心，实现国家工业和农业现代化为目标的"白色革命"试图在封建君主专制的框架下实现伊朗现代化改革。1979 年伊朗爆发伊斯兰革命，霍梅尼成为伊朗最高领袖，对外输出"伊斯兰革命"，对内施行全面伊斯兰化政策，将一个世俗化、西方化的伊朗变成具有强烈伊斯兰宗教色彩的政教合一的神权共和国。伊斯兰革命并未中止伊朗的现代化进程，1989 年哈梅内伊继任伊朗最高领袖至今，伊朗的政治生态逐渐从狂热的宗教主义转向务实主义，寻求宗教与政治、保守与改革的平衡始终是伊朗现代化进程的关键任务。在宗教矛盾复杂，颜色革命频发的中东地区，伊朗的宗教政治二元格局呈现出的高度稳定性表明，在一些宗教极端主义思想泛滥的发展中国家的现代化进程中，"适度权威"并未过时，伊朗独特的神权与世俗、宗教与政治并存的伊斯兰民族主义混合模式对中东地区其他国家现代化进程有深刻借鉴意义。

在礼萨·汗的专制独裁下，西方的现代化借助东方专制的形式被引入伊朗。巴列维王朝时期，两代君主都致力于淡化伊斯兰什叶派在国家政治中的影响。1963 年礼萨·巴列维绕过议会，采取全民公投的形式以超过 99.9% 的支持率通过包括土地改革、出售国有企业股份、森林和牧场国有化、赋予妇女平等的选举权、个人参与企业分红和组建"知识大军"在内的"白色革命"六点计划，并于 1967 年和 1975 年两次扩大了改革范围。然而，伊朗的白色革命是一种新的尝试，其目的是采用自上而下的改革最终维护传统的权力模式。通过土地改革，君主将贵族限制在城市的范围，切断他们与乡村的联系。恰如美国学者亨廷顿所言，伊朗的政治体制陷入了一种"根本性的困境"："一方面它们必须集权于君主以试图推进社会与经济改革；另一方面，集权却又使扩大传统政体的权力和吸收现代化所产生的新集团变得更为困难，甚至不可能，要使这些集团参与政治似乎只能以牺牲君主制为代价。"由于经济的快速现代化和政治的极度封建性间产生激烈对抗，巴列维王朝最终落下帷幕。但是"白色革命"促进了伊朗城市化和工业化进程，推动经济社会领域产生深刻变革，是伊朗现代化进程中的重要里程碑。

1979 年，霍梅尼重返德黑兰，伊斯兰教什叶派中隐遁的伊玛目复临。霍梅尼领导的伊斯兰革命是以宗教化纠偏巴列维王朝的西方化，以使伊朗从一个世俗化的封建君主专制国家变成神权与共和并存的政教合一的国家。1979 年伊朗伊斯兰共和国建立，教法学家权威统治载入宪法，法基赫政治体系诞生并制度化，霍梅尼成为宪法规定的集宗教和政治权力于一身的最高领袖。具体则是在伊朗推行全面伊斯兰化政策。对内在政治领域整合各阶层政治共识，向全社会输出伊斯兰革命思想，加强组建效忠于伊斯兰革命的武装力量以维持政局稳定。在经济领域强调伊斯兰经济是优于社会主义经济和资本主义经济的"健康经济"，强化伊斯兰革命政权对国家经济领域的把控。在思想文化领域深化伊斯兰意识形态的教化作用，严令禁止西方娱乐文化传播，要求妇女重新戴上头纱，高等教育实施全面伊斯兰化。对外提出"不要东方、不要西方，只要伊斯兰"的政治主张，输出伊斯兰革命文化，企图建立"世界伊斯兰政府"。这一时期的伊朗现代化进程深受霍梅尼个人思想的影响，它是在伊斯兰教什叶派传统宗教政治的总体框架下选择性吸纳现代西方政治制度而形成的保守与进步、宗教与世俗、神权与共和并存的具有强烈伊斯兰民族主义色彩的混合发展模式。

1989 年随着霍梅尼去世，政治代际接续成为伊朗面临的首要问题。接替最高领袖的哈梅内伊并不完全具备霍梅尼的宗教和政治双重最高权威，对内如何平衡教法学家权威统治和现代共和政体，如何处理宗教政治二元结构中的竞合关系，如何把伊斯兰原则这一宏大政治理想落实成具体的国家治理细则，对外如何应对以美国为首的西方资本主义国家的"极限施压"，是哈梅内伊时代伊朗现代化进程中亟须解决的种种难题。保守与改革的缠斗是近年来伊朗政坛的现实困境。1989—1997 年，拉夫桑贾尼任职总统期间被视为"温和改革派"，支持国内自由市场的地位，推动经济改革，试图弱化伊斯兰革命性色彩。对外采取温和务实政策，从输出革命转变为避免与西方国家直接冲突。但他主导的改革进程随着保守派的阻挠和与哈梅内伊转向保守倾向而中止。1997—2005 年，继任总统哈塔米被视为伊朗第一位"改良主义"总统，他的任职也被外界称为伊朗的"第二次革命"，哈塔米时期的现代化改革带有鲜明的伊朗特色和文化自信，推动伊斯兰式的民主政治和公民社会的建立，延续前任的经济主张和务实外交。但是同样受制于最高领袖和强大的保守派势力，他提出的很多改革措施都未得到有力推行。2005—2013 年，保守阵营的内贾德任职总统，被视为伊朗的"第三次革命"。政治立场上内贾德坚持维护伊斯兰价值观，推行低调务实的民生路线，也使他深得民心。对外则奉行强硬路线，拒绝在伊核问题上让步。2013—2021 年，改革派鲁哈尼任职总统，他宣称将拯救伊朗经济，与国际社会建立建设性互动，任期期间曾一度在不越过自身红线的情况下与美国开展务实性谈判，但是最终流产。鲁哈尼在任职后期伊朗出现政治动乱和经济危机中黯然下台。2021 年至今，强硬保守派莱希任职伊朗总统，并于 2023 年 2 月成功访华，中伊两国元首发表中伊联合声明，在政治、安全与防务、经济与发展合作、教育与文化合作、国际和地区事务等领域深化两国全面战略伙伴关系，对外释放强烈的政治信号。

伊朗的现代化始于"立宪革命"和"白色革命"，此后的"伊斯兰革命"并未中断现代化进程，并逐渐形成了一种伊斯兰民族主义混合模式。当前，伊朗现代化进程仍然面临宗教与政治、神权与共和、传统与现代、民族与国际多重二元混合，无论是保守派还是改革派当权，破解经济发展困境，在教法学家权威统治的框架下实现伊斯兰和共和的有机统一，是伊朗另类的现代化发展模式仍然需要进行的探索。

后发型现代化——越南社会主义革新开放道路

历史上的越南是东南亚中南半岛上的封建君主专制国家，1858 年越南成为法国殖民地，被迫卷入世界现代化进程中。1945 年越南获得民族独立，随后的 30 年间在大多数亚洲国家开启现代化道路探索的同时，越南经历两次印支战争，现代化进程严重受阻。1976 年越南社会主义共和国成立，这个饱经殖民和战乱的国家才结束国家分裂和社会动乱的局面，从此获得自主性政治制度保障。1976—1986 年间，受国际冷战格局和时任越共亲苏领导人的影响，越南选择苏联的社会主义发展模式，政治体系僵化，经济发展停滞，法治建设薄弱，加上错误的对外方针，越南现代化进程出现严重偏误。

1986年底，越共学习苏联和东欧改革思想，借鉴中国改革开放的经验，在合理吸收西方现代化发展理论的基础上认真总结内政外交失败的教训，在时任越共总书记阮文灵的领导下开启越南革新发展的现代化道路探索至今。

1986年召开的越共六大确立了越南全面革新开放的发展总路线，明确越南革新开放的前提是坚持马列主义和共产党领导。认识到越南正处于向社会主义过渡时期的初级阶段，强调要摒弃旧的发展思维方式，以思维和理论革新引导政治经济革新。提出要以经济建设为中心，在遵循社会主义方向的前提下，建立国家管理的市场经济体制，并允许多种经济成分发展。"以民为本"是越共六大提出的社会发展核心思想，围绕这一中心思想制定符合人民根本利益的社会福利政策。1991年，在苏东剧变社会主义遭受严重挫折的背景下，越共七大通过《社会主义过渡时期国家建设纲领》，明确要在确保国家政权稳定的前提下，继续稳步推进以经济建设为中心的革新开放，提出"民富、国强、社会公平、文明"的发展目标。革新开放的第一个十年，越南现代化进程逐渐步入正轨。

1996年越共八大召开，提出要建设工业化、现代化国家的发展总目标，并提出到2020年基本实现使越南成为一个工业国家的阶段性目标。1997年亚洲金融危机爆发，西方"和平演变"加剧，越南国内资产阶级自由化思潮蔓延。越共及时调整发展方针，保持社会政治形势总体稳定，经济平稳运行，加大反腐斗争力度，为越南现代化发展进入新世纪打下坚实基础。

2001 年越共九大召开，越南现代化进程迎来第二个加速发展时期。越共九大全面总结革新开放十五年来的理论与实践，基本形成了越南社会主义现代化发展的理论体系，首次提出建立"社会主义方向市场经济体制"，并将革新从经济社会领域深化到政治体制改革，将民主加入到国家发展目标。提出要建设"民富、国强、社会公平、民主、文明"的工业化、现代化国家。2001—2005 年，越南 GDP 增长率五年分别为 6.89%、7.04%、7.24%、7.7%、8.4%，GDP 总量从 2001 年的 329 亿美元增长至 2005 年的 530 亿美元。这一时期，越南的经济发展大力推进了现代化进程，是后发型国家实施赶超型战略的成功典型。

2006 年至今，越南始终在探索符合本国国情的社会主义现代化发展模式。2021 年越共十三大召开，总结革新开放 35 年来的成就和经验，为越南现代化发展制定中长期战略，提出发展目标的三个阶段：第一阶段是到 2025 年，要跨过 4000 美元的中等偏下收入门槛，建成人均 GDP 达到 4700 美元—5000 美元的具有现代化工业基础的发展中国家；第二阶段是到 2030 年，建成人均 GDP 达到 7500 美元中等偏上收入的具有现代化工业的发展中国家；第三阶段是到 2045 年，建成人均 GDP 超过 12000 美元的社会主义现代化发达国家。

2023 年越南国家统计局最新披露的数据显示，由于经济复苏，2022 年越南 GDP 增长率达 8.02%，实现 2011—2022 年期间的最高增幅，GDP 总量达 4090 亿美元，在全社会增加值增长中，工业和建筑业企业用工和生产经营计划更加积极主动，克服困难恢复扩大生产。加工业继续是整个经济的增长引擎，增长 8.10%，对整个经济增加值增速的贡献率达到 2.09 个百分点。越南再次在太平洋亚洲的新兴工业化国家中交出一份满意的经济发展成绩单。但是越南政府也指出，2023 年越南经济发展将面临严峻考验，尤其是越南经济开放程度大，世界经济衰退和不稳定的可能性增加。在保持稳定的社会经济发展环境的同时，要密切关注世界发展形势，作为越南主要贸易和投资伙伴的经济大国和地区的财政和货币政策，要主动制定计划以迅速应对出现的情况，保持来年经济稳中向好。

越南的现代化发展因为战争在时间上滞后于其他太平洋亚洲的新兴工业化国家，发展模式由最初的苏联现代化发展模式转到如今符合越南自身国情的革新开放道路。改革已经深入到越南的政治、经济和社会全领域，越南的发展道路也始终随着国际形势和国内新变化不断调整。近年来越南不断取得的经济成就和在政治体制上推行的稳步改革对其他后发型发展中国家现代化发展道路的探索具有重要借鉴意义。

各国经验表明，走向现代化的道路并不是唯一的

阿根廷、伊朗和越南走向现代化的过程表明，现代化作为一个向上运动的政治经济社会进程是各个国家都应追求的目标和方向，但这些国家在走向现代化过程中的成功和失败、顺利和曲折又表明，任何国家的现代化既无法脱离本国的历史经验和社会条件，也无法脱离所处的时代背景和国际环境。现代化的实现不是一个自发的自然进程，

而是与人的集体选择密切相关。但这个选择却充满了不确定性，各国需要进行不断探索、不断调试、不断改革，才有可能找到一条适合自身特点的现代化发展道路。

但说到底，现代化的实现不是发达国家的特权，世界上所有国家都平等地享有发展权。习近平总书记指出："世界上没有放之四海而皆准的具体发展模式，也没有一成不变的发展道路。历史条件的多样性，决定了各国选择发展道路的多样性。人类历史上，没有一个民族、没有一个国家可以通过依赖外部力量、跟在他人后面亦步亦趋实现强大和振兴。"对于发展中国家来说，现代化不等于西方化，中国式现代化发展道路取得的巨大成就将鼓舞世界其他发展中国家探索出符合本国国情的现代化发展道路。

■ **参考文献**

［美］塞缪尔·P. 亨廷顿：《变化社会中的政治秩序》，王冠华、刘为等译，沈宗美校，上海人民出版社 2008 年版。

当前欧美各国现代化面临的共同挑战

庞金友 [*]

现代化是一个国家从传统到现代、从落后到发达、从贫弱到富强的发展之旅，是整体性发展和螺旋式上升的演进历程。基于迥然各异的历史传统、文化习俗和国情民意，世界各国现代化探索的道路和模式可谓五彩纷呈，各具特色，但其中仍有一般性的规律和普遍性的共性可循。面对充满不稳定性和不确定性的大变局时代，当前欧美各国的现代化进程正遭遇哪些共同的挑战，面临着哪些共同的难题，做出了哪些反思和回应？这是本文试图解答的核心议题。

破解经济不平等的困境

自启蒙时代以来，平等一直是西方各国人民矢志追求的价值目标。从某种程度来讲，各国现代化的进程首先就意味着平等权利的

---

* 庞金友，中国政法大学政治与公共管理学院副院长、教授、博导。

追索和展开。陈旧制度的革新、落后观念的更迭以及
新型规则的建立，无不以破除特权、克服特殊和拒绝
特例为前提和基础。从"法律面前人人平等"的法律
平等到"风能进、雨能进、国王不能进"的产权平等，

扫码听全文

人们不断享受着现代化进程带来的普遍而公正的平等红利。然而，平
等权利却止步于经济领域。对于财富、收入和分配领域的平等，人们
一直众说纷纭，争论不止。在崇尚竞争、倡导丛林法则、奉行市场经
济原则的欧美发达国家，有人认为经济不平等是社会经济发展的必然
结果，一定程度的经济不平等不仅是可以接受的，还可以在一定程度
上刺激经济增长、保持社会活力。

　　然而近 30 年来欧美发达国家经济不平等的态势却令人始料不
及，贫富差距的程度已大大超出那些认为适度的经济不平等是可
以接受的人们的想象范围。以美国为例，在过去的 30 年间，美国
家庭年收入只有顶部 5% 的增长是明显的，底部 20% 不增反降。
"在过去 30 年里低收入人群（底层 90% 群体）的工资只涨了大约
15%，而上层 1% 群体的工资却涨了差不多 150%，最顶层 0.1%
群体的工资涨了 300% 还要多。"收入差距的日趋明显，直接造成
顶层的赢者通吃与底层的长期贫困进一步加剧。收入与财富的不均
衡，使中产阶层备受打击，不断滑向社会底层，萎缩之势一发不可
收拾。

　　2008 年国际金融危机爆发后，中产阶层的生存境况愈加风雨飘
摇。学者厄尔·怀松用"双钻石模型"形象描述了当前欧美的新型社
会结构：随着贫富差距拉大和中产阶级的消失，社会日益列分为 20%

的特权阶层和80%的新工人阶级，两大阶级间通道狭窄，流动性和渗透性非常有限。经济不平等不仅加剧了阶层固化的趋势，也引发了"你穷是因为你穷"的"贫困陷阱"现象，更催生出一系列诸如就业、健康、教育、生存等社会不公问题。

经济不平等是当前欧美各国现代化面临的最为紧迫、严峻和根本性的问题。"收入不均，个人财富差距过大，极富阶层聚敛财富，底层民众生活窘迫，为保守主义回潮、民族主义复兴和民粹主义崛起奠定了社会土壤；分配失衡，贫富群体对立加剧，社会阶层分歧重重，为身份政治泛滥、共识政治瓦解和政治信任危机提供了思想和心理准备。"而更为可怕的是，经济不平等造成的政治极化和社会不公，反过来进一步加剧了财富、收入和分配的失衡，两相强化，彼此纠葛，使经济不平等陷入一个无法自拔的恶性循环。

对于愈演愈烈的不平等趋势和不断上扬的民众的不满，欧美各国试图借助财税政策、福利制度以及救济机制进行缓解，然而受富人政治、财阀统治、不对等参与等现实因素的影响，这些努力往往收效甚微。2016年特朗普上台前，美国的贫富差距已达多年来最严重的程度，但特朗普上台后仍坚持颁布了号称数十年来力度最大的减税法案，不仅未能有效减缓贫富差距的趋势，更为高收入阶层和私营企业主们撑起了保护伞。"库兹涅茨曲线"中的政策拐点一直未能出现，贫富差距何时缓解已经成为当前欧美民众心中最大的疑问。

克制激进政治的冲动

进步性是现代化的第一特征。"现代化代表着一种向前、向上的发展趋势，从专制到民主，从农业到工业，从狭隘到宽容，从臣民到公民，从畜力到蒸汽，其间虽也会有反复、波折甚至颠覆和倒退，但总体方向是前进的，是进步的。"在传统现代化理论描述的未来图景中，虽然共同体成员分工不同，但现代化的成果最终要为所有人共享，而不是由个别人或特定阶层专享。与此同时，以普选、代议和多数原则为特征的间接民主制成为现代民主的不二之选。从选民到代表，人们按照约定的规则、制度和法律参与政治，管理国家的各项事务，宽容、妥协、协商被视为政治行动者的标准美德。这些约定俗成的体系与规则，自 20 世纪 90 年代后，开始遭遇以民粹政治、身份政治和极化政治为代表的激进政治浪潮的严峻挑战。

民粹主义是当前欧美世界最为活跃的政治思潮。2016 年英国脱欧、美国特朗普当选、欧洲民粹主义政党崛起被视为当代民粹主义正式跃入世界政坛的三场"黑天鹅事件"。当代民粹主义之所以崛起，源自全球化进程的深化、社会矛盾的激化和政治阵营的极化，是客观社会经济发展与主观心理变化共同作用的结果。民粹主义代表着真实的民意表达，拓宽了弱势群体的诉求渠道，对分配矛盾、社会公正、少数群体发展等当下最为紧迫而关键的社会问题的解决有所助益，具有一定的积极性。但它仇官仇富，反精英，反体制，坚持激进的平民主义立场，对传统的国家认可、公民身份和协商传统构成了重大冲击和挑战，对各国的国内政治生态、地区间政治关系和世界政治格局产生了结构性影响。

民粹主义以"民众"为名义，毫无节制地倾泻对不公平现象的愤怒和不满，不断裹挟现实政治滑向反精英和反体制的激进路线；民粹主义以主观性、情绪化的方式片面解读经济危机和社会流弊，不断宣扬极端的平民主义、民族主义和排外主义；民粹主义过分极端地批判现行政治，任由非理性主义泛滥，激起一轮又一轮民众的愤怒、怨恨和不信任心理乱潮。民粹情绪越浓，非理性程度越深，对共识政治的破坏力越大。当情绪化的社会大众可以自由地表达政治主张，放纵地操控政治议程，原本合情合理合法的政治诉求摇身变成怨气横溢、破坏力十足的政治宣泄，政府可能被胁迫偏离正确的执政方向，甚至使国家治理倒退到人治状态。

身份政治是现代政治的"富贵病"，是民主发展的高阶困境，呈现显著的后现代性特征：民主水平越高，身份政治越活跃。从发展方向来看，身份政治代表着等级政治—普遍政治—个体政治的演进，代表着等级身份—经济身份—文化身份的变迁，代表着由同质、主流的"大群体身份"向异质、边缘的"小群体身份"转移。现实生活中的身份政治往往与贫富差距、文化冲突、女权运动、移民问题、政党对抗等相互纠缠、彼此影响。个人主义的盛行促使身份认同浮出水面，全球化进程加速引发移民浪潮和文化冲突，本地居民身份"回应性觉醒"刺激国家主义、民族主义和种族主义复苏，互联网推动关于少数身份极端观点和激进情绪的迅猛传播，以及身份部落化加剧社会共识深度的瓦解，都是促使身份政治不断崛起的影响因素。身份政治助长了少数族群的自我意识，无论是边缘群体，还是中下层白人群体，基于某种特定身份的自我认同迅速成为各个群体宣泄不满、表达愤怒、达成共识的通道和平台。如此一来，原本以追求国家利益和普遍认同为目标的公民政治，沦落为在各自狭隘的少数族群中寻找归属的部落政治。身份政治追求基于少数群体差异的同一性，自然排斥立足多数群体认同的一致性，这就造成当代身份政治与公民政治的内在悖论："小身份政治"越活跃，"大公民政治"越撕裂。当身份政治将抽象的民主政治切割为具体的部落政治，传统意义上的公民身份和国家认同若想继续巩固和维系，势必难上加难。

政治极化是当代欧美政治发展的最新变化，也是观察欧美代议制民主困境的全新视角。作为现代民主政治的衍生形态，政治极化的孕育、形成和发展，离不开以普选、代议和多数原则为根基的现代民主规则和框架，但其本质却代表着当代民主的畸形发展：民主政治越发达，政治文化越宽容，政治极化越严重。政治极化在政治精英和国会议员层面最为明显，集中表现为政治对抗白热化、精英立场极端化、意识形态两极化，并逐渐向社会群体裂痕扩大化、大众文化冲突升级化、地区合作和国际关系孤立化和紧张化的方向蔓延和发展。

以民粹政治、身份政治和极化政治为代表的激进政治运动，一方面，埋下了否决政治和分裂政治的重大隐患，营造了以对抗和敌对为主旋律的政治氛围，致使选举政治中优胜劣汰的竞争关系升级为极化政治中你死我活的敌我关系，另一方面，破坏了以往的妥协精神和协商传统，削弱了传统的政治信任和政治权威，导致"后真相"成为政治生活中的新常态。

消解反智主义的魅惑

反智主义是当代欧美政治发展的重要面向，是理解美国文化冲突的又一视角，也是剖析西方民主困境的全新维度。从本质上讲，反智主义代表着一种对思想的蔑视，对知识的排斥，对知识分子的不信任。它并不是真正意义上的"主义"，更多只是态度、立场、行为或文化：反感、怀疑甚至仇恨知识和知识分子，拒绝独立思考，不遗余力地嘲讽、贬低知性生活的意义和价值。

反智主义与民粹主义拥有诸多相似之处。两者都是对自由主义理论和实践问题的反映和补救，来源于激烈变迁中产生的危机意识，是防御性的、保守的且独立性薄弱的思潮。它们都代表着平民的声音，代表着大众的立场，是对精英远离大众的潜在矫正方式。两者中心概念都具有明显的模糊性：反智主义反对的"智"和民粹主义支持的"民"都难以精确界定。这种回应性和模糊性，使反智主义和民粹主义极容易被利用，成为政党政治和选举竞争中获取支持的工具。两者都主张反精英、反建制，充斥着反理性的感情宣泄；都强调一种排他性的身份属性，都容易导致身份的对立并激发起身份政治的冲动。

反智主义也与保守主义有很多共同点。第二次世界大战以后，随着左翼政治浪潮的汹涌澎湃，公共知识分子对罗斯福新政、大政府模式、福利制度的认可程度不断上升。20 世纪 70 年代之后，保守主义浪潮迅速崛起，在批判进步主义改革方案的同时，开始质疑自由主义的干预理念。他们对左派知识分子敌意满满，对进步主义阵营恨意绵绵，对被左翼激进自由主义占据的校园文化甚感不安。反智主义猛烈批判知识分子，大学中的教授群体自然首当其冲，成为处处被针对的靶子。由于大学中左派立场的学者居多，从表面上看，反智主义就是在批判左翼自由主义立场的知识分子。这就与保守主义的立场不谋而合。

反智主义具有多面性，它既泛指一切针对知识本身、掌握知识的人以及传播知识的机构和场所的"反智思潮"，又专指与知识为敌、与知识分子作对的"反智者"，也意指推崇和倡导草根精神、个人奋斗、福音拯救、大众政治等"反智文化"。反智主义具有两张面孔：一方面，它可以挑战精英阶层的权威，制衡精英主义的高傲，突破知识阶层长期把控的文化霸权，保持一个健康社会应有的活力和创造性；另一方面，它也会助长无知者的自信，煽动对知识和文化的敌意，撩拨野蛮压制文明、落后遮蔽先进的狂妄冲动。从理论逻辑上看，反智主义表达了对知识和知识分子的轻视，对专家和精英的怀疑，但在现实生活中，一些反智主义的言论和立场虽然打着反专家、反精英的旗号，实际上只是为了迎合或维护特定阶层、群体乃至个人的利益。这就使得反智主义内部真伪难辨，迷雾重重。此时的反智主义并非真的在"反智"，而是在"反人"或"反政党"。反智主义在一定程度上模糊了无知与有知、感性与理性、民众与专家的清晰界限，相当于变相拉低了知识、理性和专家的地位与影响，实质上起到了解构传统社会观念、冲击现有政治结构的作用。

反智主义的形成和发展不是偶然的，既受历史传统影响，也有时代因素推动，是多重因素共同作用的结果。其中，反理性主义对精神世界的占据、反精英主义对知识分子的排斥、实用主义对智识作用的怀疑、大众教育对平等主义的推动、大众传媒对反智氛围的营造是当代反智主义兴起的历史根源。进入 21 世纪，随着全球化进程的加速和移民浪潮的汹涌，世界的流动性迅猛增强。残酷的竞争法则，来自异域的风土文化，无时无刻不在提醒着外来移民和本地居民：你的身边有太多与你并不相同的人，这种挤压感、陌生感和焦虑感，一方面会强化人群对自我身份的认同，另一方面也为排斥他人埋下了伏笔。一旦有了打破平衡的因素或事件出现，人们内心的理性、宽容就会瞬间瓦解，怀疑、愤怒会成为常态。这些情绪和情感，都成为随时引爆反智主义的时代诱因，外表平静如水，底下却暗流涌动，危机四伏。

反智主义将当前的困境与愤懑不加思考地归咎于精英阶层和现有体制，将精英、理性、知识和专家不予区分地置于大众群体的对立面，久而久之，必然积累起人们对现有制度机制和规则体系的质疑和不满。反智主义加剧了政治信任危机，扩大了身份政治分裂，营造了"后真相"政治氛围，恶化了政治极化趋势，也激化了民粹主义情绪，是当前欧洲各国现代化的共同难题和挑战。

应对新技术革命的挑战

技术的发展与进步是现代化的核心特征。人类正在大跨步迈进一个以"互联网＋"、大数据、人工智能、云计算为表征的数字时代。随着数字技术在现代政治和公共管理领域开发和应用的速度、广度和深度不断攀升，一场席卷全球的新技术革命渐成大势所趋。这一结构性变革的优势很明显，高效、便捷、透明、公正、绿色、环保……数不胜数，但这一变革也在冲击、挑战甚至瓦解传统的社会制度和大众文化，激发、催生并型构出新兴的政治样态和治理结构。

数字安全是新技术革命引发的首要挑战。作为数据治理的基石，数据拥有无可匹敌的重要性。随着政府、企业和社会组织的运行和决策越来越依赖大规模的数据收集、分析、整理和使用，对于掌握数字技术的个人和机构来说，只要数据足够，整个网络世界中的个人和机构完全呈现一种裸奔状态。此时所谓的数据安全，简直就是一种奢望。而从现实情况来看，无论是数据的收集环节、保存环节，还是使用环节，都存在潜在的风险。数字垄断是数字安全的另一大难题。拥有更多用户、控制更多数据、制造和使用更多智能学习机器的超级数字巨头渐占主导乃至统治地位。如何约束并合理规范这些数字巨头的行为是各国政府正在思考的问题。

数字不平等是新技术革命的第二个挑战。受各种条件和环境的影响，不同地区、不同群体、不同领域间数据的生产、传播和应用的程度与水平存在一定的不对等和不均衡，有时甚至是天壤之别。虽然在法律和权利面前，人与人之间是平等的，但在信息技术面前，数字平等一时还无法实现：并不是所有人都能享受移动网络，轻松惬意地用电脑开会、炒股、约车等。数字技能强、信息素养高的个人、群体和地区将拥有更高效的生产能力、更强大的竞争能力和更直接的赢利能力。这时，数字不平等就会转化成为经济不平等。这种新型的经济不平等不仅影响人们的资本占有份额、市场竞争能力和创业潜力，还会影响人们的教育程序、就业机会以及诸如医疗保健等重要的公共服务，这时的不平等就由经济领域跨越到了社会领域。而社会不平等反过来又会进一步加剧数字不平等和经济不平等，如此一来，社会就将陷入不平等的恶性循环之中难以摆脱。

数字利维坦是新技术革命的第三个挑战。当公共权力越来越依赖各种数字平台、终端、系统和机器时，以数据至上、智能主导为特征的数字权力就会被赋予实实在在的影响力和决定力。数字的赋权性一方面导致传统政治权威遭遇挑战，一方面催动新兴超级权力强势崛起，使技术专制和数字利维坦成为可能。数字的赋权性还加剧了新技术革命对传统社会、经济和政治的结构性冲击和颠覆性挑战，尤其是使传统权力结构发生重大改组，这种重组分别在体制内和体制外同时展开：体制内的政府越来越依赖以数据治理国家和社会，数字威权和技术专制的趋势日渐成熟；体制外的数字巨头通过掌控数据、垄断技术建立起相对独立于政府权力的"科技帝国"。

算法歧视是新技术革命的第四个挑战。算法规则是数字时代的核心技术和主导规则，是数字时代引导一切的"看不见的手"。算法规则本身存在内在的矛盾性：一是逐私利还是谋公利的矛盾，二是倚偏好还是重平等的矛盾，三是技术至上还是人类中心的矛盾。究其本质，算法只是一种技术形式，终极目标是服务人类主体。但在算法所赋予的权力框架内，人的存在由数据赋值，人的意义由数据来界定，作为数字系统中被提取、评估、计算、预测的客体，人已沦为算法操纵、控制的对象，其主体地位岌岌可危。算法规则的这种内在矛盾性决定了其可能的风险性。算法权力逐私利、重偏好、追求技术至上，往往容易形成以数据信息为中心的新型权力，一旦脱离监管或无法合理控制，势必损害平等价值、公共利益和基本道德，引发诸多社会后果。

人工智能是新技术革命的第五个挑战。人工智能对社会生活尤其是政治领域的持续渗透和介入，势必牵动治理体系的变革、权力结构的重组、民主形式的更迭以及统治秩序的重构，让人们不得不重视人工智能的潜在风险，防范机器统治的灰色未来。在人工智能发展的初级阶段，人工智能以弱人工智能为主，仅能介入生产和生活领域，人类将其视为提供便利、舒适、效率和幸福的工具，人类主宰一切。伴随着人工智能的不断进步和升级，人类对其依赖性增强，人类虽依然主宰世界，但与人工智能的力量对比已有所扭转。随着弱人工智能达到顶峰，人类生产和生活各领域中人的角色与功能被人工智能逐渐代替，人成为最有闲的无用之人。政治领域中的公民被数字虚拟化，算法民主取代代议民主。最后，当弱人工智能最终成功突破"奇"点成为强人工智能，人工智能便开始拥有自主思维和独立意识，人类将面临被淘汰或与机器并存的两难困境。人类主宰的时代自此消失，机器统治时代随之到来。

■ **参考文献**

［美］凯西·奥尼尔：《算法霸权》，马青玲译，中信出版社 2018 年版。

［美］马修·辛德曼：《数字民主的迷思》，唐杰译，中国政法大学出版社 2016 年版。

［德］克劳斯·施瓦布：《第四次工业革命》，李菁译，中信出版社 2016 年版。

［美］理查德·霍夫施塔特：《美国的反智传统》，陈思贤译，中译出版社 2021 年版。

［美］苏珊·雅各比：《反智时代》，曹聿非译，新星出版社 2018 年版。

庞金友：《中国式现代化的政治意蕴与实现路径》，《人民论坛·学术前沿》2022 年第 24 期。

庞金友：《数字秩序的"阿喀琉斯之踵"：当代数据治理的迷思与困境》，《广西师范大学学报（哲学社会科学版）》2022 年第 5 期。

庞金友：《人工智能与未来政治的可能样态》，《探索》2020 年第 6 期。

中国式现代化是世界现代化理论和实践的重大创新

陈　鹏[*]

世界现代化的丰富内涵与理论学派

现代化是当前理论和实践领域的高热度词汇。现代化，从字面理解往往和发达、先进相联系。但发达和先进是相对而言的，现代化有着更深刻、更丰富的内涵。一般而言，现代化是指人类文明发生的一种革命性变化，是从传统社会向现代社会的转变，包括追赶、达到和保持世界先进水平的国际比较和竞争。人类社会的现代化进程开始于18世纪并延续到今天，呈现出波浪式发展的特点。现代化的第一波是从农业文明向工业文明的升级；第二波是从工业文明向知识文明、从物质文明向生态文明的转变。随着资本主义兴起，欧美发达国家在历史上率先实

扫码听全文

---

* 陈鹏，上海交通大学马克思主义学院教授、博导。

现了现代化。以往的社会现代化进程是以资本主义生产方式为支撑，实现了生产力的巨大发展，但也伴随着殖民、剥削、压迫和环境问题。

现代化学说根据其发展进程，可大致分为六个学派：结构—功能主义学派的代表人物帕森斯、列维、穆尔等认为现代化是从传统社会向现代社会的转变。重点研究比较现代性和传统性及其转换。过程学派认为现代化是从农业社会向工业社会的转变过程，包括一系列阶段和深层变化，研究侧重于转变过程的规律和特点。行为学派强调现代化的核心是人，尤其是个人的心理和行为的改变。实证学派的代表人物亨廷顿认为各国的现代化具有不同的特点，应开展现代化的实证研究。综合学派研究了现代化涉及社会生活各方面的变化，并侧重进行比较研究、模式研究、定量研究等。未来学派主张研究未来的发展趋势，尤其要重点研究发达国家的发展趋势。

上述各派虽然观点有异，但基本认为现代化是向欧美发达国家社会、经济、文化系统演变的过程。比如帕森斯认为，现代化是发展中国家向欧美发达国家系统演变的过程；欠发达国家从传统向现代社会转变主要受道德规范和价值体系等内部因素的制约，所以价值观的改变是最基本的前提；如果欠发达国家通过接受发达国家的先进科学技术和思想观念，克服传统障碍，就能走上与发达国家相同的现代化道路。但长期以来，全球200多个国家和地区中实现现代化的仍屈指可数。所以20世纪60年代末兴起的依附理论批评了现代化理论，认为发达资本主义国家建立了以自身为中心、其他发展中国家为外围的体系。发达国家的发达是以不发达国家的不发达为条件的。发展中国家要想摆脱依附地位，就要与发达资本主义国家"脱钩"或者在依附中实现发展。

中国式现代化对世界现代化理论和实践的重大创新

新中国成立之后特别是经过改革开放四十多年的长期探索和实践，尤其是进入新时代以来中国特色社会主义在理论实践上的突破创新，我国成功推进并拓展了中国式现代化。中国式现代化是马克思主义政党领导的社会主义的现代化。既有之前现代化的共性特征，更有基于自身国情的中国特色。党的二十大提出以中国式现代化全面推进中华民族伟大复兴。中国式现代化与以往的现代化相比具有人口规模巨大、全体人民共同富裕、物质文明和精神文明相协调、人与自然和谐共生、走和平发展道路等特征。应当说，中国式现代化实现了对世界现代化理论和实践的重大创新。具体来说主要包括六个方面：

指导思想的重大创新：是在中国化时代化的马克思主义指导下的现代化。世界现代化理论和实践的指导思想，大都是各类资产阶级思想理论范式在现代化领域的运用或者拓展，比如结构主义、功能主义、现实主义、自由主义、行为主义、过程哲学等。发展中国家和地区出现的现代化理论如依附理论虽然受到马克思主义的启发，但是其结论往往抽象绝对化且缺乏辩证性，带有民族主义倾向。虽然这些理论涉及社会的经济、政治、文化、科技、制度等各个领域的多种变量，但是毕竟达不到历史唯物主义对于社会基本规律揭示的深度，又不能和各国国情相结合，所以无论在科学性还是革命性上都存在根本性的短板和缺陷。而中国式现代化的指导思想是马克思主义基本原理与中国具体实际、与中华优秀传统文化相结合而产生的中国化时代化的马克思主义，深刻并且创造性地体现着马克思主义的立场观点和方法。马克思和恩格斯深刻洞悉了资本主义现代化的本质，他们认为共产主义是彻底超越资本主义现代化的新型社会。

长期的发展和实践证明，实际建立社会主义制度的国家都现实地面临着生产力水平的现代化和正确处理与资本主义的关系问题，这迫切需要既坚持马克思主义基本原理又和不同国家具体实际相结合的具体化马克思主义的指导。在马克思主义俄国化的进程中诞生了列宁主义，列宁在社会主义现代化问题上提出了诸如新经济政策的宝贵思想火花，但遗憾的是后来因为各种原因，苏联和东欧的社会主义现代化理论及实践遭遇惨痛失败。而马克思主义中国化进程中经过了三次重要的理论飞跃，从而为中国式现代化提供了先进的指导思想，不断指导着实践从一个胜利走向另一个胜利。其最新成果为当代中国马克思主义、21世纪马克思主义——习近平新时代中国特色社会主义思想，这种思想基因上的先进性是中国式现代化取得成功的根本保证。

实现主体的重大创新：是马克思主义政党领导下的以人民为中心的现代化。政党是特定阶级意志和利益的集中代表，而特定的阶级一定是特定生产方式中的阶级。从这个意义上说，政党都是特定生产方式的代表，代表不同生产方式的政党与人民的关系是不同的。根据唯物史观的基本观点，创造历史的真正主体是人民。在资本主义社会资产阶级及其代表政党与人民的利益存在着根本矛盾，而马克思主义政党——共产党没有不同于人民解放的整个运动利益的特殊利益。世界现代化的其他理论和实践流派，主要是资产阶级主导下的现代化，总体上是为资产阶级的意志和利益服务的。虽然这种现代化实现了生产力的巨大发展，但问题在于这种发达的生产力并不属于人民。劳动人民在这种现代化中虽然绝对的生活条件有所改善，但是其被剥削被压迫的地位并没有根本改变。共产党领导的以人民为中心的中国式现代化，实现了对传统现代化主体方面的重大创新。

习近平总书记指出，"中国特色社会主义最本质的特征是中国共产党领导，中国特色社会主义制度的最大优势是中国共产党领导，党是最高政治领导力量"。中国式现代化的本质要求坚持中国共产党领导，并处处体现着人民性，是为人民服务的现代化。在中国式现代化的价值取向方面坚持以人民为中心的发展思想。中国式现代化坚持"人民立场"，突出"以人民为中心"以及"人民群众获得感、幸福感、安全感"的增强。党和人民是实现中国式现代化的主体。党是人民之中的先进部分并为人民服务。这种现代化将人的自由全面发展放在现代化的首要位置，并且是党领导人民筚路蓝缕、栉风沐雨创造出来的。

立足载体的重大创新：是植根中华优秀传统文化、立足中国国情的现代化。任何现代化都只能是具体的历史的现实的现代化，抽象的现代化只存在于理论中，所以现代化必须立足于具体的历史的现实的载体。世界各国的生产力水平不同又文化传统各异，正如世界上没有两片完全相同的树叶，不可能用一种模式去框定。但世界各个流派的现代化理论与实践往往将特定的模式或路径定为一尊。往往认为，西方的现代化道路是世界所有国家和地区都必经的道路，即视西方现代化道路和模式是普世性的。这种观点的科学性尚且不论，单从现实情况看，世界上二百多个国家中的发展中国家通过这条道路实现现代化的是极少数，绝大多数走这条道路的国家和地区都没能走通，仍处于世界体系的边缘地位。究其原因，是因为这种理论与大多数发展中国家的现实国情和文化传统并不相容，存在着水土不服的问题。发展中国家应当从自身的国情和文化传统出发探索具有自身特点的现代化之路。习近平总书记指出："独特的文化传统，独特的历史命运，独特的基本国情，注定了我们必然要走适合自己特点的发展道路。"中国式现代化树立了典型榜样，立足中国具体国情并植根于中国优秀传统文化，批判借鉴和扬弃世界各国以及自身在追求现代化进程中的经验教训，在马克思主义指导下艰辛探索、锐意进取并找到了属于中国的现代化道路。

内涵指向的重大创新：是扬弃传统现代化蕴含超越现代性因子的现代化。因为人类历史上第一种类型的现代化是欧美日等资本主义国家所实现的现代化，所以人们便形成了一种思维定式，将对现代化内涵的理解固化为资本主义现代化。但中国式现代化的理论与实践深刻改变了这一点。从全球范围来看，传统现代化到目前为止还是少数国家和少数地区的少数人口的现代化，而中国式现代化则涵盖规模巨大的14亿多人口；以往的现代化往往存在着巨大的贫富差距，是不均衡的现代化，而中国式现代化追求全体人民的共同富裕；传统的现代化模式虽然物质文明高度发达，但精神领域总体上是被资本逻辑操纵的景观性意识形态，而中国式现代化追求物质文明和精神文明相协调；传统现代化在其发展进程中曾经造成严重的生态破坏与环境污染，走的是先污染后治理的道路，而中国式现代化通过绿色发展，追求人与自然的和谐共生；传统的现代化尤其是西方发达国家的现代化走的是对内剥削对外侵略扩张的道路，而中国式现代化是通过走和平发展道路实现现代化。而且从社会主义市场经济与资本主义市场经济的差异、全过程人民民主与资产阶级民主的差异、社会主义精神生产与资本主义意识形态的差异、构建人类命运共同体与旧的国际政治经济秩序的差异等方面都可以看出中国式现代化在内涵指向方面的重大创新。之所以具有这些不同，是因为中国式现代化具有超越资本主义现代性的社会主义现代性的因子。

生存范式的重大创新：是促使人类文明内在生产方式转换跃升的现代化。任何社会形态和文明形态都是基于特定的生产方式和生活方式。支撑传统的世界现代化理论与实践的生产方式主要是资本主义生产方式，虽然各个资本主义国家的生产方式各有特点，但其都属于资本主义现代文明范畴。而中国式现代化的支撑是中国特色社会主义生产方式。中国特色社会主义是对资本主义生产方式和传统计划经济的社会主义生产方式的扬弃与超越。中国特色社会主义是社会主义而不是别的什么主义，体现着科学社会主义的基本原则，同时又具有中国特色。马克思曾指出世界历史的第一阶段是资产阶级主导，第二阶段将是马克思主义主导，然后才进入无阶级的共产主义社会。从某种意义上说，中国式现代化及其创造的人类文明新形态就代表了上文提到的第二个阶段。社会主义和市场经济的结合实现了现代化进程中，人类文明内在生产方式中从死劳动（资本）剥削活劳动向死劳动（资本）为活劳动服务的转换，这是对人类生存范式的重大创新。

发展阶段关系的重大创新：从社会主义现代化迈向共产主义最高理想。以往的现代化理论与实践终止于现代化的实现。中国式现代化的总目标，是全面建成社会主义现代化强国，但后续的发展不会止步于此。2012 年习近平总书记在参观《复兴之路》展览时表示："到中国共产党成立 100 年时全面建成小康社会的目标一定能实现"。党的十九大进一步提出中国式现代化的建设路线图，是在全面建成小康社会的基础上，分两步在本世纪中叶建成社会主义现代化强国。2021年，我国在实现第一个百年奋斗目标之后开启了向全面建成社会主义现代化强国的第二个百年奋斗目标迈进的新征程。实现现代化仍然属于实现最高纲领共产主义过程中的阶段性目标和最低纲领。

中国追求的现代化是 14 亿多人的现代化，是社会主义的现代化。中国式现代化一方面丰富、发展、升级了现代化的标准，另一方面探索出了走向现代化的新路径。中国式现代化道路就是中国特色社会主义道路。中国式现代化是以人民为中心的更加公正的现代化，是追求协调平衡的更加全面的现代化，是扬弃既往的更加超越、进步的现代化。中国式现代化的内涵还在不断丰富，道路还在不断延伸。同时要特别注意，当前国际环境中的不确定因素增多，发达资本主义国家将中国式现代化视为对其霸权秩序的严重威胁，所以我们需要强化风险意识、底线思维和斗争精神，使中国式现代化的航船乘风破浪、勇毅前行。

东方社会可以找到跨越资本主义的"卡夫丁峡谷"

中国式现代化充分证明现代化不是只有一种标准、不是只有一条道路。马克思在研究东方社会的发展道路和规律时，指出东方社会可以找到不同于西方社会的发展道路，即跨越资本主义的"卡夫丁峡谷"。中国式现代化实现了这一点。中华文明在人类历史上曾长期领先，但近代以来迭遭内忧外患、社会动荡、民生凋敝。从那时起现代化就成为几代仁人志士求索奋斗的目标。历史与现实反复证明，中国式现代化是中华民族实现伟大复兴的历史必由之路。中国共产党领导人民经过 28 年革命斗争建立了新中国，随后完成社会主义改造，使占人类 1/4 人口的东方大国进入了社会主义社会。1978 年之后通过 40 多年改革开放创造了辉煌的发展奇迹。现在，中国又开启了全面建设社会主义现代化国家的新征程。中国迈向现代化的历程不只追求经济发展，而是以人民为中心追求物质文明、政治文明、精神文明、社会文明和生态文明的全面协调发展。

中国的现代化之路不是建立在对内剥削、对外殖民的基础上，而是通过革命建立社会主义制度，通过改革开放把社会主义和市场机制相结合，通过自身和平发展推动世界和平发展来实现的。中国式现代化在对外关系方面通过构建人类命运共同体，坚持对话协商、共建共享、合作共赢、交流互鉴、绿色低碳，建设持久和平、普遍安全、共同繁荣、开放包容、清洁美丽的世界。这反映了全人类共同价值追求和社会发展的正确方向。世界上已经实现现代化的总人口大约 10 亿。中国 14 亿多人口的现代化将超过之前所有现代化人口的总和，深刻改变世界现代化的格局，必将为人类文明的发展进步作出历史性的伟大贡献。

■ **参考文献**

《中共中央关于党的百年奋斗重大成就和历史经验的决议》，人民出版社 2021 年版。

习近平:《高举中国特色社会主义伟大旗帜　为全面建设社会主义现代化国家而团结奋斗——在中国共产党第二十次全国代表大会上的报告》，人民出版社 2022 年版。

《马克思恩格斯文集》第 2 卷，人民出版社 2009 年版。

习近平:《决胜全面建成小康社会　夺取新时代中国特色社会主义伟大胜利——在中国共产党第十九次全国代表大会上的报告》，人民出版社 2017 年版。

《马克思恩格斯全集》第 25 卷，人民出版社 2001 年版。

习近平:《共同构建人类命运共同体》，《求是》2021 年第 1 期。

中国式现代化
何以成为世界现代化的增长极

王明进[*]

作为全球性的世界历史转变过程，现代化是人类社会发展的必然趋势，是不可阻挡的历史潮流，是人类社会共同进步的目标。但资本主义现代化存在严重的缺陷，制约着人类社会现代化的进一步发展，人类社会需要探索更高层次更高质量的现代化模式。近代以来，中国人民不断吸收先进思想，为中华民族的复兴而奋斗，特别是新中国成立之后，在中国共产党的带领下全国各族人民艰苦奋斗，实现了经济的快速发展，实现了共同富裕，积极推动"一带一路"建设，为了全世界的现代化作出了贡献，成为世界现代化的推进剂和增长极。

扫码听全文

---

* 王明进，北京外国语大学国际关系学院教授、博导。

消除了绝对贫困，迈向共同富裕

资本主义生产关系的确立推动了西方的现代化进程，也使这一进程为资本逻辑所主导。资本主义现代化的起点和终点皆在资本增殖，劳动者生存发展属于资本增殖衍生存在。资本的增殖是建立在对社会的剥夺之上的，在西方资本主义发展早期阶段出现了所谓"羊吃人"的圈地运动等赤裸裸的剥夺，随着资本主义的发展，资本越来越通过技术专利、定价权、金融地产、股票市场投机、支配国债、支配国家公共财政、支配货币发行权等来直接剥夺社会，其剥夺的能力也越来越强、越来越系统、越来越隐蔽。资本主义现代化一方面使生产得以快速发展，另一方面作为物质财富创造者的劳动者却无限接近于生存线的贫困状态。这主要是因为资本无偿占有剩余价值并有意识地借助两极分化来维护自身增殖的权益，从而产生了异化劳动和悖论性贫困现象：劳动者通过雇佣劳动创造的社会财富越庞大，劳动者就越接近被饿死的边缘。这种状况在早期曾经导致激烈的社会对抗，使社会进入"革命和战争"时代。二战后，经过工人阶级的斗争，资本主义国家被迫进行社会福利制度建设，但也仅仅是对资本主义分配制度的小修小补，并引发了经济滞胀的后遗症。20世纪70年代末以来，西方实行新自由主义经济政策，压缩社会福利和公共开支，导致贫富差距的进一步扩大。这说明，两极分化是资本主义现代化始终难以解决的内生矛盾。

中国式现代化服务于人民，以人民为中心，坚持以人为本。"江山就是人民，人民就是江山"，"依靠人民，为了人民"，以人民为中心是中国式现代化的根本遵循。实现共同富裕是中国式现代化的重要价值目标。党的十八大以来，中国共产党带领全国各族人民脱贫攻坚，全国832个贫困县全部摘帽，近1亿农村贫困人口实现脱贫，960多万贫困人口实现易地搬迁，历史性地解决了绝对贫困问题，为全球减贫事业作出了重大贡献，实现了建成小康社会的伟大目标。共同富裕是中国式现代化的"承诺"，也是理解中国式现代化道路的关键维度。在中国这个人口众多的国家，共同富裕实现了享受现代化成果人口的增长，是一项伟大的成就。

中国式现代化为广大发展 中国家独立自主迈向现代化树立了典范

资本主义现代化发轫于西欧，随着殖民扩张而向全世界发展，形成了资本主义主导的现代世界体系。在这个体系中，始终存在压迫、剥削和不平等。"中心—外围理论"的提出者普雷维什认为，传统的国际分工使世界经济分为两个部分，一部分是发达国家组成的大的工业中心，另一部分则是为大的工业中心生产粮食和原材料的外围，中心和外围是严重不平等的，而这种结构性体系决定了外围国家始终处于不利地位。"现代世界体系"理论提出者沃勒斯坦在研究了现代资本主义体系向全世界的扩张之后，把世界体系分为核心区、边缘区和半边缘区，认为核心区早期对边缘区和半边缘区国家进行殖民扩张和掠夺，后期则凭借帝国主义方式使非西方国家形成对其政治经济的依附关系。西方现代化不仅破坏了边缘或半边缘国家实现现代化的基础条件和经济前提，还使其成为国际垄断资本主义分工体系和政治经济秩序的依附性角色，难以摆脱被压迫、被剥削的地位。因此，西方现代化在现代国际体系形成之后一直维持着少数国家占中心地位的格局，世界其他国家则成为这些国家崛起并维持其繁荣的贡献者，除了少数精英群体之外，广大的普通民众完全无法分享社会发展的成果。可以说，资本主义国家不仅在国内存在严重的两极分化，同时也在国际上维持着少数中心国家对大多数发展中国家的压迫和剥削，形成了边缘国家依附于中心国家的格局，形成了贫富差距在全球范围内的放大。

普雷维什和沃勒斯坦都认为，在现代资本主义世界体系下发展中国家难以摆脱这种依附性关系。事实上，发展中国家尤其是拉美国家一直在努力探索实现现代化的新路径，但始终没有取得成功。中国式现代化在国内追求共同富裕，同时在国际上推动共建"一带一路"和人类命运共同体，主张共商、共建、共赢，让中国的发展成为世界发展的机遇，在国际上倡导建立国际政治经济新秩序。中国式现代化不走西方国家对内压榨、对外殖民扩张的殖民主义老路，旗帜鲜明地反对霸权主义强权政治，走出了一条和平崛起、互利共赢的和平发展道路。这和西方国家维持其霸权体系、不允许其他国家发展有着本质的区别。中国式现代化并不寻求构建一种掠夺性的国际关系体系，而是以平等开放的方式打破了西方现代化的自利排他性，走的是一条共同发展的道路。中国积极推动"一带一路"和人类命运共同体建设，正是共同富裕和以人民为中心的现代化理念在国际层面的体现，将带动更多的国家和人民享受现代化所带来的成果。

打破"增长的极限"，实现可持续发展

西方主导的现代化难以解决人与自然关系的矛盾。人与自然的关系问题一直伴随着人类社会现代化进程。资本以无限增殖为其基本动机，这一动机推动着资本不断扩大再生产，并改变了人类社会的消费文化。资本对利润的追求还不断刺激生产技术上的革新，生产规模不断扩大，意味着人类向自然索取的手段不断翻新。随着西方工业化进程的不断发展，环境承担的压力也就越大。环境退化、资源枯竭、贫困失业和经济混乱成为西方国家现代化进程的衍生品。西方国家在升级本国的产业结构的同时，把大量高污染、高耗能的中低端工业向发展中国家转移，甚至向发展中国家出口各类"垃圾"，把西方现代化带来的人与自然的紧张关系扩展到了全世界。正是在这种背景下，20世纪70年代初，罗马俱乐部发表了对人类发展理念有深刻影响的研究报告《增长的极限》，该报告描绘了西方进入现代社会之后面临的种种问题，提出了"增长的极限"这一概念，使人们对人类社会的未来产生怀疑。"增长的极限"概念的提出并不是说不要增长，而是说资本主义现代化意味着对资源的无限索取，不突破现代化过程中对资本逻辑的依赖，增长就不具有可持续性。

中国作为后发现代化国家，为避免陷入西方国家在现代化过程中

出现的环境问题，很早就注意到人与自然的关系问题，因此更加注重生态文明的建设，政府从生产方式、生活方式、交通方式、废物处理、自然环境、贸易方式等多个领域采取举措，坚持生态优先的绿色发展之路，实现人与自然和谐发展。西方国家在现代化发展过程中大多实行"先发展后治理"，中国在现代化过程中则实行"边发展边治理"，在社会主义现代化建设中提出"绿水青山就是金山银山"的理念，在环境保护领域取得了长足的进展。新中国成立之初，中国的森林覆盖面积只有 8.6%，而到了 2022 年已经达到了 24.02%。2013 年至 2020 年的这 7 年中，中国空气质量改善的幅度相当于美国《清洁空气法案》启动实施以来 30 多年改善的幅度。中国还大力发展绿色产业，正迅速成为可再生能源和绿色减排领域的全球领导者。中国不仅在国内大搞生态环境建设，还与世界主要国家在气候治理、环境治理等方面携手合作，与"一带一路"沿线国家共建"绿色一带一路"，积极倡导"人与自然是生命共同体"。中国式现代化为扭转工业革命以来环境持续恶化的势头作出了贡献。更为重要的是，这是在中国经济快速发展的基础上获得的。新中国成立以来，中国经济取得了快速的增长，1953 年至 2018 年的 66 年间，GDP 年均增速为 8.4%，经济规模从 1952 年的 679 亿元增长到 2022 年的 121 万亿元。近 10 年来，中国对世界经济增长的平均贡献率达到了 38.6%，超过了七国集团国家贡献率的总和，推动了世界经济的增长。中国式现代化既实现了经济的快速发展，又坚持科学发展，注重环境的保护；既要物质文明又要生态文明，追求人与自然的和谐共生，破解了西方现代化"增长的极限"的魔咒。

打破"西方化"的迷思，
丰富了通向现代化的路径

西方资本主义国家通过建立资本主义生产关系，找到了一条通向现代化的路线。但是，西方现代化在给人类社会带来前所未有的进步的同时，也带来了种种灾难。二战后，西方国家竭力宣传现代化就是"西化"，鼓吹"东方停滞落后"，西方"先进发达"，"东方国家走向现代化必须学习西方，照搬西方模式，彻底抛弃自己的传统，实行多党制、市场经济和世俗化"，等等。冷战结束后"历史终结论"被西方学者所鼓吹，就是为了说明资本主义现代化道路的唯一性，而西方主导的经济全球化也让"现代化等于西方化"的观点更加盛行。但新自由主义经济政策的实施使主要国家国内贫富差距扩大，南方国家和北方国家发展差距拉大，发展中国家除个别国家外并没有得到发展，反而出现了所谓"第四世界"和"失败的国家"。不论西方对拉美新自由主义的改造，还是对非洲、中东等国家的所谓"民主改造"，对这些国家的现代化进程没有任何帮助，反而使他们陷入"中等收入的陷阱"或者各种持续的混乱。

对于非西方国家是否必然要走西方的道路这个问题，马克思曾经进行了深入思考。马克思并不认为现代社会仅局限于资本现代性社会，更反对把这一"仅限于西欧的结论"即关于西欧资本主义起源的历史概述当作"超历史的一般历史哲学"，在晚年更是提出了其他国家是否可以跨越资本主义经典现代性的"卡夫丁峡谷"直接抵达社会主义彼岸的问题，列宁破除了第二国际理论家们"经济唯物主义"思想教条发动了十月革命，破除了资本主义现代化一统天下的原初格局，开辟了现代性的社会主义道路，但苏联的社会主义现代化实践由于苏联的解体而终结，对独立于西方资本主义现代化道路的探索陷入了危机。中国共产党自成立以来就以中华民族的伟大复兴为己任，探索中国式现代化道路，不断取得新的成就，回应了发展中国家如何走现代化道路的问题。中国倡导的多元主义、平等交往、合作共赢、文明互鉴的新全球化，是对人类社会现代化路径和现代化模式的丰富和贡献。中国式现代化向全世界证明，经济文化相对落后的国家完全可以从本国的实际出发独立自主地走向现代化。"中国式现代化，打破了'现代化＝西方化'的迷思，展现了现代化的另一幅图景，拓展了发展中国家走向现代化的路径选择，为人类对更好社会制度的探索提供了中国方案。"

中国式现代化在基本价值追求上与
资本主义现代化有着本质上的不同

中国式现代化之所以能够超越资本主义现代化各种局限，使更多的人在现代化的条件下实现共同富裕，让更多的国家摆脱依附性困境实现现代化成为可能，正确处理人与自然的关系实现可持续发展，实现对现代化路径和现代化模式的丰富和创造性发展，成为世界现代化的新的"增长极"，其根本原因在于中国式现代化在基本价值追求上与资本主义现代化有着本质上的不同。

资本主义现代化是以资本为中心，遵循的是以资本增殖为基本价值追求；中国式现代化是坚持以人民为中心，遵循的是以人为基本价值追求。遵循以资本增殖为基本价值追求的资本主义现代化，人被异化为资本增殖的工具，贫富两极分化成为制度性难题，也是维持资本主义制度的必需。随着资本主义生产关系的全球性扩张，形成了少数西方发达国家对多数发展中国家压迫和掠夺的现代世界体系，除了少数精英，大多数发展中国家的民众享受不到经济增长和现代化带来的好处。资本主义现代化对资本增殖的无限制追求，还导致了人和自然关系的持续紧张。遵循以人为基本价值追求的中国式现代化，坚持以人民为中心，人是现代化的目的和根本，把资本和市场都作为手段，在国内追求实现共同富裕，在对外关系上坚持共商共建，追求合作共赢，实现了对资本主义现代化的扬弃和发展，对广大发展中国家摆脱"中心—外围"的"依附性结构"实现现代化具有很强的借鉴价值，从而成为世界现代化的增长极。

通过讨论中国式现代化与世界现代化之间的关系，思考中国式现代化对人类社会现代化的贡献，我们至少可以得出如下启示：

首先，中国式现代化是世界现代化的一部分。中国式现代化是在与世界互动的过程中推动的，它和资本主义现代化一样都是世界现代化的重要构成部分。中国自近代以来被迫开放国门，先进的中国人在接触外部世界的情况下认识到必须追赶世界，实现中华民族的伟大复兴。从此，"闭关锁国"和封建落后联系到了一起，中国的命运和世界的命运绑在了一起，开始了追赶西方的现代化进程，中国的现代化也在与资本主义现代化的互动中得到养分和动力，共同推进了世界现代化。中国的现代化尤其是改革开放以来的历史告诉我们，中国式现代化的活力来自对外开放，只有对外开放才能发展好中国的经济，才能让中国经济更好地融入世界，参与国际分工，积极融入世界现代化进程。中国从对外开放和经济全球化中获益，同时又通过积极参与经济全球化为世界现代化的进一步发展作出贡献。

其次，坚持独立自主，创新现代化道路。发展中国家现代化的历史告诉我们，走依附式现代化道路，将永远摆脱不了被压迫被剥削的处境。发展中国家的现代化是一个后发国家赶超先进发达国家的过程，既受到西方现代化的引领，又受到西方的压迫和剥削。要根据自己的国情，走独立自主的现代化道路。"独特的文化传统，独特的历史命运，独特的基本国情，注定了我们必然要走适合自己特点的发展道路。"中国在与西方现代化互动的过程中，经历了艰苦卓绝的奋斗历程，在中国共产党的领导下，坚持对外开放，坚持独立自主，对资本主义现代化进行了扬弃，探索出一条中国式现代化道路。坚持独立自主，既是中国共产党武装革命时期的宝贵经验，也是党领导中国现代化建设的重要原则。

最后，从人类文明新形态的视角看待中国式现代化，中国式现代化与资本主义现代化在基本价值追求上的差异，决定了两者在文明形态上的区别。资本主义现代化的资本逻辑决定了其社会达尔文主义的文明形态，表现为社会两极分化、对外扩张、物欲横流的消费主义和拜金主义，充斥着"西方中心主义"和"文明优越思想"。中国式现代化以人为中心的价值追求，体现了和平、发展、公平、正义、民主、自由的全人类共同价值观，追求天人合一的人与自然的和谐关系，形成了平等、互鉴、对话、包容的文明观念，倡导人类社会共建人类命运共同体。因此，中国式现代化的价值内涵和发展特征打破了西方现代化发展定式，展现了人类文明的新形态。

■ 参考文献

王峰明：《悖论性贫困：无产阶级贫困的实质与根源》，《马克思主义研究》2016年第6期。

《习近平在学习贯彻党的二十大精神研讨班开班式上发表重要讲话强调　正确理解和大力推进中国式现代化》，《人民日报》2023年2月8日。

中国式现代化理论的
世界性维度与人类文明意义

王立胜[*]

习近平总书记在学习贯彻党的二十大精神研讨班开班式上发表的重要讲话，是深入阐明中国式现代化理论的一篇纲领性文献，对于我们深入系统理解中国式现代化理论和推进现代化实践具有重要意义，为继续推进新时代中国特色社会主义事业奠定了坚实的理论基础，提供了科学的实践指引。习近平总书记指出："中国式现代化蕴含的独特世界观、价值观、历史观、文明观、民主观、生态观等及其伟大实践，是对世界现代化理论和实践的重大创新。"中国共产党立足于中国式现代化的伟大实践，形成了一套系统的解释世界和改造世界的理论体系。理论不仅要解释世界，也要改变世界。这不仅反映了马克思主义的基本要求，也体现出中国式现代化理论在解释世界和改变世界的层面所具有的重要意义。

扫码听全文

---

* 王立胜，中国社会科学院大学哲学院院长、教授、博导，中国社会科学院哲学研究所党委书记、研究员。

中国式现代化探索的实践自觉与理论自觉

现代化是指从"前现代"或"传统"社会向"现代"社会逐步过渡的实践过程。中国现代化探索肇始于 19 世纪 40 年代。1840 年鸦片战争以后，中国逐步成为半殖民地半封建社会，国家蒙辱、人民蒙难、文明蒙尘。为了拯救民族危亡，中国人民奋起反抗，仁人志士奔走呐喊，太平天国运动、洋务运动、戊戌变法、义和团运动、辛亥革命接连而起，这些历史性事件无疑深刻影响了中国历史发展进程，促发了中国社会的深刻变革。然而，这些运动皆以失败告终。这些运动之所以失败，没能改变中国命运，原因之一就在于这些运动的倡导者和领导者没有形成中国式现代化的实践自觉并将其上升到理论自觉的高度。

在中国现代化探索的过程中，无论统治阶层、知识分子还是普通民众，都逐步卷入现代化的世界历史发展潮流中，也开始重视西方现代文明的成果，甚至要认真学习并加以运用。有些先进人物甚至在现代化探索中注重中国的具体情况，在西学东渐大背景下提倡国学思潮，"总体上还是愿意吸纳西方现代性，认同现代化，但反对抛弃本国文化，反对离开本国国情，反对照搬外国模式"。19 世纪末到 20 世纪初，中国现代化的探索者们对于中国的现代化道路没有达到实践自觉、理论自觉的程度，甚至所提出的现代化主张只是某种应激性的行动方略。究其根本是只求中国之进步发展，而不知其所追求的根本乃是几个世纪以来世界历史中蔚然成风的现代化潮流，亦不知中国发展之道路问题的关键就是中国现代化道路的抉择。

　　与之相比，只有中国共产党才具有探索中国式现代化的实践自觉。十月革命一声炮响，给中国送来了马克思列宁主义，帮助中国的先进分子用无产阶级的宇宙观作为观察国家命运的工具，重新考虑问题。百年来，中国共产党肩负起探索中国现代化道路的重任，将自身的实践成果转化为推动中国现代化发展的积极要素。在新民主主义革命时期，中国共产党团结带领人民，推翻帝国主义、封建主义、官僚资本主义三座大山，建立了人民当家作主的中华人民共和国，实现了民族独立、人民解放，为实现现代化创造了根本社会条件。新中国成立后，中国共产党团结带领人民进行社会主义革命，确立了社会主义基本制度，实现了中华民族有史以来最为广泛而深刻的社会变革，建立起独立的比较完整的工业体系和国民经济体系，社会主义革命和建设取得了独创性理论成果和巨大成就，为现代化建设奠定根本政治前提和宝贵经验、理论准备、物质基础。改革开放和社会主义建设新时期，中国共产党作出把党和国家工作中心转移到经济建设上来、实行改革开放的历史性决策，大力推进实践基础上的理论创新、制度创新、文化创新以及其他各方面创新，实行社会主义市场经济体制，实现了从生产力相对落后的状况到经济总量跃居世界第二的历史性突破，实现了人民生活从温饱不足到总体小康、奔向全面小康的历史性跨越，为中国式现代化提供了充满新的活力的体制保证和快速发展的物质条件。党的十八大以来，中国共产党推动党和国家事业取得历史性成就、发生历史性变革，特别是消除了绝对贫困问题，全面建成小康社会，为中国式现代化提供了更为完善的制度保证、更为坚实的物质基础、更为主动的精神力量。中国共产党的实践自觉就在于将中国新民主主义革命、中国社会主义革命和社会主义建设、改革开放和中国特色社会主义建设新时期、新时代以来中国特色社会主义的实践成果统一于现代化的话语之中，自始至终地以实现中国现代化为总体目标动员中国人民自觉地参与到中华民族伟大复兴的历史实践中，并不断地将每个阶段现代化实践的历史经验进行系统总结，不断创新和发展中国现代化理论。

从中国现代化到"中国式现代化"，表明中国共产党对中国现代化本身有了深刻的反思和总结。中国共产党成立以后，党的领导集体开始有意识地使用现代化概念，并客观且科学地探求中国现代化发展道路。在新民主主义革命初期，瞿秋白等中国共产党的领导人就使用"现代化"概念指称中国问题。毛泽东和周恩来将"现代化"概念应用到"装备的现代化""军队现代化"等方面。新中国成立后，党的领导集体基于中国社会主义革命和社会主义建设的战略考虑提出了"四个现代化"目标构想。改革开放后，邓小平第一次将中国和现代化概念联结起来，指出"现在搞建设，也要适合中国情况，走出一条中国式的现代化道路"。由此，中国式的现代化道路成为中国特色社会主义理论体系的重要概念之一。党的十八大以来，中国共产党初步构建中国式现代化的理论体系，使中国式现代化更加清晰、更加科学、更加可感可行。由"现代化"概念到"四个现代化"到"中国式的四个现代化""中国式的现代化道路"，再到系统化了的中国式现代化理论，这一跨越式的发展历程体现出中国共产党在探索中国式现代化过程中形成了理论自觉。

在实践探索中，中国共产党就中国现代化道路提出了系统化的中国式现代化理论。中国式现代化理论是党的二十大的一个重大理论创新，是科学社会主义的最新重大成果。党的二十大明确将"以中国式现代化全面推进中华民族伟大复兴"作为新时代新征程中国共产党的使命任务，并科学概括了中国式现代化的中国特色、本质要求和重大原则，深化了对中国式现代化内涵和本质的认识。

中国式现代化理论的世界性维度

中国式现代化理论的世界性维度就在于其凸显了现代化道路的中国特色，丰富了世界历史发展的解释模式。现代化理论是世界历史发展的一种经典的解释模式。这是因为现代化是地理大发现之后即世界日益联合成一个整体后，各个国家必然经历的社会历史发展过程。任何一个国家都在或早或晚、或慢或快地以各种方式、各种形式参与到现代化进程当中。现代化作为由西方开始逐渐波及全球范围的变化和发展过程，本质上是发展中的社会为了获得发达的工业社会所具有的特点而经历的文化与社会变迁的全球性过程。因此，从客观上说，现代化发展逻辑内在于世界历史的一般发展逻辑之中。而世界历史发展进程归根结底就是世界上各个民族、各个国家在不断交往联系中发展着的现代化进程。

现代化理论试图确定促进某个社会发展的要素，进而解释整个社会发展的进程。由于西方国家率先走上现代化道路，因而在现代化理论的解释模式上长期掌握话语权。西方国家对现代性话语的把控导致了世界历史解释模式的单一性。尽管现代世界秩序是在以西方为主导的工业文明基础上发展起来的，但这并不意味着世界现代化只能走西方曾经历过的发展道路，更不意味着对现代化发展进程乃至世界历史的解释只能基于西方文明的内在要素。实际上，西方国家的自我中心主义和文化殖民主义长久以来对非西方文明造成了巨大的冲击和影响，虽然在科技进步、社会变革等方面产生了积极的作用，但也造成了世界文明既有的多元性发展和多样化表达被长期压抑。因此，对于非西方国家尤其是发展中国家来说，破除西方中心主义中的话语体系和意识形态、建构独立自主的现代化理论成为现代化理论发展乃至世界历史理论解释的当务之急。

中国式现代化理论理清了中国式现代化道路和其他国家现代化道路之间的关系。中国式现代化理论深植于世界历史背景下的中国式现代化道路的探索。这既是世界历史的必然，也是中国历史的偶然。西方列强为开拓世界市场而必然要与古老的中国文明发生交流和碰撞。但在具体行动上，中国现代化进程最初是基于一系列与西方国家的偶然性交往的历史事件的推动。因而中国式现代化理论必须处理好中国式现代化道路和西方国家现代化道路的关系问题。习近平总书记指出，"现代化道路并没有固定模式，适合自己的才是最好的，不能削足适履"，"中国式现代化，是中国共产党领导的社会主义现代化，既有各国现代化的共同特征，更有基于自己国情的中国特色"。

中国式现代化理论提供了世界历史解释的新视角。现代化理论是世界历史发展的经典解释模式，中国式现代化理论表明中国式现代化是人口规模巨大的现代化，从人口的角度为世界现代化历程提供了新的解释向度。中国式现代化既非 18 世纪以来欧洲各国开启的千万级别人口的现代化，也非 19 世纪末以来美国式的几亿级别的人口的现代化，而是人类历史上前所未有的大变革，其意味着比现在所有发达国家人口总和还要多的中国人民将进入现代化行列。中国全面建成社会主义现代化强国将提升世界人民经济的平均水平和人口的平均素质，将带动中国贸易对象和合作伙伴的经济共赢发展，将广泛传播中华文明的先进成果和优秀文化，将为世界各国提供经济支持和人道主义援助，推动世界朝向文明和谐的秩序不断前进。

中国式现代化理论拓展了中国发展道路的内涵，为其他发展中国家提供了宝贵经验。中国立足自身国情和实践，在不断探索中形成了自己的发展道路。中国发展道路，就是中国特色社会主义道路。中国特色社会主义发展道路，就是中国式现代化道路。中国式现代化道路不走封闭僵化的老路，不走改旗易帜的邪路，更不走照搬照抄全盘西化的死路。中国式现代化道路的世界历史意义就在于其作为中国特色的现代化实践方案，打破了西方经典理论中以政治现代化为核心的发展模式，破除了现代化话语中的"西方中心主义"立场和"殖民主义"传统，提出了一条独立自主、和平发展的现代化道路，拓展了发展中国家走向现代化的路径选择。

中国式现代化理论的人类文明意义

世界将向何处去？人类文明将选择何种发展途径？这是摆在全人

类面前的世界之问、时代之问。以西方文明为中心建立起来的世界文明秩序已然面临着诸多发展困境，而以西方文明为模板建立起来的现代化理论不仅难以切中问题关键，还给人类文明发展带来新的问题。西方文明冲突论只分析了历史和现实中的文明形态，未能对未来人类文明形态进行建设性的理论研究，并且造成了世界范围内现代化进程的广泛矛盾与人类文明发展的停滞；西方后现代主义只应对了西方发展中面临的理性危机和异化危机，未能对现代化及现代性问题本身给出真正的解决之道，甚至还解构了人类文明的意义；西方生态伦理学的理论反思很难走出非此即彼的道德悖论，而且在处理人类文明和自然关系上体现出生态伦理现代性的缺位。西方现代化理论的缺陷不仅暴露出人类文明发展中的诸多问题，还表明目前急需一种可靠的现代化理论以妥善地解决这些问题。

中国式现代化理论能够直面人类文明发展中遇到的重大问题，为解决人类面临的共同问题提供更多更好的中国智慧、中国方案、中国力量。中国式现代化理论离不开对人类文明发展的思考。自 19 世纪中叶，中华文明与西方文明在世界历史的现代化潮流中相遇，中华民族自身的文明发展史也与人类文明的发展史深度融合。人类文明朝向何处去的问题也和中国文明发展、中国现代化道路问题紧密交织在一起。从中国的现代化探索，到中国式现代化道路的形成，再到中国式现代化理论体系的初步构建，是中华文明在人类文明发展史上浓墨重彩的一笔。中国式现代化以具体的、历史的实践寻求人类文明发展的解决之道，最终创造出人类文明新形态。中国式现代化理论作为中国式现代化这一人类文明新形态的系统化表达，体现出对人类文明发展的世界意义。

中国式现代化理论作为马克思主义基本原理和中国特色社会主义实践的统一，丰富了人类现代文明的新形态。一般认为，现代文明的发展肇始于17—18世纪的欧洲。这一时期恰好是西方资本主义兴起和繁荣发展的时期。由此，在西方世界的现代化话语中，人类文明的现代化被当作资本主义社会的发展过程，人类文明的最终形态被当作成熟的资本主义社会。但是，世界历史发展表明，现代人类文明的发展不一定按照资本主义的发展模式完成，人类文明发展的最终状态也不仅仅停留在资本主义社会。中国式现代化打破了"现代化＝西方化"的迷思，展现了不同于西方现代化模式的新图景，是一种全新的人类文明形态。中国式现代化理论继承了马克思历史唯物主义的立脚点——人类的社会或社会的人类，并坚持马克思提出的资本主义必然走向灭亡、社会主义和共产主义必然走向胜利的论断，指出中国式现代化是实现共同富裕的现代化，从根本上彰显了社会主义制度的优越性，为人类实现现代化提供了新的发展模式。

中国式现代化理论深深植根于中华优秀传统文化，为人类文明新形态注入中华传统文化的优秀基因。中国式现代化理论建构的人类文明新形态不仅吸收了马克思主义的基本原理，也具有中华传统文化的历史积淀。中国传统文化中"天人合一"的自然观为中国式现代化协调人与自然的发展提供了基本价值取向；"不患寡而患不均"的社会观为中国式现代化实现共同富裕目标提供了社会发展目标；"协和万邦""和而不同"的发展观为中国式现代化提出的走和平发展道路提供了对外交往方式。中华优秀传统文化不仅为中国式现代化理论提供了深厚的文化积淀和理念土壤，使中国式现代化理论在现代化理论的话语斗争中立于不败之地，而且为整个人类文明的发展提供了具有中国特色、中华烙印的文明要素，进而促进人类文明多元化。

中国式现代化理论对人类文明发展中面临的共同问题提出了应对策略。中国式现代化理论的独特之处就在于它是物质文明和精神文明相协调的现代化，是人与自然和谐共生的现代化。物质与精神、人与自然的关系问题是人类文明发展中的普遍问题。中国式现代化理论认为，物质富足、精神富有是社会主义现代化的根本要求，对此要"两手抓、两手都要硬"。人与自然是生命共同体，要坚定不移走生产发展、生活富裕、生态良好的文明发展道路。

中国式现代化理论视野广阔、内涵丰富，既具有中国特色，又具有世界意义。中国式现代化理论丰富了世界历史发展的解释模式，为人类文明新形态的建构和发展贡献了中国智慧和中国方案。推进中国式现代化是一个系统工程，加强中国式现代化理论建设是这一系统工程中的重要环节。这一环节不仅是新时代中国特色社会主义思想理论体系建设的重要任务，也是中华民族和中国人民的历史使命。一方面，加强中国式现代化理论建设需要深刻洞察世界发展大势，深入探索经济社会发展规律，增强战略的稳定性，准确把握事物发展的必然趋势；另一方面，加强中国式现代化理论建设还要增强战略的前瞻性，敏锐洞悉前进道路上可能出现的机遇和挑战，以科学的战略预见未来、引领未来。

■ 参考文献

《习近平在学习贯彻党的二十大精神研讨班开班式上发表重要讲话强调　正确理解和大力推进中国式现代化》，《人民日报》2023 年 2 月 8 日。

[意] 阿尔伯特·马蒂内利、何传启编：《世界现代化报告——新时期的现代化和多样性》，科学出版社 2017 年版。

深刻认识
中国式现代化的中国特色

　　中国式现代化是中国共产党带领中国人民结合自身实际作出的路径选择，具有鲜明的中国特色。"人口规模巨大""全体人民共同富裕""物质文明和精神文明相协调""人与自然和谐共生""走和平发展道路"五个方面形成了一个相辅相成、具有结构特征的有机整体，在经济发展、科技发达的基础上最大限度保证人的现代化的实现。

深刻理解和把握
中国式现代化的哲学意蕴

王均伟　胡晓青*

党的二十大擘画了全面建成社会主义现代化强国、以中国式现代化全面推进中华民族伟大复兴的宏伟蓝图，强调要全面推进中国式现代化。党的十八大以来，我们党不断深化对中国式现代化的内涵和本质的认识，不断实现理论和实践上的创新突破，在中国式现代化认识上不断深化、战略上不断完善、实践上不断丰富，初步构建中国式现代化的理论体系，使中国式现代化更加清晰、更加科学、更加可感可行。中国式现代化是坚持"两个结合"的最新理论和实践成果，有着丰富的哲学意蕴和深刻的思想内涵。在全面建设社会主义现代化国家新征程上，深刻理解和把握中国式现代化的哲学意蕴，具有十分重要的指导意义。

扫码听全文

---

* 王均伟，中央党史和文献研究院学术和编审委员会主任、研究员；胡晓青，中央党史和文献研究院副编审。

中国式现代化是党领导全国人民在长期探索和 实践中历经千辛万苦、付出巨大代价取得的重大成果

理解和把握中国式现代化的哲学意蕴，首先要全面理解中国式现代化道路的探索历程，把握中国式现代化"中国特色"的历史由来。中国共产党 100 多年团结带领中国人民追求民族复兴的历史，是一部不断探索现代化道路的历史。党的二十大报告指出："在新中国成立特别是改革开放以来长期探索和实践基础上，经过十八大以来在理论和实践上的创新突破，我们党成功推进和拓展了中国式现代化。"在这一过程中，党领导人民立足国情、坚持走自己的路，成功走出中国式现代化道路，为人类实现现代化提供了新的选择，使科学社会主义在二十一世纪的中国焕发出新的蓬勃生机。这是我们党领导人民历经千辛万苦、付出巨大代价取得的重大成果，必须倍加珍惜、始终坚持、不断拓展和深化。①

回望中国的现代化之梦，是一段十分艰辛的奋斗和探索历程。19世纪中叶，中国在列强坚船利炮撞击之下被迫打开国门，国家蒙辱、人民蒙难、文明蒙尘。无数仁人志士开始苦苦寻求中国式现代化之路，为此进行各种尝试但都以失败告终。直到中国共产党诞生才扭转了这种不断失败的进程，就如毛泽东同志所说："一九二一年产生了中国共产党，中国就改变了方向，五千年的中国历史就改变了方向。

---

① 《习近平在学习贯彻党的二十大精神研讨班开班式上发表重要讲话强调　正确理解和大力推进中国式现代化》，《人民日报》2023 年 2 月 8 日。

我们共产党是中国历史上的任何其他政党都比不上的，它最有觉悟，最有预见，能够看清前途。"①在新民主主义革命时期，我们党团结带领人民，浴血奋战、百折不挠，推翻帝国主义、封建主义、官僚资本主义三座大山，实现了民族独立、人民解放，为实现现代化创造了根本社会条件。

新中国成立以后，我们党团结带领人民奋力扫除旧中国留下来的贫困和愚昧，逐步改善人民的物质生活水平、提高人民的文化生活质量。1954 年 9 月，毛泽东同志在第一届全国人民代表大会第一次会议上致开幕词时宣布：准备在几个五年计划之内，将我国"建设成为一个工业化的具有高度现代文化程度的伟大的国家"。在这次大会上，周恩来同志在《政府工作报告》中明确指出："如果我们不建设起强大的现代化的工业、现代化的农业、现代化的交通运输业和现代化的国防，我们就不能摆脱落后和贫困，我们的革命就不能达到目的。"这一时期，我们党团结带领人民进行社会主义革命，消灭在中国延续几千年的封建制度，确立社会主义基本制度，实现了中华民族有史以来最为广泛而深刻的社会变革，建立起独立的比较完整的工业体系和国民经济体系，社会主义革命和建设取得了独创性理论成果和巨大成就，为现代化建设奠定根本政治前提和宝贵经验、理论准备、物质基础。特别是，在这个过程中，我们党认识到，必须"以苏为鉴"，把马克思列宁主义基本原理同中国实际进行"第二次结合"，找到一条适合中国情况的社会主义工业化道路。《论十大关系》《关于正确处理

---

① 《毛泽东文集》第三卷，人民出版社 1996 年版，第 397 页。

人民内部矛盾的问题》等重要文献就是"第二次结合"的重要理论结晶。在改革开放和社会主义建设新时期，邓小平同志首先用"小康"来诠释中国式现代化，提出到 21 世纪中叶基本实现现代化。这一时期，我们党作出把党和国家工作中心转移到经济建设上来、实行改革开放的历史性决策，大力推进实践基础上的理论创新、制度创新、文化创新以及其他各方面创新，实行社会主义市场经济体制，实现了从生产力相对落后的状况到经济总量跃居世界第二的历史性突破，实现了人民生活从温饱不足到总体小康、奔向全面小康的历史性跨越，为中国式现代化提供了充满新的活力的体制保证和快速发展的物质条件。①

进入新时代，我们党对建设社会主义现代化国家在认识上不断深入、战略上不断成熟、实践上不断丰富，成功推进和拓展了中国式现代化。党在认识上不断深化，创立了习近平新时代中国特色社会主义思想，实现了马克思主义中国化时代化新的飞跃，为中国式现代化提供了根本遵循。党在战略上不断完善，深入实施科教兴国战略、人才强国战略、乡村振兴战略等一系列重大战略，为中国式现代化提供坚实战略支撑。党在实践上不断丰富，推进一系列变革性实践、实现一系列突破性进展、取得一系列标志性成果，推动党和国家事业取得历史性成就、发生历史性变革，特别是消除了绝对贫困，全面建成小康社会，为中国式现代化提供了更为完善的制度保证、更为坚实的物质基础、更为主动的精神力量。

---

① 《习近平在学习贯彻党的二十大精神研讨班开班式上发表重要讲话强调　正确理解和大力推进中国式现代化》，《人民日报》2023 年 2 月 8 日。

当人类社会现代化进程又一次来到历史的十字路口，中国共产党用成功探索实践给出了"现代化之问"的中国答案。我们党领导人民不仅创造了世所罕见的经济快速发展和社会长期稳定两大奇迹，而且成功走出了中国式现代化道路。党的二十大对中国式现代化的本质要求作出科学概括，即坚持中国共产党领导，坚持中国特色社会主义，实现高质量发展，发展全过程人民民主，丰富人民精神世界，实现全体人民共同富裕，促进人与自然和谐共生，推动构建人类命运共同体，创造人类文明新形态。这"九大本质要求"的理论总结是现代化史上前无古人的创举，破解了人类社会发展的诸多难题，摒弃了西方以资本为中心的现代化、两极分化的现代化、物质主义膨胀的现代化、对外扩张掠夺的现代化老路，拓展了发展中国家走向现代化的途径，为人类对更好社会制度的探索提供了中国方案。

中国式现代化是绝无仅有、史无前例、空前伟大的。与西方发达国家用了几百年时间，按照工业化、城镇化、农业现代化、信息化顺序发展，"串联式"发展的路径不同，我国现代化是一个"并联式"发展过程，工业化、信息化、城镇化、农业现代化是叠加发展的，这意味着在中国实现现代化更为艰巨复杂。走自己的路，是党的全部理论和实践立足点。中国式现代化既有各国现代化的共同特征，更有基于自己国情的中国特色，这是由中国独特的客观条件决定的，是由中国社会制度和治国理政的理念决定的，也是由中国在实现现代化长期实践中不断把握的规律性认识决定的。中国式现代化的历史演进、理论创新和实践探索，是中国共产党带领中国人民结合自身实际作出的路径选择，具有鲜明的中国特色。

中国式现代化是坚持
"把马克思主义基本原理同中国具体实际相结合、
同中华优秀传统文化相结合"的重大理论创新

中国式现代化，是我们党坚持把马克思主义基本原理同中国具体实际相结合、同中华优秀传统文化相结合的历史产物，深刻体现了我们党肩负起谱写马克思主义中国化时代化新篇章的历史责任，是我们党立足中华民族伟大复兴战略全局和世界百年未有之大变局的重大理论创新。

中国式现代化，深刻体现马克思主义基本原理同中国具体实际相结合。马克思主义是我们立党立国的根本指导思想，是党的灵魂和旗帜。没有马克思主义，就没有中国共产党。拥有马克思主义科学理论指导是我们党坚定信仰信念、把握历史主动的根本所在。马克思主义为人类社会发展进步指明了方向，是我们认识世界、把握规律、追求真理、改造世界的强大思想武器。实践没有止境，理论创新也没有止境。要使党和人民事业不停顿，首先理论上不能停顿。我们要根据时代变化和实践发展，不断深化认识，不断总结经验，不断进行理论创新，坚持理论指导和实践探索的辩证统一，实现理论创新与实践创新的良性互动，在这种统一和互动中发展 21 世纪中国的马克思主义。我们党坚持把马克思主义作为根本指导思想，不断深化对共产党执政规律、社会主义建设规律、人类社会发展规律的认识，不断开辟马克思主义中国化时代化新境界，为中国式现代化提供思想指南。中国式现代化是我们党坚持以马克思主义为指导，着眼解决新时代改革开放和社会主义现代化建设的实际问题，作出符合中国实际和时代要求的正确回答。要善于运用党的创新理论推进中国式现代化取得新进展、新突破，强化政治领导，丰富战略支撑，拓展实践路径，破解发展难题，激发动力活力，使中国式现代化的中国特色更加鲜明、优势更加彰显、前景更加光明。

理论对规律的揭示越深刻，对社会发展和变革的引领作用就越显著。马克思主义理论不是教条而是行动指南，能不能发挥作用关键在于能否把马克思主义基本原理同中国实际和时代特征结合起来。马克思主义深刻揭示了自然界、人类社会、人类思维发展的普遍规律，为人类社会发展进步指明了方向。中国式现代化体现了社会主义建设规律和人类社会发展规律。实现现代化不是少数国家的"专利品"，而是世界各国人民的共同追求；通往现代化的道路并不是"独木桥"，不是非此即彼的"单选题"，不能搞简单的千篇一律、"复制粘贴"，而要由各国人民秉持独立自主原则，探索自己的现代化道路。一个国家走向现代化，既要遵循现代化一般规律，更要立足本国国情，具有本国特色。什么样的现代化最适合自己，本国人民最有发言权。中国共产党人强调，要坚持把国家和民族发展放在自己力量的基点上，把国家发展进步的命运牢牢掌握在自己手中，同时尊重和支持各国人民对发展道路的自主选择，共同绘就百花齐放的人类社会现代化新图景。①

中国式现代化，体现了科学社会主义理论逻辑和中国社会发展历

---

① 习近平：《携手同行现代化之路——在中国共产党与世界政党高层对话会上的主旨讲话》，《人民日报》2023 年 3 月 16 日。

史逻辑的辩证统一。中国式现代化既遵循实现现代化的普遍规律，又立足我国不同发展阶段提出不同的阶段目标任务。从全面建成小康社会到基本实现现代化，再到全面建成社会主义现代化强国，是新时代中国特色社会主义发展的战略安排。中国式现代化扎根中国大地，切合中国实际。马克思在《〈政治经济学批判〉序言》中指出，"人类始终只提出自己能够解决的任务，因为只要仔细考察就可以发现，任务本身，只有在解决它的物质条件已经存在或者至少是在生成过程中的时候，才会产生"。在一个14亿多人口的大国实现现代化，在人类历史上没有先例可循，中国的发展注定要走一条属于自己的道路。我们党立足社会主义初级阶段、人口规模巨大的实际，坚持和发展中国特色社会主义，推动物质文明、政治文明、精神文明、社会文明、生态文明协调发展，创造了中国式现代化新道路。中国独特的客观条件、中国社会制度和治国理政的理念、中国在实现现代化长期实践中得到的规律性认识，决定了中国式现代化是基于自己国情的现代化。

中国式现代化，深刻体现马克思主义基本原理同中华优秀传统文化相结合。中华优秀传统文化是中华民族的根和魂，记载了中华民族在长期奋斗中开展的精神活动、进行的理性思维、创造的文化成果，反映了中华民族的精神追求，其中最核心的内容已经成为中华民族最基本的文化基因。习近平总书记指出："我们走的中国特色社会主义道路，它内在的基因密码就在这里，有中华优秀传统文化这个基因。"[1] 中国优秀传统

---

[1] 《"就是要理直气壮、很自豪地去做这件事"（微镜头·习近平总书记参加党的二十大广西代表团讨论）》，2022年10月19日，见 http://cpc.people.com.cn/20th/n1/2022/1019/c448334-32547544.html。

文化中蕴含的天下为公、民为邦本、为政以德、革故鼎新、任人唯贤、天人合一、自强不息、厚德载物、讲信修睦、亲仁善邻等，是中华民族长期积累的宇宙观、天下观、社会观、道德观的重要体现，与科学社会主义主张高度契合，为我们推进理论创新和实践发展提供了有益借鉴。

如何对待本国传统文化，这是任何国家在实现现代化过程中都必须解决好的问题。文化自信是更基础、更广泛、更深厚的自信，是一个国家、一个民族发展中最基本、最深沉、最持久的力量。中国共产党是马克思主义者，但不是历史虚无主义者，也不是文化虚无主义者，作为中国优秀传统文化的忠实继承者和弘扬者，"从孔夫子到孙中山，我们都注意汲取其中积极的养分"[①]。如果没有中华五千年文明，就没有中国特色；如果不是中国特色，就不会有今天的中国特色社会主义道路，这是我们党百年奋斗得出的历史结论。中国特色社会主义道路的开辟不是偶然，而是我国历史传承和文化传统决定的。同样，中国式现代化道路的选择也是顺应历史传承和文化传统的结果。

中国式现代化，深深植根于中华优秀传统文化，带有中华优秀传统文化的基因，是弘扬中华优秀传统文化的现代化。中华优秀传统文化积淀着中华民族最深沉的精神追求，为中华民族提供了丰厚的精神滋养，为中国式现代化提供了深厚文化沃土和文化根基，是中华民族的突出优势。独特的文化传统，独特的历史命运，独特的基本国情，注定了我们必然要走适合自己特点的发展道路。在推进中国式现代化理论创新过程中，我们党注重把马克思主义思想精髓同中华优秀

---

① 习近平：《论党的宣传思想工作》，中央文献出版社 2020 年版，第 83 页。

传统文化精华贯通起来、同人民群众日用而不觉的共同价值观念融通起来，充分吸收其中蕴含的治国理政的思想智慧、格物究理的思想方法、修身处世的道德理念，使中国式现代化更具中国特色。比如，传统文化中大道之行、天下为公的思想，与我国14亿多人口整体迈进现代化社会、实现人口规模巨大的现代化理念相通；"民为邦本，本固邦宁""治国之道，富民为始"的思想，与坚持以人民为中心的发展思想、实现全体人民共同富裕的现代化价值观念相通；惠民利民、安民富民乐民的思想，为促进物的全面丰富和人的全面发展、实现物质文明和精神文明相协调的现代化理念提供借鉴；天人合一、道法自然的生存理念，为寻求永续发展之路、实现人与自然和谐共生的现代化理念提供借鉴；协和万邦、和而不同的思想，为推动构建人类命运共同体、走和平发展道路的现代化理念提供借鉴。

中国式现代化既基于自身国情、又借鉴各国经验，既传承历史文化、又融合现代文明，既造福中国人民、又促进世界共同发展，是我们强国建设、民族复兴的康庄大道，也是中国谋求人类进步、世界大同的必由之路。

中国式现代化是一项前无古人的开创性事业、探索性事业，我们要在准确把握"六个必须坚持"中扎实推进中国式现代化

在推进中国式现代化的历史过程中，我们党坚持用马克思主义

之"矢"去射新时代中国之"的",坚持运用辩证唯物主义和历史唯物主义,正确回答时代和实践提出的重大问题,不断推进马克思主义中国化时代化,创立了习近平新时代中国特色社会主义思想,为中国式现代化提供根本遵循。两极分化还是共同富裕？物质至上还是物质精神协调发展？竭泽而渔还是人与自然和谐共生？零和博弈还是合作共赢？照抄照搬别国模式还是立足自身国情自主发展？我们究竟需要什么样的现代化？怎样才能实现现代化？面对一系列现代化之问,我们要坚持和运用好习近平新时代中国特色社会主义思想的立场观点方法,坚持人民至上、坚持自信自立、坚持守正创新、坚持问题导向、坚持系统观念、坚持胸怀天下。只有深刻领会这"六个必须坚持",才能守好中国式现代化的本和源、根和魂,毫不动摇坚持中国式现代化的中国特色、本质要求、重大原则；才能在面对各种矛盾问题和重大风险挑战时始终做到方向明确、头脑清醒、应对有方、行动有力,确保中国式现代化的正确方向,为人类探索现代化道路贡献中国智慧。

坚守人民性,推进中国式现代化必须坚持人民至上。人民性是马克思主义最鲜明的品格。坚持人民至上,是我们党人民立场的继承和发展,是党的根本宗旨的直接体现,也契合中国传统文化中"民为邦本"的主张。人民是历史的创造者,是我们党执政的最大底气,是推进现代化最坚实的根基、最深厚的力量。全面建成社会主义现代化强国,人民是决定性力量。中国式现代化着眼14亿多人口实现现代化,归根结底要激发14亿多人民的力量。推进中国式现代化,要尊重人民主体地位,尊重人民首创精神,拜人民为师,向能者求教,向智者问策，把政治智慧的增长、治国理政本领的增强深深扎根于人民的创造性实践之中，使各方面提出的真知灼见都能运用于推进中国式现代化的过程中。要积极发展全过程人民民主，坚持党的领导、人民当家作主、依法治国有机统一，健全人民当家作主制度体系，实现人民意志，保障人民权益，充分激发全体人民的积极性、主动性、创造性。

现代化道路最终能否走得通、行得稳，关键要看是否坚持以人民为中心。现代化的本质是人的现代化。现代化不仅要看纸面上的指标数据，更要看人民的幸福安康。中国式现代化，是努力实现物质富裕、政治清明、精神富足、社会安定、生态宜人的现代化。这一发展目标，呼应人民对美好生活的向往，顺应人民对文明进步的渴望，更好回应了人民各方面诉求和多层次需要。"治国之道，富民为始。"中国已经打赢脱贫攻坚战、全面建成小康社会，现在要继续推进全体人民共同富裕。要坚持以人民为中心，继续提高人民生活水平，使中等收入群体在未来15年超过8亿，推动超大规模市场不断发展。着力解决不平衡不充分问题，更好满足人民美好生活需要，逐步实现整体富裕、普遍富裕，坚持市场和政府相结合、效率和公平相统一，在做大蛋糕的同时分好蛋糕，打造橄榄型分配结构。现代化的最终目标是实现人自由而全面的发展。物质富足、精神富有是社会主义现代化的根本要求。习近平总书记强调："当高楼大厦在我国大地上遍地林立时，中华民族精神的大厦也应该巍然耸立。"[①]中国式现代化将不断提高人民物质生活和精神生活水平，做到家家仓廪实衣食足，又让人人

---

① 习近平：《论党的宣传思想工作》，中央文献出版社2020年版，第97页。

知礼节明荣辱，实现物的全面丰富和人的全面发展。

探索多样性，推进中国式现代化必须坚持自信自立。坚持自信自立是对马克思主义理论自信和理论自觉的丰富和发展，是中国优秀传统文化"天行健，君子以自强不息"的时代表达。中国的问题必须从中国基本国情出发，由中国人自己来解答，这是党领导人民独立自主探索和依靠自身力量实践得出的历史结论。一个国家走向现代化，既要遵循现代化一般规律，更要立足本国国情，具有本国特色。如何在中国实现现代化，从来就没有教科书，更没有现成答案。独特的文化传统，独特的历史命运，独特的基本国情，注定我们必然要走适合自己特点的现代化道路。我们坚持把国家和民族发展放在自己力量的基点上、把国家发展进步的命运牢牢掌握在自己手中，既不走封闭僵化的老路，也不走改旗易帜的邪路，走出了一条中国式现代化新道路。实践证明，中国式现代化走得通、行得稳，是强国建设、民族复兴的唯一正确道路。

现代化道路并没有固定模式，适合自己的才是最好的。中国实现现代化，意味着比现在所有发达国家人口总和还要多的中国人民将进入现代化行列，其艰巨性和复杂性前所未有，发展途径和推进方式也必然具有自己的特点。习近平总书记指出："现代化不是少数国家的'专利品'，也不是非此即彼的'单选题'，不能搞简单的千篇一律、'复制粘贴'。"①我们党坚持独立自主探索和实践，形成了适合我国实际、符合时代特点的中国式现代化，进一步宣誓了坚持走自己路的强

---

① 习近平：《携手同行现代化之路——在中国共产党与世界政党高层对话会上的主旨讲话》，《人民日报》2023 年 3 月 16 日。

大信心和坚定决心。党的二十大报告明确概括了中国式现代化是人口规模巨大、全体人民共同富裕、物质文明和精神文明相协调、人与自然和谐共生、走和平发展道路的现代化这 5 个方面的中国特色，充分体现了中国式现代化的理论必然和实践要求。我们要坚定道路自信、理论自信、制度自信、文化自信，增强历史主动，扎实推进中国式现代化建设，努力在新征程上开创党和国家事业发展新局面。

保持持续性，推进中国式现代化必须坚持守正创新。坚持守正创新，是对马克思主义认识论的继承和发展，也是对中国传统文化"周虽旧邦，其命维新""革故鼎新"等精神气质的继承和弘扬。守正就是不能偏离马克思主义、党的领导、社会主义，不能犯颠覆性错误；创新就要坚持用马克思主义观察时代、把握时代、引领时代，冲破思想观念束缚，破除体制机制弊端，探索优化方法路径，不断实现理论和实践上的创新。中国式现代化是一项伟大而艰巨的开创性事业，还有许多未知领域，需要我们在实践中去大胆探索，通过改革创新来推动这项探索性事业的发展。当前，我国发展进入战略机遇和风险挑战并存、不确定难预料因素增多的时期，各种"黑天鹅""灰犀牛"事件随时可能发生。面对复杂形势，我们要以开阔的胸襟和眼界把握实际工作的特点规律，既不能墨守成规、作茧自缚，也不能鹦鹉学舌、食洋不化。

历史和实践证明，中国式现代化不是从天上掉下来，而是中国共产党领导人民实践探索的成果。党的二十大报告提出坚持和加强党的全面领导、坚持中国特色社会主义道路、坚持以人民为中心的发展思想、坚持深化改革开放、坚持发扬斗争精神等在前进道路上必须牢牢把握的 5 条重大原则，为我们党坚持守正创新推进中国式现代化提供了方向指引。坚持和加强党的全面领导，是确保我国社会主义现代化建设正确方向的政治保证。马克思主义政党的最高目标是实现共产主义，并把实现人的自由而全面的发展作为共产主义的本质特征。党的领导直接关系中国式现代化的根本方向、前途命运、最终成败。习近平总书记强调："党的领导决定中国式现代化的根本性质，只有毫不动摇坚持党的领导，中国式现代化才能前景光明、繁荣兴盛；否则就会偏离航向、丧失灵魂，甚至犯颠覆性错误。"[1] 党的领导确保中国式现代化方向的坚定性，要科学回答中国之问、世界之问、人民之问、时代之问、现代化之问，确保党始终是中国式现代化的坚强领导核心。

突出针对性，推进中国式现代化必须坚持问题导向。坚持问题导向，就是要坚持运用矛盾论和实践论的观点回答与解决问题，是马克思主义唯物史观和唯物辩证法与中国实际相结合的产物，体现了中国古代"朝乾夕惕""于不疑处有疑，方是进矣"的忧患意识和进取精神。问题是时代的声音，只有聆听时代的声音，回应时代的呼唤，认真研究重大而紧迫的问题，才能真正把握住历史脉络、推动实践发展。马克思指出，"主要的困难不是答案，而是问题"[2]。"世界史本身，除了用新问题来回答和解决老问题之外，没有别的方法。"[3] 我们中国共产党人干革命、搞建设、抓改革，从来都是为了解决中国的现实问题。

---

[1] 《习近平在学习贯彻党的二十大精神研讨班开班式上发表重要讲话强调　正确理解和大力推进中国式现代化》，《人民日报》2023 年 2 月 8 日。

[2] 《马克思恩格斯全集》第 40 卷，人民出版社 1982 年版，第 289 页。

[3] 《马克思恩格斯全集》第 1 卷，人民出版社 1995 年版，第 203 页。

随着我国社会主要矛盾的转化，人民群众对优美生态环境需要已经成为矛盾的重要方面。人与自然和谐共生是关系党的使命宗旨的重大政治问题，也是关系民生的重大社会问题。解决人民最关心、最直接、最现实的利益问题是我们党使命所在。保护生态环境是全球面临的共同挑战和共同责任。中国式现代化是人与自然和谐共生的现代化，既着眼解决当前重大问题，又注重全球发展面临的最为紧迫的绿色发展问题，坚持共同构建人与自然生命共同体。

党的十八大以来，我们党坚持问题导向，以解决突出问题作为突破口，攻克了许多长期没有解决的难题，办成了许多事关长远的大事要事，经受住了来自政治、经济、意识形态、自然界等方面的风险挑战考验，党和国家事业取得历史性成就、发生历史性变革。迈上新征程，我们党聚焦实践遇到的新问题、改革发展稳定存在的深层次问题、人民群众急难愁盼问题、国际变局中的重大问题、党的建设面临的突出问题，提出以中国式现代化全面推进中华民族伟大复兴，对当前和今后一个时期国家发展作出总体规划和战略部署。中国式现代化事业越向前推进，新情况新问题就会越多、面临的风险和挑战就会越多，需要我们增强问题意识，发挥历史主动性和创造性，敢于和善于分析回答经济社会发展和人民群众生活中迫切需要解决的问题，不断推进理论创新、实践创新和制度创新。

提高战略性，推进中国式现代化必须坚持系统观念。坚持系统观念，是具有基础性的思想和工作方法，体现了对辩证唯物主义和唯物辩证法的创造性运用，体现了中国古代哲学"有无相生，难易相成，长短相形，高下相倾，音声相和，前后相随"等思想观念的当代变迁。

万事万物是相互联系、相互依存的。当今世界正经历百年未有之大变局，这样的大变局不是一时一事、一域一国之变，是世界之变、时代之变、历史之变。我国发展环境面临深刻复杂变化，发展不平衡不充分问题仍然突出，经济社会发展中矛盾错综复杂，必须辩证分析我国不同发展阶段的新变化新特点，从系统观念出发加以谋划和解决，全面协调推动各领域工作和社会主义现代化建设。党的二十大在党的十九大作出的全面建设社会主义现代化的基础上，进一步对 2035 年和本世纪中叶的发展目标进行全面谋划，对未来 5 年全面建设社会主义现代化国家开局起步关键时期的重大举措作出重点部署。这一战略布局，体现了我们党用普遍联系的、全面系统的、发展变化的观点来全面推进中国式现代化。

推进中国式现代化是一个系统工程，需要统筹兼顾、系统谋划、整体推进，加强前瞻性思考、全局性谋划、战略性布局、整体性推进与政策协调配合，在具体实现路径上要正确处理好顶层设计与实践探索、战略与策略、守正与创新、效率与公平、活力与秩序、自立自强与对外开放等一系列重大关系。增强战略的全局性。要着眼于解决事关党和国家事业兴衰成败、牵一发而动全身的重大问题，进而推动谋划战略目标、制定战略举措、作出战略部署。增强战略的稳定性。战略一经形成，要长期坚持、一抓到底、善作善成，保持战略定力，同时把战略的原则性和策略的灵活性有机结合起来。把握战略的主动性。预判风险是防范风险的前提，把握风险走向是谋求战略主动的关键，强化战略思维，下好先手棋、打好主动仗，做好随时应对各种风险挑战的准备。

增强普惠性，推进中国式现代化必须坚持胸怀天下。坚持胸怀天下，是对马克思主义关于人类解放和世界历史学说的继承和发展，蕴含着中国优秀传统文化中天下为公、立己达人的价值追求。中国共产党是为中国人民谋幸福、为中华民族谋复兴的党，也是为人类谋进步、为世界谋大同的党。治理一个国家，推动一个国家实现现代化，并不只有西方制度模式这一条道，各国完全可以走出自己的道路来。中国式现代化，用事实宣告了"历史终结论"的破产，打破了"现代化＝西方化"的迷思，拓展了发展中国家走向现代化的路径选择，为人类对更好社会制度的探索提供了中国方案，宣告了各国最终都要以西方制度模式为归宿的单线式历史观的破产。中国式现代化是走和平发展道路的现代化，强调同世界各国互利共赢，在中国走向世界、世界走向中国的历史进程中为人类和平与发展作出贡献。不走一些国家通过战争、殖民等暴力掠夺方式，以其他国家落后为代价的实现现代化的老路，这是根据中国人民根本利益作出的战略抉择。

人类是一个一荣俱荣、一损俱损的命运共同体。发展中国家有权利也有能力基于自身国情自主探索各具特色的现代化之路，才能共同绘就百花齐放的人类社会现代化新图景。任何国家追求现代化，都应该秉持团结合作、共同发展的理念，走共建共享共赢之路。为此，习近平总书记提出"全球文明倡议"，指出"在各国前途命运紧密相连的今天，不同文明包容共存、交流互鉴，在推动人类社会现代化进程、繁荣世界文明百花园中具有不可替代的作用"①。坚定站在历史正确的一边，高举和平、发展、合作、共赢旗帜，在坚定维护世界和平与发

---

① 习近平：《携手同行现代化之路——在中国共产党与世界政党高层对话会上的主旨讲话》，《人民日报》2023 年 3 月 16 日。

展中谋求自身发展，又以自身发展更好维护世界和平与发展。要携手推进全球治理体系改革和建设，推动国际秩序朝着更加公正合理的方向发展，在不断促进权利公平、机会公平、规则公平的努力中推进人类社会现代化。我们主张平等、互鉴、对话、包容的文明观，世界各国应弘扬和平、发展、公平、正义、民主、自由的全人类共同价值，以文明交流超越文明隔阂，以文明互鉴超越文明冲突，以文明共存超越文明优越，为世界文明朝着平衡、积极、向善的方向发展提供助力。

中国式现代化不会从天上掉下来，而是需要党领导人民通过发扬历史主动精神干出来。中国共产党是中国式现代化事业的引领和推动力量，通过深刻理解和把握中国式现代化的哲学意蕴，我们可以更好地应对时代挑战、回答时代命题、呼应人民期盼，更加扎实地推进中国式现代化建设。

■ 参考文献

《马克思恩格斯全集》第 1 卷，人民出版社 1995 年版。

《马克思恩格斯全集》第 40 卷，人民出版社 1982 年版。

《毛泽东文集》第三卷，人民出版社 1996 年版。

习近平：《论党的宣传思想工作》，中央文献出版社 2020 年版。

《习近平在学习贯彻党的二十大精神研讨班开班式上发表重要讲话强调　正确理解和大力推进中国式现代化》，《人民日报》2023 年 2 月 8 日。

习近平：《携手同行现代化之路——在中国共产党与世界政党高层对话会上的主旨讲话》，《人民日报》2023 年 3 月 16 日。

《"就是要理直气壮、很自豪地去做这件事"（微镜头·习近平总书记参加党的二十大广西代表团讨论）》，2022 年 10 月 19 日，见 http://cpc.people.com.cn/20th/n1/2022/1019/c448334-32547544.html。

中国人口规模巨大的
现代化究竟意味着什么

高　帆[*]

现代化是发展中国家亟待推进的普遍性命题，也是发达国家业已经历的根本性转变，它意味着特定国家在经济、政治、文化、社会、生态文明等方面发生了深刻变革，并由此实现了国家综合国力的增强和社会成员生活水平的提升。新中国成立以来，在中国共产党领导下，我国不断推进社会主义现代化建设事业，取得了举世瞩目的伟大成就。与其他国家相比，中国式现代化既有各国现代化的共同特征，更有基于自己国情的中国特色。党的二十大报告在我国全面建成小康社会的基础上，科学系统地阐述了新时代我国全面建设社会主义现代化国家的指导思想、战略部署和举措安排，并明确提出了"以中国式现代化全面推进中华民族伟大复兴"的使命任务。中国式现代化是一个具有鲜明理论和实践创新特征的重大命题，它意味着我国在推进马克思主义中国化时代化

扫码听全文

---

*　高帆，复旦大学经济学院教授、博导，教育部青年长江学者。

的基础上，依据自身发展条件和目标成功自主地走出中国式现代化道路。中国式现代化立意高远、特征鲜明、内涵丰富，党的二十大报告指出："中国式现代化是人口规模巨大的现代化。""中国式现代化是全体人民共同富裕的现代化。""中国式现代化是物质文明和精神文明相协调的现代化。""中国式现代化是人与自然和谐共生的现代化。""中国式现代化是走和平发展道路的现代化。"中国式现代化五个方面的中国特色形成了一个相辅相成、具有结构特征的有机整体。其中，人口规模巨大是中国社会的一个显著特征，人口规模巨大的现代化是中国式现代化的一个重要体现。无论是就现实条件、目标定位、实现路径、制度保障，还是就国内意义、世界影响而言，中国人口规模巨大的现代化都是人类发展史上的一个全新课题。这一课题蕴含的理论和实践意义值得深入探究，中国人口规模巨大的现代化究竟意味着什么、如何实现、会产生怎样的效应等问题，需要给予回应和解答。

中国人口规模巨大的现代化
意味着实现现代化的难度前所未有

人口因素是一国现代化的客观条件，也是一国现代化的受益主体，不同的人口特征很可能会引申出不同的现代化类型。新中国成立以来，中国始终是全球范围人口最为庞大的国家。"在中华人民共和国成立之初的 1950 年，中国拥有总人口 5.54 亿，占世界人口的 21.9%"。世界银行数据库的资料显示，1960—2021 年，中国人口数从 6.67 亿增至 14.12 亿，同期世界人口数从 30.32 亿增至 78.37 亿，中国人口数占世界人口数的比重从 22.00％降至 18.02％，但中国人口规模始终在全球排名第一。根据世界银行数据库的各国人口资料，2021 年世界人口规模排名前十的国家分别为：中国（14.12 亿）、印度（13.93 亿）、美国（3.32 亿）、印度尼西亚（2.76 亿）、巴基斯坦（2.25 亿）、巴西（2.14 亿）、尼日利亚（2.11 亿）、孟加拉国（1.66 亿）、俄罗斯（1.43 亿）、墨西哥（1.30 亿）。除印度之外，其他人口大国与中国的人口规模存在明显落差，中国人口数甚至超过了世界人口数排名从第四到第十共 7 个国家的总和。

在中国这样具有巨大人口规模的国家推进现代化，其难度是前所未有的。这主要是因为：在其他因素给定的条件下，人口规模巨大意味着人均资源占有量处于相对不利的地位。世界银行数据库的资料显示，中国人均耕地规模大致维持在世界水平的 40％左右，1961—2018 年，该比重经历了小幅波动后从 43.38％变为 46.30％。就产业转型而言，"没有其他国家在全力向现代工业化冲击之前，具有人数通常为它两三倍的如此众多和稠密的农村人口"。人口规模巨大意味着国内的发展存在一定差距，城乡之间、地区之间、行业之间存在着不平衡发展，不同社会成员的禀赋条件和收入水平也会有一定落差，回应这种差距是具有挑战性的。例如，2022 年国家统计局发布的《中华人民共和国 2021 年国民经济和社会发展统计公报》显示，2021 年，全年全国居民人均可支配收入为 35128 元，明显高于全国居民人均可支配收入中位数 29975 元。按全国居民五等份收入分组，我国高收入组人均可支配收入为 85836 元，低收入组人均可支配收入为 8333 元，前者是后者的 10 倍多。按照美国经济学家曼瑟尔·奥尔森对集体行动逻辑的理论阐释，集体采取一致行动与集体成员的规模大小紧密相关。人口规模巨大意味着不同社会成员的发展条件和利益诉求并不一致，在推进现代化的进程中，需要具备强大的动员和组织能力，以解决社会成员之间的激励相容和发展动力问题。

人口规模巨大还意味着其他国家的现代化能够提供的经验是有限的，在人类发展史上，还不存在一个人口超过十亿的国家成功完成现代化的先例。显然，中国不能通过对域外做法的"拿来主义"或"简单模仿"实现本国现代化，其现代化进程具有鲜明的自我探索性质，"逢山开路、遇水架桥"是中国推进现代化的内在要求。考虑到中国式现代化追求的是全体人民的共同富裕，而不是单一的经济总量高增长，那么中国是在条件更加严苛（人口规模巨大）的情形下实现目标更为高远（全体人民共同富裕）的现代化，这种现代化的实现难度不言而喻。

中国人口规模巨大的现代化
意味着实现现代化的组织至关重要

任何国家的现代化都不能依靠个别成员单独完成，而是需要社会成员广泛参与，是一个社会成员共同推进并由此获得收益的过程。新中国成立后，中国社会在人口总数超过 5 亿的情形下正式开启了社会主义现代化建设事业，现阶段中国则要在人口规模超过 14 亿的背景下全面建设社会主义现代化国家，中国式现代化涉及的主体数量世所罕见，中国式现代化的推进必然要调动各主体的积极性、主动性，并依靠主体间的协同努力来汇聚发展的驱动力量。在国家间竞争程度加剧以及世界面临百年未有之大变局的背景下，我国不同主体间的团结奋斗、协同努力对推进中国式现代化的意义尤为突出。就此而言，中国共产党的领导是实现我国社会成员间团结协同和力量汇聚的根本保障。

从国际的角度看，中国共产党领导全国人民经过抗日战争和解放战争取得了新民主主义革命的胜利，并于 1949 年 10 月 1 日宣告成立中华人民共和国，新中国的成立使得中国具有了广袤的疆域、强大的国防以及平稳的社会秩序。作为人口规模巨大的、统一的多民族国家，在全球化背景下，中国应对外部冲击、干扰甚至挑战的能力在显著增强，为国内的现代化建设提供了前提条件。

从国内的角度看，中国共产党的领导使得中国式现代化具有稳定的、高远的战略目标指向，即实现全体人民的共同富裕。"总体而言，中国政府做到了把社会整体的长远利益放在改革和政策制定的首要考虑位置"。这种基于长远利益的战略部署和政策实施与中国共产党作为马克思主义使命型政党的特质紧密关联。中国共产党的领导使中国式现代化具有坚实的思想指导，即坚持把马克思主义基本原理同中国具体实际相结合、同中华优秀传统文化相结合，在马克思主义中国化时代化进程中推动理论创新，依靠理论创新成果指导推动中国经济社会等各个领域的发展事业；中国共产党的领导使中国式现代化具有强大的组织动员能力，党没有任何自己特殊的利益，从来不代表任何利益集团、任何权势团体、任何特权阶层的利益，始终坚持以人民为中心的发展思想，在实践中通过推动制定国家发展规划、调整经济社会政策、实施城乡区域发展战略等方式，广泛动员和组织各领域各民族各地区社会成员，在"发展为了人民、发展依靠人民、发展成果由人民共享"中汇聚社会力量，进而使中国式现代化具有"一张蓝图绘到底""众人拾柴火焰高"的显著特征。

新中国成立以来，在中国共产党的领导和推动下，我国针对国民经济和社会发展已制定并实施了十四个五年规划（或计划），改革开放之后针对"三农"问题已发布和实施了 24 个中央一号文件，等等，这些都是党领导全体人民推进现代化的重要体现。在党的领导下，中国式现代化呈现出中央顶层设计和各地因地制宜相结合、政府宏观调控和市场自主决策相统一的显著特征，前者强调的是带有整体性和方向性的战略布局，后者则强调的是带有地域性和个体性的具体操作。"有为政府 + 有效市场"是中国市场经济的显著特征，而党的领导是有效市场成功联系起来的决定性因素，中国在发展进程中形成了党—政府—市场三位一体的新型政府市场关系。正是在党的领导下，我国能够实现对社会成员的充分动员和有力组织，进而持续推进人口规模巨大的现代化。

中国人口规模巨大的现代化
意味着实现现代化的方式极具特色

从主要发达国家的发展历程来看，其现代化进程首先发端于经济领域的总量增长和结构转变，这种经济现代化往往与工业革命的发生紧密相关。在两次工业革命的推动下，这些发达国家依靠工业化和城市化实现了向高收入国家的跃迁，其中工业化表现为工业产值占比和就业占比的提高，城市化则表现为城市就业占比和人口占比的攀升，与此相对，农业、农村和农民则呈现出"小部门化"趋势。这似乎是现有发达国家实现现代化的"一般规律"或"国际经验"。

　　然而，对于中国这样人口规模巨大的国家而言，这种现代化方式的适用性值得审慎对待。新中国成立以来特别是改革开放之后，我国工业化率和城市化率有了显著提高，但中国式现代化并不局限于这两者，而是更加强调工农城乡之间的均衡、融合发展。这主要是因为：作为人口规模长期居于世界首位的国家，中国式现代化是建立在粮食供给"不能出现任何闪失"的基础之上，粮食安全对中国经济社会发展具有"稳定器""压舱石"作用。解决14亿多人的吃饭问题（包括"够不够吃"和"好不好吃"两个维度），必须将战略基础放在国内农业的持续发展之上，不能指望其他国家来保障中国的粮食安全，中国不能像其他国家（例如日本）那样通过高进口份额来满足居民食品需求，因为那样对中国应对外部风险以及全球粮价维持相对稳定都是不利的。此外，作为世界上人口总数最为庞大的国家，中国城市化率在未来较长时期还会提高，但即使城市化率达到了当前主要发达国家的一般水平（例如75%—80%），其对应的农业农村人口数量仍然是举世罕见的，使得未来3亿—4亿农业农村人口充分共享发展成果，这对于我国从根本上解决不平衡发展问题意义重大，中国不能像其他国家（例如韩国）那样主要依靠高城市化率来实现现代化。就国际案例而言，虽然部分国家实现了城市化率的快速攀高（例如，巴西在 1960—2021 年城市化率从 46.14% 提高至 87.32%），但这一过程却伴随着城市的"贫民窟"和整个社会的收入差距拉大，跨越"中等收入陷阱"对这些经济体而言是严峻挑战，其与真正意义上的现代化仍然相去甚远。这些经济体的发展实践从反面验证了将工业化、城市化与现代化等同起来是值得商榷的。

基于此，新中国成立以来特别是改革开放以来，我国在推动农村劳动力非农化流转、工业化和城镇化快速发展的背景下，同样对农业农村的发展予以高度关注，对伴随着城市化进程的城乡不平衡发展问题予以高度警惕。新中国成立以来特别是改革开放以来，在农村我国实施了一系列减贫举措，最终打赢了脱贫攻坚战，"创造了人类历史上第一次消除绝对贫困的伟大创举"，这是我国高度关注和致力于解决不平衡发展的一个例证。从发展方式来看，中国是在城镇化和农业现代化同步的情形下推进现代化的，新时代我国统筹推进新型城镇化战略和乡村振兴战略就是这种方式的集中体现。

中国人口规模巨大的现代化
意味着实现现代化的制度守正创新

制度对特定国家的发展具有关键作用，马克思主义政治经济学认为生产关系（生产关系的总和即经济制度）对生产力具有反作用，制度经济学则强调了经济制度的选择和实施直接决定了国富还是国穷，麻省理工学院教授德隆·阿西莫格鲁和哈佛大学教授詹姆斯·A. 罗宾逊就从制度视角出发来解释国家出现成功与失败的原因。从演变历程来看，现有发达国家在国家类型上是资本主义国家，在经济制度上则凸显了自由市场机制的作用，这些制度甚至被概括为主张自由化、市场化、私有化的所谓"华盛顿共识"。作为世界上人口规模最大的国家，中国式现代化以实现全体人民共同富裕为指向，这意味着中国推进现代化的制度具有自身特色，不同层次的制度相互支撑、彼此嵌入，形成了一个推动中国经济社会事业接续发展的制度体系。

区别于其他主要经济体，中国是社会主义国家，改革开放以来我们确立了中国特色社会主义制度，这与那些人均国民收入高但两极分化严重的资本主义国家存在显著差异。作为社会主义国家，我国在坚持马克思主义根本指导思想的基础上不断推进理论创新，从而使中国实现现代化的制度具有守正创新的鲜明特征。在经济维度，马克思主义经典作家强调资本主义生产方式因生产资料私有制而存在着周期性危机等固有缺陷。作为对资本主义的替代以及制度演变方向，社会主义基本经济制度的特征是实行生产资料公有制。对于我国这样人口规模巨大的国家而言，其在社会主义初级阶段必须立足于解放和发展社会生产力的实践需要来考虑基本经济制度。基于此，我国按照生产力决定生产关系、生产关系反作用于生产力的规律，在社会主义建设实践中逐步形成了契合自身国情的基本经济制度，即所有制层面的以公有制为主体、多种所有制经济共同发展，分配制度层面的坚持按劳分配为主体、多种分配方式并存，以及经济运行制度层面的社会主义市场经济体制。

从实践角度看，这些基本经济制度激发了微观主体的经济活力，提高了资源配置效率，显著增强了国家的经济实力和综合国力，改革开放以来，我国在世界范围内创造了经济快速发展的奇迹就是明显例证，2010年中国经济总量超越日本，并成为仅次于美国的世界第二大经济体，此后中国经济总量与美国这个世界第一大经济体之间的差距在持续缩小。世界银行数据库的资料表明，按照2015年不变价美元计算，2010—2021年，中国GDP相当于美国GDP的份额从46.11%攀高至77.69%。不仅如此，这些基本经济制度还增强了中国应对内外部冲击的韧性，避免在经济增长中出现严重两极分化，使得经济发展具有较为突出的包容性，中国在世界范围取得社会长期稳定奇迹和创造了人类减贫史上的奇迹就是集中体现。

显而易见，中国在现代化进程中形成的制度具有自身特色，这些制度与域外经济体相比存在着独特性，也具有对马克思主义经典理论中国化时代化的特征，其在实践中已经取得了显著成效。在全面建设社会主义现代化国家新征程中，必须坚持中国共产党的领导，坚持中国特色社会主义，增强中国特色社会主义制度自信。同时，立足于社会主要矛盾和发展目标定位，按照守正创新原则深化经济体制改革，依据实践特征的动态变化对具体经济制度等进行调整和完善。

中国人口规模巨大的现代化
意味着实现现代化的过程循序渐进

对任何国家而言，现代化都是一个涉及经济社会形态转变的历史过程，都需要在一个时段内来完成。但不同国家实现现代化所需要付出的时间、经历的过程可能并不相同。对于中国这样人口规模巨大且现代化启动时生产力水平低下的国家来说，其现代化的过程必定要经历更长的时间，付出更大的努力。实现 14 亿多人的共同富裕目标，必定不同于那些人口规模较小或初始禀赋条件占优（例如新加坡）的国家，后者有可能在较短的时间内来完成现代化，但这种短期内实现现代化的情形在中国是不可能发生的。从实践来看，1949 年，新中国成立之后，我国的现代化在路径上具有显著的循序渐进特征，即通过分阶段、分步骤方式来把握不同时段的发展条件，并确定这一时段最为关键的发展战略，进而在各阶段目标达成的基础上，通过发展成果的不断累积来逐步实现最终目标。这是我国从具体国情特别是人口规模巨大特征出发而作出的务实选择，并使中国式现代化具有面向未来、目标引导、立足实际、稳扎稳打的特征。

具体而言，1956 年，我国完成对农业、手工业、资本主义工商业的社会主义改造，建立起社会主义经济制度。直至 20 世纪 70 年代末期，我国通过实施计划经济体制来推动重工业优先发展，建立起独立的、比较完整的工业体系和国民经济体系，这些为改革开放之后的经济高速增长奠定了制度和产业基础。1978 年之后，我国在将党和国家工作重心转向经济建设的背景下，通过实施对内的经济体制改革和对外的主动融入全球经济，极大地释放了经济活力，促进了经济总量的持续高速增长，经济增长主导的发展战略取得了举世瞩目的成就。党的十八大以来，中国特色社会主义进入新时代，我国社会主要矛盾已经转化为人民日益增长的美好生活需要和不平衡不充分的发展之间的矛盾，据此我国通过全面深化改革来贯彻新发展理念、构建新发展格局，高质量发展战略正成为新时代的重要战略取向，全面建成小康社会意味着高质量发展战略也取得了显著成效。

从对标新征程要求的角度看，高质量发展战略在实现全面建成社会主义现代化强国"两步走"战略安排中仍将扮演着重要角色，未来我国仍需要紧紧扭住不平衡不充分的发展这个瓶颈因素，通过完善体制机制持续推动经济社会等各个领域的建设工作，以此为全面建成社会主义现代化强国提供有力支撑。显然，在人口规模巨大的基本国情下，我国的现代化建设目标不可能在短期内轻松完成，沿着形成制度基础—推动重工业优先发展—实现经济总量高速增长—走向高质量发展的次序，我国的现代化建设是按照环环相扣、前后衔接的逻辑在稳步推进的。

中国人口规模巨大的现代化
意味着实现现代化的意义广泛深远

在全球化时代，任何国家的现代化都会产生"溢出"效应，但这种效应的强弱是不同的。作为世界上人口规模最大的国家，中国式现代化事业的影响必定是广泛的和深远的。我国全面建成小康社会，顺利实现第一个百年奋斗目标，并由此迈上全面建设社会主义现代化国家新征程。中国业已推进的社会发展实践，证明一个人口规模巨大的发展中国家，在对社会成员进行充分动员和采取契合国情特征的制度条件下，完全可以迈向现代化之路，并取得显著发展成效。

无论是回望过去还是展望未来，中国人口规模巨大的现代化都有重大的理论和实践意义。首先，发展是硬道理，发展成效是制度的"检验标尺"。中国业已推进的现代化事业在宏观层面显著地增强了我国的综合国力，这为回应内外部冲击和实现更高水平的现代化提供了坚实基础，在微观层面则显著改善了社会成员的收入水平、生活水平和社会福祉，对激发我国人民的民族自豪感、进一步凝聚起向第二个百年奋斗目标进军的力量具有显著促进作用。中国业已推进的现代化事业证明中国特色社会主义制度契合我国国情，始终坚持中国特色社会主义制度并增强制度自信对全面建设社会主义现代化国家具有关键作用。其次，现代化国家的内涵非常丰富，但现代化国家首先应是高收入国家。根据世界银行数据库的资料，2021年中国的人口规模（14.12亿）超过了世界三大经济体的人口规模之和（美国3.32亿、欧盟4.47亿、日本1.26亿），甚至也超过了现阶段所有高收入国家的人口之和（12.41亿）。2022年1月17日，根据国家统计局公布的数据，按年平均汇率折算，2021年我国人均国内生产总值达12551美元，比较接近高收入国家的"门槛线"。中国即将进入高收入国家行列，并在此基础上基本实现社会主义现代化和建成社会主义现代化强国目标，这是一个具有世界意义的重大事件。它意味着世界高收入国家人口总数增长超过了一倍，中国在世界经济发展中的"稳定器"功能将进一步增强。

对于发展中国家而言，中国是世界上人口最多的国家，中国通过不懈努力逐步实现现代化，这对其他发展中国家的经济社会发展是巨大鼓舞。与套用已有发达国家的现代化模式不同，中国是依据本国国情、采取了具有自身特色的方式来推进现代化，这对其他发展中国家具有重要启示和借鉴价值，即实现现代化的方式是多元的，现代化并不等于西方化，现代化的本质是用本国的"钥匙"来开启本国发展的"大门"。除此之外，中国人口规模巨大的现代化也具有理论意蕴，它推动了现代化理论创新，深化了人们对现代化规律的认识。例如，在现代化进程中，统筹经济增长和社会发展是重要的，现代化包括但不限于经济总量增长；在大国发展进程中，统筹城市化和农业现代化是重要的，应在广阔的视野中理解农业农村的功能；在大国发展进程中，审慎处理政府与市场的关系是重要的，"有效市场""有为政府"对于大国的现代化进程具有推动作用；等等。

总而言之，人口规模巨大是中国的重大国情，人口规模巨大的现代化是中国式现代化的重要内容。与人口特征相契合，中国式现代化的条件、目标和路径必定与其他国家存在区别。域外发达国家的历史进程可以为中国提供参考，有些发展中国家的社会实践也可以为中国提供镜鉴，但移植这些国家的现代化经验、做法是不合适的，这样在理论上会形成对中国式现代化的"误读"，在实践上也可能会形成对中国式现代化的"误导"。尽管人口规模巨大意味着中国实现现代化的难度前所未有，但 1949 年以来，中国共产党领导人民推进的现代化事业取得了世所罕见的成就，中国在现代化进程中呈现出强大的社会动员和组织能力，形成了契合本土特征且行之有效的制度安排。中国在不同阶段的发展战略整体上达到了预期效果，且不同阶段的发展成果具有累积效应。中国业已推进的现代化实践以及擘画的全面建成社会主义现代化强国的宏伟蓝图和实践路径具有广泛深远的影响。在向第二个百年奋斗目标进军的关键时刻，从多个维度来理解中国人口规模巨大的现代化的丰富意蕴，无疑具有重要意义。这能够使人们从中体悟中国式现代化道路的艰辛探索历程和丰硕成果，也深化人们对中国式现代化的一系列规律性认识。中国式现代化不仅走得对、走得通，而且必定会走得稳、走得好。在中国共产党的领导下，我国在新时代致力于从根本上解决不平衡不充分的发展问题，瞄准全体人民共同富裕这个战略目标，不断推进理论和实践创新，通过全面深化改革来迈向高质量发展，这一进程也必定会创造出中国式现代化实践的更多奇迹。

促进人民精神生活共同富裕

颜晓峰[*]

共同富裕是人类自古以来的美好理想，更是社会主义的不懈追求。一代代中国共产党人接续奋斗，一步步将实现共同富裕推向前进，不断丰富发展马克思主义的共同富裕观。中国特色社会主义进入新时代，以习近平同志为核心的党中央在全面建成小康社会和开启全面建设社会主义现代化国家的实践中，实现了从打赢脱贫攻坚战向扎实推进共同富裕的历史性转变，逐步形成新时代共同富裕思想。中央财经委员会第十次会议强调："共同富裕是全体人民的富裕，是人民群众物质生活和精神生活都富裕"，明确提出精神生活富裕的重要范畴，并将精神生活富裕作为共同富裕的重要内容和要求。党的二十大报告明确指出："物质富足、精神富有是社会主义现代化的根本要求。物质贫困不是社会主义，精神贫乏也不是社会主义。我们不断厚植现代化的物质基础，不断夯实人民幸福生活的物质条件，同时大力发展社会

扫码听全文

---

* 颜晓峰，天津大学马克思主义学院院长、教授、博导。

主义先进文化，加强理想信念教育，传承中华文明，促进物的全面丰富和人的全面发展。"促进人民精神生活共同富裕，是全面建设社会主义现代化国家的重要追求，提升了共同富裕的境界，开阔了共同富裕的领域，为新发展阶段扎实推进共同富裕指明了正确方向。

坚持马克思主义的共同富裕观

自从人类社会产生了阶级及贫富差距、两极分化后，就产生了改变这种社会不平等的诉求。无论是中国古代农民起义"等贵贱、均贫富"的口号，还是空想社会主义者提出让全体社会成员经济上"普遍公平"的主张，都成为马克思主义共同富裕观的思想营养。马克思主义克服了空想社会主义的历史局限性，科学阐明了实现共同富裕的社会条件、制度基础、发展阶段等根本性问题，并将其纳为科学社会主义理论和实践的重要内容。百年来中国共产党践行为中国人民谋幸福、为中华民族谋复兴的初心使命，推进中华民族从站起来、富起来到强起来的伟大飞跃。在这一奋斗历程中，包括精神生活富裕在内的共同富裕观逐步发展完善。

共同富裕是人类解放的基础条件。习近平总书记指出："马克思主义第一次站在人民的立场探求人类自由解放的道路，以科学的理论为最终建立一个没有压迫、没有剥削、人人平等、人人自由的理想社会指明了方向。"人类实现自身解放，就是要从资本主义社会和旧社会的经济关系、政治关系、社会关系、精神关系的奴役和束缚下解放出来，实现经济解放、政治解放、社会解放、精神解放，自己成为历史的主体、社会的主人，成为自己命运的主宰。人类自由解放是全方位的，基础的条件是从贫困的状态下解放出来，能够享受相对充裕、富裕的物质生活。否则，其他领域的解放也很难巩固和持久。马克思、恩格斯在《德意志意识形态》中指出，如果没有生产力的巨大增长和高度发展，"那就只会有贫穷、极端贫困的普遍化；而在极端贫困的情况下，必须重新开始争取必需品的斗争，全部陈腐污浊的东西又要死灰复燃"。因此，共同富裕并不仅仅是物质生活和经济发展问题，也具有实现和保证人类自由解放的历史意义。

共同富裕是社会主义的本质要求。人民的主体地位，不仅表现在"中国人民从此站立起来了"，而且要表现在中国人民开始富裕起来了。毛泽东同志在指导农业合作化时指出："在农村中消灭富农经济制度和个体经济制度，使全体农村人民共同富裕起来"；在谈到社会主义改造问题时指出："我们的目标是要使我国比现在大为发展，大为富、大为强。现在，我国又不富，也不强，还是一个很穷的国家。""在农业国的基础上，是谈不上什么强的，也谈不上什么富的。但是，现在我们实行这么一种制度，这么一种计划，是可以一年一年走向更富更强的，一年一年可以看到更富更强些。而这个富，是共同的富，这个强，是共同的强，大家都有份。"邓小平同志指出："社会主义的本质，是解放生产力，发展生产力，消灭剥削，消除两极分化，最终达到共同富裕。"同时强调判断改革开放中一切工作得失、是非、成败的标准是：是否有利于发展社会主义社会的生产力，是否有利于增强社会主义国家的综合国力，是否有利于提高人民的生活水平。习近平总书记在新时代坚持和发展中国特色社会主义的创造性实践中，在从消灭绝对贫困向扎实推进共同富裕的转变中，提出"共同富裕是中国特色社会主义的根本原则"，指出"共同富裕本身就是社会主义现代化的一个重要目标"，强调"中国式现代化是全体人民共同富裕的现代化"。

共同富裕是社会全面进步的产物。马克思主义考察贫富差距问题，不仅仅把它看作是一个生活资料分配问题、一个经济问题，而是依据唯物史观和剩余价值理论，在科学社会主义理论的基础上，从社会生产力发展水平、从生产关系和上层建筑的总体状况出发，认识为何共同富裕、何以共同富裕等根本性问题。共同富裕是人民的共同富裕，全体人民共享生产劳动的成果，只有在人民获得政治解放，成为国家和社会主人的条件下才能实现。共同富裕依赖于一定的分配方式，而生活资料的分配方式，说到底是生产资料所有制问题，因此只有在社会主义经济制度下，才有可能实现共同富裕。保证共同富裕的生产关系和上层建筑不能随心所欲地建立，不能建立在落后的社会生产力基础上，只有社会生产力的高度发展、物质财富的充分积累，才有可能保证共同富裕。共同富裕是维护社会公平正义的产物，而社会公平正义、共同富裕和平均主义的区别、公平和效率的关系等，则是需要在价值观和思想理论层面搞清楚的问题。只有在正确的理论指导下，才能制定出真正实现共同富裕的政策。可以说，共同富裕的实现程度，取决于社会主义社会的建设发展程度。

共同富裕是阶段性发展的过程。建设社会主义是一个长期的历史过程，社会主义国家的经济社会发展也存在着不平衡的情况。因此，共同富裕是循序渐进、阶段推进的过程。改革开放后，邓小平同志根据我国社会主义初级阶段的基本国情，提出了先富带动后富、逐步实现共同富裕的构想，并且指出："什么时候突出地提出和解决这个问题，在什么基础上提出和解决这个问题，要研究。"在实现第一个百年奋斗目标、全面建成小康社会的条件下，党的十九届五中全会明确提出到 2035 年全体人民共同富裕取得更为明显的实质性进展的新的发展目标。这就告诉我们，与改革开放之初鼓励一部分人、一部分地区先富起来的目标重点相比，如今的目标重点转到了先富带后富、帮后富，分阶段促进共同富裕上。同时要看到，共同富裕是一个长远目标，需要一个发展过程，对其长期性、艰巨性、复杂性要有充分估计。正如习近平总书记指出的："办好这件事，等不得，也急不得。""我们要实现 14 亿人共同富裕，必须脚踏实地、久久为功，不是所有人都同时富裕，也不是所有地区同时达到一个富裕水准，不同人群不仅实现富裕的程度有高有低，时间上也会有先有后，不同地区富裕程度还会存在一定差异，不可能齐头并进。这是一个在动态中向前发展的过程，要持续推动，不断取得成效。"

提出人民精神生活共同富裕，
是中国特色社会主义理论和实践的重要进展

改革开放以来，全体人民共同富裕始终是党的奋斗目标，我们党一直是在物质生活和精神生活相统一的基础上推进全面小康社会建设。从物质文明和精神文明两手抓，到我国现代化是物质文明和精神文明相协调的现代化，再到人民群众物质生活和精神生活都富裕，表明了党对社会主义建设规律认识的深化、对社会主义现代化建设目标的自觉、对共同富裕内涵的拓展。

从物质文明和精神文明两手抓，到人民群众物质生活和精神生活都富裕。党的十一届三中全会确立了以经济建设为中心的工作指导方针，实现了党的政治路线的拨乱反正。在一心一意搞现代化建设、尽快提高人民生活水平、改变国家贫困状态的过程中，社会上出现了"一切向钱看"的现象。对此，邓小平同志明确指出："过去很长一段时间，我们忽视了发展生产力，所以现在我们要特别注意建设物质文明。与此同时，还要建设社会主义的精神文明，最根本的是要使广大人民有共产主义的理想，有道德，有文化，守纪律。"党的十二届六中全会通过了《中共中央关于社会主义精神文明建设指导方针的决议》，提出了包括精神文明建设在内的社会主义现代化建设总体布局。从物质文明和精神文明两手抓到"五位一体"总体布局，我们党始终坚持建设物质文明和精神文明相协调的现代化。开启全面建设社会主义现代化国家新征程，习近平总书记从共同富裕是全体人民共同富裕出发，把物质文明建设、精神文明建设与人民共同富裕联系起来，进一步强调要使人民群众物质生活和精神生活都富裕。这就告诉我们，坚持以人民为中心，应把文明落实到人民生活中，体现到人民物质生活和精神生活的富裕上，这也是物质文明建设和精神文明建设的目的和标准，是社会主义现代化的重要标识。人民群众物质生活和精神生活都富裕，才是历史唯物主义的富裕观，才是中国特色社会主义的共同富裕观。

从促进人的全面发展到促进人民精神生活共同富裕。恩格斯指出："根据共产主义原则组织起来的社会，将使自己的成员能够全面发挥他们的得到全面发展的才能。"促进人的全面发展，并不是在社会主义的高级阶段才能提出的任务。在社会主义初级阶段同样需要提出促进人的全面发展的任务。在中国特色社会主义发展进程中，我们党提出了促进人的全面发展的任务要求。促进人的全面发展，就像马克思所说的那样："培养社会的人的一切属性，并且把他作为具有尽可能丰富的属性和联系的人，因而具有尽可能广泛需要的人生产出来——把他作为尽可能完整的和全面的社会产品生产出来（因为要多方面享受，他就必须有享受的能力，因此他必须是具有高度文明的人）"。人的全面发展包括人的精神发展，促进人的全面发展必然要求丰富人的精神生活、增强人的精神素质、提升人的精神境界，也就是要求实现人的精神生活富裕。进入新发展阶段，明确提出促进人民精神生活共同富裕，实质上就是将人民精神生活富裕作为人的全面发展的内容更加突显出来，更加重视人民精神生活富裕在人的全面发展中越来越重要的作用。

从满足人民日益增长的美好生活需要到促进人民精神生活共同富裕。中国特色社会主义进入新时代，我国社会主要矛盾已经转化为人民日益增长的美好生活需要和不平衡不充分的发展之间的矛盾。人民美好生活需要与物质文化需要相比，领域更宽、层次更高、形式更多，其中美好精神生活需要处于更为突出的位置。因为美好生活需要的各个方面得到满足，都要通过精神上的获得感、幸福感、安全感进行体现，而物质文化生活的满足，民主、法治、公平、正义、安全、环境等方面要求的满足，都会转化为精神的满足，成为精神生活的富裕。党的十九届五中全会明确提出"以满足人民日益增长的美好生活需要为根本目的"，为"全面建设社会主义现代化国家开好局、起好步"。特别强调全体人民的而不仅仅是少数人的精神生活富裕，是精神生活的共同富裕而不仅仅是一部分人的精神生活富裕。满足人民日益增长的美好生活需要，就要强化社会主义核心价值观引领，加强爱国主义、集体主义、社会主义教育，发展公共文化事业，完善公共文化服务体系，不断满足人民群众多样化、多层次、多方面的精神文化需求。

从人民至上、生命至上到人民精神生活共同富裕。贯穿习近平新时代中国特色社会主义思想的一条红线，就是坚持以人民为中心。在伟大抗疫斗争中，习近平总书记明确提出"人民至上、生命至上"的价值理念，保护人民生命安全和身体健康可以不惜一切代价。习近平总书记明确指出："江山就是人民、人民就是江山，打江山、守江山，守的是人民的心。"正是由于始终不忘为中国人民谋幸福、为中华民族谋复兴的初心使命，始终代表最广大人民根本利益，始终保持同人民群众的血肉联系，始终牢记守住人民的心，习近平总书记在实现"两个一百年"奋斗目标、实现中华民族伟大复兴的进程中，根据实践和时代的发展要求，推进坚持以人民为中心的发展思想和实践不断深化。明确提出人民精神生活共同富裕的重大思想，就是将"人民至上、生命至上"的价值理念运用于保障和提升人民的精神利益上，满足人民对美好精神生活的向往就是为中国人民谋幸福的最新进展，就是将"守的是人民的心"精准落实到人民群众物质生活和精神生活都富裕上。促进物质生活富裕是"守住人民的心",促进精神生活富裕同样是"守住人民的心"。

全面准确把握人民精神生活共同富裕的内涵

提出人民精神生活共同富裕,明确了富裕的内容是精神生活,富裕的主体是人民,富裕的要求是共同富裕。精神生活共同富裕与物质生活共同富裕相比,既有共性的内容,也有特殊的内涵,需要深入研究、准确把握。

精神生活富裕在社会和人的发展进程中愈益重要。在开启全面建设社会主义现代化国家新征程、扎实推进共同富裕之际,明确提出促进人民精神生活共同富裕,表明了满足人民日益增长的美好精神生活需要是现代化的重要任务,也是共同富裕的重要内涵。随着人民生活水平的不断提高,在继续提高物质生活质量和水平的同时,人民的文化水准、精神追求、主体意识也在提高。过去在摆脱贫困、解决温饱、追求小康时期不突出、不迫切的需要,现在成为突出的、迫切的需要。人们不仅没有满足于收入提高、衣食无忧,止步于物质生活层面的丰裕,而且要继续接受各种开阔眼界、丰富素养、怡情养性的教育,继续提升认识世界的能力、欣赏美好的品味、立身为人的道德。人们对富裕的认识也有了新的理解,新富裕观并不追求豪宅名车、珠光宝气、美酒佳肴这些外在的标识,而是在财务相对自由的基础上追求普通的生活、新颖的思想、健康的情趣、自律的品德、怜悯的情怀等这些内在的体验。还要看到，物质生活富裕与精神生活富裕并不一定是等价的，物质生活贫困未必精神生活也相应贫困，物质生活富裕未必精神生活也相应富裕，现实生活中二者的反差是经常存在的。提出人民群众物质生活和精神生活都富裕，正是要尽力消除这二者之间的不平衡、不对等状况，逐步让更多的人民群众物质生活和精神生活都富裕起来。

精神生活富裕包含多方面的要求。回答什么是精神生活富裕，首先要明确是什么样的精神生活富裕。我们所说的精神生活富裕，是具有鲜明的意识形态属性和价值取向的，说的是基于中国特色社会主义文化、社会主义精神文明的精神生活富裕（这是精神生活富裕的前提）。我国人民的精神生活，是在中国特色社会主义文化的引导下、在社会主义精神文明的熏陶中形成和发展起来的，不能离开这个大前提去谈人民精神生活的富裕。精神生活富裕，是指精神生活目的的全面性，不是一种功利性的精神生活目的，而是追求精神生活的完善，不仅求知而且求善求美，如同马克思所说"人也按照美的规律来构造"；是指精神生活层次的全面性，不是局限于个体、自我的精神感受，而是具有群体意识、民族意识、人类意识，把"小我"与"大我"连通起来；是指精神生活类型的全面性，不是单一的精神生活类型，而是在科学和人文、逻辑和情感、计算和伦理的均衡中享受精神生活的完美；是指精神生活内涵的全面性，了解历史传承的精神财富、吸收现代创造的精神成果，把人的全面发展建立在人类文明发展的基础上；是指精神生活途径的全面性，不是仅从阅读中获取精神营养，实践和交往、感性和理性、哲理和艺术等都可以成为精神生活富裕的途径；是指精神生活条件的全面性，不是仅依靠个人的能力来提升精神生活水平，而是有国家文化建设的保障，社会的精神产品、文化产业、传播方式等都要发达健全。

实现精神生活富裕的人民性和共同性。富裕不是少数人的"专利"，不是只有少数人才能获得和享受。提出共同富裕是人民群众物质生活和精神生活都富裕则进一步表明，在中国特色社会主义新时代，人民群众不仅物质生活能够逐步实现共同富裕，而且精神生活也能够逐步实现共同富裕。精神生活富裕的人民性和共同性，是指精神生活富裕不是先富起来的人们的"凡尔赛"，不是文化精英们的特权，而是属于广大人民群众，人民共创共享精神文化成果。从现阶段来看，发展的不平衡不充分问题造成了人民群众在精神生活的能力、水平和质量上也存在着不平衡不充分问题，人民美好精神生活需要本身存在着不同层次，人民精神发展的空间和条件也存在着很大差距。随着中国式现代化的推进，城乡差距、地区差距、行业差距、收入差距、"数字差距"将进一步缩小，全体人民的共同发展将进一步提升，精神生活共同富裕的条件将进一步成熟（不是整齐划一的前进，是稳步有效的推进）。为人民精神生活共同富裕打好基础、创造条件，也是全面建设社会主义现代化国家的重要任务和应有之义。

注重人民精神生活共同富裕的丰富多样性。人的精神世界是有个性的、有差异的，人的精神生活也不可能是千人一面的，"百花齐放、百家争鸣"正是承认了精神生活的丰富多样性。这种精神生活的丰富多样性同时也是人民精神生活共同富裕的重要特征，即人民享有自己精神生活权利的共同性。我国是多民族国家，中华民族伟大精神、中华民族共同体意识是各民族共同的精神世界、共同的民族意识，同时各民族保持各自具有传统特色的精神文化，又体现了各民族精神生活的丰富多样性。我国地大物博、幅员辽阔，东西南北地区差异明显，这对在不同地区成长的人们的精神气质有着很大影响，有的豪放、有的温婉，这就要求兼容并蓄、开放包容，不能厚此薄彼、互相排斥。人民群众在社会主义建设事业中身处不同行业、从事不同职业，行业和职业对人们有着不同的专业训练，会产生具有显著行业和职业特征的精神禀赋，如军人的血性、教师的耐心、科学家的严谨、运动员的顽强等，构成了丰富多彩的精神光谱。精神生活首先是个人的精神生活，个人是社会的人，但同时也是具体的、独特的、有个性的、丰富多样的人。每个人的精神生活都在社会的共同的主流的理想、道德、价值观的统领下，但又不是千篇一律的，这就要求保持共性与个性的统一，承认差异、尊重多样。

在中国式现代化的进程中扎实推动
人民群众物质生活和精神生活都富裕

到 2035 年，我国将基本实现社会主义现代化，人的全面发展、全体人民共同富裕取得更为明显的实质性进展，这其中就包括人民精神生活富裕取得更为明显的实质性进展。没有精神生活方面的实质性进展，全体人民共同富裕必定是不完整的，也不能成为真正意义上的共同富裕。促进人民精神生活共同富裕，是社会主义精神文明建设的继续和深化，但又有着新的视角、标准和要求，需要在新征程中扎实推进、取得成效。

建设物质文明和精神文明相协调的现代化。习近平总书记明确指出："我国现代化是物质文明和精神文明相协调的现代化。我国现代化坚持社会主义核心价值观，加强理想信念教育，弘扬中华优秀传统文化，增强人民精神力量，促进物的全面丰富和人的全面发展。"人民群众物质生活和精神生活都富裕，必然要建立在物质文明和精神文明协调发展的基础上。"仓廪实而知礼节，衣食足而知荣辱。"建设高度发展的物质文明，物质生活富裕就有了坚实保证，就能为精神文明高度发展提供物质文明基础，为精神生活富裕创造更好条件。"精神立则民族立，精神强则国家强。"建设高度发展的精神文明，精神生活富裕就有了丰厚资源，就能为物质文明发展提供精神文明动力，为物质生活富裕注入精神灵魂。历史唯物主义从生产力决定生产关系、经济基础决定上层建筑的基本原理出发，强调物质文明建设、物质生活富裕的基础性作用，同时又从生产关系、上层建筑的相对独立性出发，指出物质文明和精神文明、物质生活和精神生活二者之间并不一定是时时完全等同的。但总的来说，物质文明和精神文明的协调发展，物质生活和精神生活的相互支持，是最有利于二者相互促进、共同上升的。中国式现代化正是要创造物的全面丰富和人的全面发展的良好局面。着力解决发展的不平衡不充分问题，走高质量发展道路，实现科技自立自强，建设现代化经济体系，就能创造物的全面丰富，就能为人民群众精神生活共同富裕创造物的基础。促进人的全面发展，用伟大民族精神、社会主义先进文化、社会主义核心价值观铸魂育人，培养德智体美劳全面发展的社会主义建设者和接班人，就能为人民群众物质生活共同富裕培育生产、劳动、创造、享用主体。这就形成了"物质生活和精神生活共同富裕"的良性循环。

完善人民群众物质生活和精神生活都富裕的制度。实现人民群众物质生活和精神生活都富裕，不仅要推进物质文明建设和精神文明建设协调发展，而且要有各方面的制度保障。最根本的是健全人民当家作主制度体系，推进全过程人民民主，用制度体系保证人民群众物质生活和精神生活都富裕。人民群众物质生活和精神生活都富裕，是社会主义的本质要求，也是社会主义国家的人民权利。只有坚持人民主体地位，切实维护人民根本利益，保障人民权益，才有可能实现共同富裕。

健全人民当家作主制度体系，就要全面深化改革，破除影响和阻碍人民群众物质生活和精神生活共同富裕的体制机制障碍。当前，我国发展不平衡不充分问题仍然突出，城乡区域发展和收入分配差距较大。习近平总书记强调："要防止社会阶层固化，畅通向上流动通道，给更多人创造致富机会，形成人人参与的发展环境，避免'内卷'、'躺平'。"这就要求在全面深化改革中造就有利于共同富裕的制度环境。需要指出的是，追求共同富裕，又不能在制度设计中搞过头的保障，要坚决防止落入"福利主义"的陷阱。

促进人民精神生活共同富裕，就要创造和形成相应的条件。正如党的二十大报告指出的："全面建设社会主义现代化国家，必须坚持中国特色社会主义文化发展道路，增强文化自信，围绕举旗帜、聚民心、育新人、兴文化、展形象建设社会主义文化强国，发展面向现代化、面向世界、面向未来的，民族的科学的大众的社会主义文化，激发全民族文化创新创造活力，增强实现中华民族伟大复兴的精神力量。""坚持马克思主义在意识形态领域指导地位的根本制度，坚持为人民服务、为社会主义服务，坚持百花齐放、百家争鸣，坚持创造性转化、创新性发展，以社会主义核心价值观为引领，发展社会主义先进文化，弘扬革命文化，传承中华优秀传统文化，满足人民日益增长的精神文化需求，巩固全党全国各族人民团结奋斗的共同思想基础，不断提升国家文化软实力和中华文化影响力。"人民群众物质生活和精神生活都富裕，就能够展现中国特色社会主义的鲜明特色和显著优势。

■ 参考文献

习近平:《在纪念马克思诞辰 200 周年大会上的讲话》,《人民日报》2018 年 5 月 5 日。

《马克思恩格斯文集》第 1 卷,人民出版社 2009 年版。

《毛泽东文集》第五卷,人民出版社 1996 年版。

《毛泽东文集》第六卷,人民出版社 1999 年版。

《邓小平文选》第三卷,人民出版社 1993 年版。

习近平:《论把握新发展阶段、贯彻新发展理念、构建新发展格局》,中央文献出版社 2021 年版。

习近平:《扎实推动共同富裕》,《求是》2021 年第 20 期。

习近平:《决胜全面建成小康社会 夺取新时代中国特色社会主义伟大胜利——在中国共产党第十九次全国代表大会上的报告》,人民出版社 2017 年版。

习近平:《高举中国特色社会主义伟大旗帜 为全面建设社会主义现代化国家而团结奋斗——在中国共产党第二十次全国代表大会上的报告》,《人民日报》2022 年 10 月 26 日。

以文化自信自强
谱写中国式现代化文化长卷

蔡劲松[*]

在新时代十年文化繁荣发展取得巨大成就的基础上，习近平总书记在党的二十大报告中强调要"推进文化自信自强，铸就社会主义文化新辉煌"，阐明了中国特色社会主义文化与全面建设社会主义现代化国家的关系，将文化自信自强作为中国式现代化的必然选择与应有之义，凸显了文化在建设富强民主文明和谐美丽的社会主义现代化强国中的重要地位与作用，对于激发文化创新创造活力，加快建设社会主义文化强国步伐，增强中华民族伟大复兴的精神力量，具有重大理论和现实意义。全面深入学习贯彻党的二十大报告关于坚持中国特色社会主义文化发展道路、建设文化强国的重大意义、科学内涵与实践要求，应从以下四个方面着力。

扫码听全文

---

* 蔡劲松，北京航空航天大学公共管理学院院长、教授，国家级人才计划领军人才。

在全球文明图景中，巩固中华文化立场坐标

从人类社会发展的轨迹看，现代化是传统农耕社会向工业文明主导的现代社会演化的路径选择，具有过程性、开创性、持续性、多面向等特征。现代化的生成经由传统社会与现代文明建制间转型的复杂环境交织互动，不同文化背景下的现代化使得人类文明变迁呈现多维图景，全球现代化的模式差异在丰富文明发展客观形态的同时，更面临如何面对文明冲突困境，能否破除单向单一思维、超越现实发展等抉择。

回顾中国共产党百年历程，尤其是新时代十年来，我国坚持把马克思主义基本原理同中国具体实际相结合、同中华优秀传统文化相结合，在实践基础上推进马克思主义中国化时代化的理论创新，探索出中国式现代化的崭新模式，促进经济建设、政治建设、文化建设、社会建设、生态文明建设等领域发生了深刻变化。对此，习近平总书记在党的二十大报告中首次阐明："中国式现代化，是中国共产党领导的社会主义现代化，既有各国现代化的共同特征，更有基于自己国情的中国特色。"中国式现代化是人口规模巨大的现代化、全体人民共同富裕的现代化、物质文明和精神文明相协调的现代化、人与自然和谐共生的现代化、走和平发展道路的现代化。归根结底，中国式现代化不仅打下了中华文化自信自强的烙印，是引领中国建设实践的文明新形态，也能够为全球文明发展提供一种新的路径选择。

世界百年未有之大变局和大国博弈背景下，文化作为立场与价值的作用愈加凸显。文化立场的实质是价值选择，是文化建设的出发点

和落脚点，不仅体现为明确主体性观念、意识和态度，也深层次地关涉文化发展的场域延展与坐标指向。习近平总书记多次强调要"坚守中华文化立场"，这就要求必须以中华文化的主体性、独特性，深化中华文化自觉、提振中华文化自信、推进中华文化自强，更加自觉地在文化实践中，巩固中华文化一脉相承、守正创新的核心理念、精神品格及立场坐标，将文化创新创造转化为中国特色社会主义文化发展道路的政治智慧、精神标识与价值塑造。"坚守中华文化立场，提炼展示中华文明的精神标识和文化精髓，加快构建中国话语和中国叙事体系，讲好中国故事、传播好中国声音，展现可信、可爱、可敬的中国形象。加强国际传播能力建设，全面提升国际传播效能，形成同我国综合国力和国际地位相匹配的国际话语权。深化文明交流互鉴，推动中华文化更好走向世界。"

在统筹推进"五位一体"
总体布局中，突出文化建设关键向度

2020年9月，习近平总书记在教育文化卫生体育领域专家代表座谈会上的重要讲话中强调："统筹推进'五位一体'总体布局、协调推进'四个全面'战略布局，文化是重要内容；推动高质量发展，文化是重要支点；满足人民日益增长的美好生活需要，文化是重要因素；战胜前进道路上各种风险挑战，文化是重要力量源泉。"可见，文化建设向度在中国式现代化建设中具有非常突出的作用。中国式现代化，要求经济现代化、政治现代化、文化现代化、社会现代化、生态文明现代化五个方面齐头并进，最终落实到丰富人民精神世界，实现全体人民共同富裕，促进人与自然和谐共生，实现人的自由而全面的发展。推进文化现代化，必须坚持以人民为中心的发展思想，突出文化建设关键向度，深入探讨"新时代文化建设与中国式现代化"这一新课题。

一是聚焦民族复兴愿景，强化文化建设基础力量。到本世纪中叶，把我国建成富强民主文明和谐美丽的社会主义现代化强国。这是一项宏伟而艰巨的事业，需要我们矢志不渝、笃行不怠，在扎实推进共同富裕、着力推动高质量发展的各个阶段，持续强化文化建设的基础性力量，将文化软实力作为行稳致远的强大动能，使文化赋能社会主义现代化强国的内生活力更加鲜明、精神凝聚力更加彰显、建设驱动力更有成效。"全面建设社会主义现代化国家，必须坚持中国特色社会主义文化发展道路，增强文化自信，围绕举旗帜、聚民心、育新人、兴文化、展形象建设社会主义文化强国，发展面向现代化、面向世界、面向未来的，民族的科学的大众的社会主义文化，激发全民族文化创新创造活力，增强实现中华民族伟大复兴的精神力量。"

二是坚持核心价值引领，发挥文化建设独特功能。习近平总书记多次强调："文化兴国运兴，文化强民族强。"文化自信自强，包含坚定文化自信和推进文化自强两个方面，是辩证统一的范畴。文化自信涉及对核心价值体系的认知认同，文化自强则需要通过发挥文化建设铸魂、塑形、启智、润心、赋能等独特功能，激发全民族文化创新创造活力，实现文化价值固基、文化体系完善、文化动力强盛的目标。一方面，需要我们提振民族精神，坚持社会主义核心价值观的引领，注重从中华文化宝库中萃取精华、汲取能量、延续文脉，持续增强中华文化的生命力、创造力；另一方面，需要树立文化自觉意识，提升文化自信自强理念，使文化建设成果与新时代高质量发展需求相适应、同国家社会建设趋向相协调。

三是着眼美好生活需要，构建完善文化发展体系。文化自信自强为了"满足人民日益增长的精神文化需求"，彰显了人们丰富的精神文化生活与富裕的物质生活同等重要的客观诉求。文化建设围绕举旗帜、聚民心、育新人、兴文化、展形象等使命任务，着眼于人们对美好生活的向往，加快构建完善文化发展体系，增强公共文化服务效能，进一步加大优秀文艺作品、文化产品供给力度，提高人民群众的文化获得感和幸福感，提升文化对于社会个体精神情感、审美体验、日常生活等的滋养能力与水平。

在现代治理体系中，激活文化治理内生动力

贯彻落实新发展理念，推进文化高质量发展，构建文化发展新格局，离不开国家治理体系和治理能力现代化的有力支撑。我们要深刻认识新发展格局的新时代背景与现代治理体系新内涵，将现代文化治理战略思维和系统思维，有机融入国家治理战略设计整体部署，将文化建设各项任务上升到构建文化治理新格局的层面。

在这个意义上，实现文化高质量发展目标，就要突破以往文化体制中以行政职能管理运行为主导的模式，寻求一种更深层次的规律

性、现代性文化治理视角，尊重文化发展规律，激活文化治理内生动力，进而聚合社会经济动力系统、文化供给与需求系统的力量，构建协同贯通、相互呼应文化建设发展工作格局。

构建文化发展新格局，意味着新时代文化建设应朝向更高远的视野、建立更完善的机制、塑造更高品格的质量。问题是，我们如何以文化治理升级转型驱动文化体制机制改革？能否以文化发展质量提升激活文化治理内生动力？

现代化视域下的文化治理，不仅指国家权力运作的系统场域，对社会资源进行分配、对政治经济文化等参与主体施以影响，以实现社会有序运转和文明承续发展的一种治理机制；以文化自身为对象的文化治理，还是基于政府、市场、社会组织及公众等多元主体，对社会文化要素、文化资源、文化权利等进行重新配置，从而发挥文化之于社会和个体发展不可或缺的涵育与治理作用，是现代治理最有效的机制与手段之一。因此，文化治理的关键，在于通过深化改革有效整合文化资源，以文化共治推动文化共享，一手抓政策完善，一手抓有效治理，拓宽文化管理体制和文化治理机制创新路径，构建跨地区、跨行业、跨领域的文化治理协同主体，提升文化事业、文化产业的规模实力和国内外文化核心竞争力、影响力。

在文化自信自强中，增强民族复兴精神力量

文化是民族复兴之基，推动社会主义文化繁荣兴盛，文化自信自

强是前提和基础。中华优秀传统文化源远流长、博大精深，是中华文明的智慧结晶，其中蕴含的天下为公、民为邦本、为政以德、革故鼎新、任人唯贤、天人合一、自强不息、厚德载物、讲信修睦、亲仁善邻等，是中国人民在长期生产生活中积累的宇宙观、天下观、社会观、道德观的重要体现。党的二十大报告将文化自信自强提升到了新高度、新方位、新境界，同时进一步指明中国特色社会主义文化具有"三个基本面向"和"三个根本特征"，即"面向现代化、面向世界、面向未来"三个面向与"民族性、科学性、大众化"三个特征，这是中国式现代化文化场域建构的指引性框架，也是凝聚民族复兴精神力量的本质性、整体性要求。

文化自信自强作为我们国家和民族发展中更基本、更深沉、更持久的力量，在精神层面，反映为人们对自己国家和民族文化的高度认同，对文化观念层次、精神品质等"内在"核心价值范畴的自信与信仰；在实践层面，则表现为文化创造过程中，向历史要经验、向传统要智慧，建构规范体系、强化载体路径等"外在"范畴，进而增强全体人民团结奋斗的共同思想基础和精神力量。

一方面，我们要聚焦中华优秀传统文化的核心思想理念、中华传统美德、中华人文精神，开启当代中国文化精神的寻根、承续与拓展旅程，从研究阐发、教育普及、保护传承、创新发展、传播交流等方面协同推进并取得新成果；另一方面，要将中华优秀传统文化、革命文化和社会主义先进文化置于世界文明发展视域中全面审思检视，从观念、制度、行为、物质和精神等层面，进行前瞻性思考、全局性谋划、整体性推进，尤其要深入把握中国式现代化的价值取向与方法论原则，增强历史主动精神和实践创造精神，立足中华文化立场，将文化自信自强融入中国特色社会主义现代化国家建设事业的各个方面，谱写波澜壮阔的中国式现代化文化长卷。

建设人与自然和谐共生
现代化的政治宣言和行动纲领

张云飞 *

站在全面建设社会主义现代化国家的新的历史起点上，习近平总书记在党的二十大报告中高瞻远瞩地提出了我国建设"人与自然和谐共生的现代化"的新的战略构想和战略部署，丰富和发展了习近平生态文明思想，为确保中国式现代化的全面性和永续性指明了方向。

尊重自然、顺应自然、保护自然是
全面建设社会主义现代化国家的内在要求

人与自然的关系是人类社会的基本关系，在现代化中表现为现代化和绿色化的矛盾。只有坚持以生态文明理念引导现代化建设，才能确保全面建设社会主义现代化国家的永续性。党的二十大报告提出：

---

* 张云飞，中国人民大学马克思主义学院教授、博导，中国人民大学国家发展与战略研究院研究员。

"尊重自然、顺应自然、保护自然，是全面建设社会主义现代化国家的内在要求。"这实质上就是要求将社会主义生态文明建设和社会主义现代化建设统一起来，明确了全面建设社会主义现代化国家的永续性要求和特质。

扫码听全文

尊重自然、顺应自然、保护自然是科学把握人与自然和谐共生规律形成的生态文明理念。人与自然是生命共同体。人与自然和谐共生规律是这一生命共同体存在和演化的规律，具有如下特征。第一，客观性。自然相对于人和社会来说始终具有优先性。人与自然和谐共生是客观存在的规律，不以人的意志为转移。只有遵循这一规律，人的行为才能取得预期成效。第二，系统性。人与自然是建立在劳动基础上的物质变换关系，二者由此构成为一个有机生态系统，成为一个不可分割的生命共同体。我们必须按照系统观念处理人与自然的关系，按照系统工程方式推进生态文明建设。第三，边界性。整个自然界是一个无限开放的复杂的系统演化过程。但在目前的条件下，自然界的承载能力存在着一个边界。只有守住自然的生态安全边界，才能确保人类行为的可持续性。因此，必须树立尊重自然、顺应自然、保护自然的生态文明理念。以这一理念引导生态文明建设，才能在保持人与自然和谐共生当中保证人类和人类文明的可持续发展。

尊重自然、顺应自然、保护自然是深刻反思西式现代化生态弊端形成的科学发展理念。西方现代化以前所未有的速度促进了生产力发展，实现了从农业社会向工业社会的转变。但这一现代化过程是在资本逻辑的主宰下完成的，追求和实现剩余价值成为其价值轴心，对内通过压榨和剥削作为一切财富源泉的工人和自然，实现原始积累和资本增值，在造成经济危机的同时易引发生态危机。对外通过殖民主义实现原始积累和资本扩张，大肆掠夺落后国家的劳动力资源和自然资源，将生态危机扩展到全球。尤其是"八大公害事件"造成巨大损失，后果触目惊心。因此，我们要深刻反思资本主义发展模式的弊端。建设社会主义现代化国家，不能走西方"先污染、后治理"的老路。我们坚持走社会主义现代化道路，坚持走科学发展之路，坚持走生态文明之路。坚持走生态文明之路，就是要将"尊重自然、顺应自然、保护自然"作为科学发展理念，将人与自然和谐共生、美丽作为社会主义现代化强国的"定语"，将"尊重自然、顺应自然、保护自然"作为社会主义现代化强国的"灵魂"。

基于对人与自然生命共同体的科学认知，"尊重自然、顺应自然、保护自然"要求人类不能将自然看作是单纯的对象和工具，而应敬畏自然、敬畏生态，像保护眼睛一样保护自然，像对待生命一样对待自然，坚持还自然以宁静、和谐、美丽，让自然美景永驻人间，实现人与自然和谐共生。

促进人与自然和谐共生是
中国式现代化的本质要求之一

人与自然生命共同体构成了人类活动的框架和舞台。现代化就是在这个生命共同体当中展开和推进的历史进步过程，理应实现绿色化和现代化的统一。但以往的现代化模式都在一定程度上损害了这种统一。解决这一问题，既涉及人与社会关系的变革，又涉及人与自然关系的调整。将"尊重自然、顺应自然、保护自然"作为"全面建设社会主义现代化国家的内在要求"，回答了前一个问题。关于后一个问题，党的二十大报告提出："中国式现代化是人与自然和谐共生的现代化。"将促进人与自然和谐共生作为中国式现代化的本质要求，明确了中国式现代化的永续性原则、特质和方向。

西式现代化走了一条先污染后治理的弯路，代价惨重；为了转嫁生态危机和经济危机，后来又走出了一条对内治理环境污染对外转嫁环境公害的以邻为壑之路。现在，一些西方国家制造绿色贸易壁垒，在国际贸易活动中，以保护自然资源、生态环境和人类健康为由而制定的一系列限制进口的措施。人与自然的对立和冲突是内嵌于西式现代化当中的规定和特征，显示出其反自然、反生态的一面。中国式现代化坚持社会主义现代化道路，坚持人与自然和谐共生，坚持和平发展，坚持建设清洁美丽的世界，与西式现代化具有本质区别。

十月革命胜利之后，苏联成功地走出了一条社会主义现代化道路，并形成了"苏维埃环境主义"。但随着苏联模式的僵化和苏联共产党的蜕化变质，出现了言行不一、知行不一的问题，严重忽视生态环境监管以及人民群众的生态环境需要，最终酿成了切尔诺贝利核电站泄漏等悲剧。中国式现代化坚持中国共产党领导和中国特色社会主义道路，中国共产党创造性地提出了社会主义生态文明的科学理念，要求将满足人民群众的优美生态环境需要作为生态文明建设和现代化建设的目的，推出中央环保督察等党内法规制度，坚持依靠制度和法治保护生态环境和建设生态文明，坚持承担国际生态环境治理义务，坚持言必行、行必果，与苏联式现代化具有重要区别。

在反思传统现代化生态弊端的基础上，一些西方学者在不触及西方制度的前提下试图实现生态化和现代化的兼容和双赢，试图实现资本主义的生态重建，提出了生态现代化理论。一些西方国家将之作为再度实现现代化的战略选择，促进了绿色转型，提升了环境质量。生态现代化是一种自反性现代化理论和模式，试图通过绿色市场和绿色技术等手段补救现代化的生态漏洞。中国式现代化坚持社会主义现代化道路，将人与自然和谐共生作为一种预警性和前瞻性的原则和方法植入到现代化当中，力求将市场和政府、技术和道德等多元手段引入到生态环境治理和现代化建设之中，与生态现代化具有原则性区别。

在根本上，生态文明建设是新时代中国特色社会主义的重要内容和重要特征。按照社会主义本质，在建设人与自然和谐共生的现代化中，我们坚持将满足人民群众的优美生态环境需要作为重要的价值支点，坚持将人民群众共建共治作为重要的动力来源，坚持将让人民群众共享生态文明建设成果作为重要的社会目标，坚持将"资源公有、物权法定"作为重要的制度保障。总之，建设人与自然和谐共生的现代化的战略设想是中国创造和中国创新的科学结晶。

站在人与自然和谐共生的高度谋划发展

为了切实保证中国式现代化的可持续性，我们必须站在人与自然和谐共生的高度谋划和推进现代化建设。党的二十大报告提出："必须牢固树立和践行绿水青山就是金山银山的理念,站在人与自然和谐共生的高度谋划发展。"这就是要深化对人与自然生命共同体的规律性认识,将之作为制定国民经济和社会发展规划的科学依据,并将生态文明建设目标纳入到国家经济社会发展规划中。

坚持将发展建立在生态理性的基础上。无限的自然运动存在着安全边界,要求发展必须建立在维护自然安全的基础上。习近平总书记提出:"要为自然守住安全边界和底线,形成人与自然和谐共生的格局。"按照促进生产空间集约高效、生活空间宜居适度、生态空间山清水秀的总体要求,我们必须正确处理生态空间、生产空间、生活空间的关系,让生态空间支撑生产空间和生活空间,让生产空间和生活空间嵌入生态空间当中,形成三者良性互动的结构和功能。这样,才能将现代化建设建立在生态合理性的基础上,才能以生态理性规范和引导发展理性,确保可持续发展。

坚持协同推进新型工业化、信息化、城镇化、农业现代化和绿色化。从 2020 年到 2035 年是我国全面建成社会主义现代化强国的第一步,目标是基本实现社会主义现代化。党的二十大报告提出的"基本实现新型工业化、信息化、城镇化、农业现代化"是这一阶段的重要远景目标。与按照工业化、城镇化、农业现代化、信息化依序推进的"串联式"的西式现代化不同,中国式现代化是协同推进"新四化"的"并联式"现代化。但是,若没有将绿色化置入现代化当中,中国式现代化同样难以持续。绿色化就是科学把握和自觉运用人与自然和谐共生规律的过程。因此,我们必须坚持协同推进新型工业化、信息化、城镇化、农业现代化和绿色化,坚持用绿色化和信息化相统一的方式引导生态农业、生态工业和生态城市的发展，实现生态产业化和产业生态化的统一。这样，才能确保我国持续走好现代化之路。

坚持全面提升物质文明、政治文明、精神文明、社会文明、生态文明。从 2035 年到本世纪中叶是我国全面建成社会主义现代化强国的第二步，目标是把我国建成富强民主文明和谐美丽的社会主义现代化强国，这就要全面提升物质文明、政治文明、精神文明、社会文明、生态文明。资本逻辑肢解和破坏了社会和发展的全面性，使西式现代化成为物欲横流的单面现代化。中国式现代化是全面发展的现代化。全面发展的现代化就是追求"五个文明"协调发展和全面提升的现代化。我们既要将生态文明建设全面、有机地融入到经济现代化、政治现代化、文化现代化、社会现代化的各方面和全过程，又要将整个现代化建立在遵循人与自然和谐共生规律的基础上，最终要促进和实现"物的全面丰富和人的全面发展"的统一。

未来五年是我国全面建设社会主义现代化国家开局起步的关键时期。按照"绿水青山就是金山银山"的科学理念，我们要坚持统筹发展、人口、资源、环境、能源、生态、气候、灾害等方面的治理，协同推进降碳、减污、扩绿、增长，协同推进人民富裕、国家强盛、中国美丽。这样，才能确保美丽中国建设取得显著成效。

总之，站在人与自然和谐共生的高度谋划发展，就是要将国民经济和社会发展建立在遵循人与自然和谐共生规律的基础上，将生态文明建设的目标和规划纳入到国家经济社会发展的整体规划和系统目标当中。这是建设人与自然和谐共生现代化的战略依据和战略安排。

推进生态优先、节约集约、绿色低碳发展

建设人与自然和谐共生现代化，必须坚持高质量发展新路子。党的二十大报告提出："推进生态优先、节约集约、绿色低碳发展。"这一要求既是实现人与自然和谐共生现代化的新要求和新选择，又是实现高质量发展的新原则和新导向。

坚持生态优先。面对各类生态环境风险的严重挑战，按照党的二十大精神，我们必须自觉树立生态环境风险意识和生态环境安全意识，着力"提升生态系统多样性、稳定性、持续性"，维护国家的生态环境安全。按照总体国家安全观，统筹经济安全和人口安全、资源安全、环境安全、能源安全、生态安全、生物安全、核安全等非传统安全，统筹平安中国建设、健康中国建设和美丽中国建设。我们要将生态环境安全作为安全发展的重要要求和方向，将安全发展作为绿色发展的内在规定，将建立生态环境安全型社会作为生态文明建设的重要目标，将生态优先作为建设人与自然和谐共生现代化和实现高质量发展的首要要求和现实选择。

坚持节约集约。面对依然严重的资源压力和能源压力，党的二十大报告提出了大力"实施全面节约战略"的要求。我们要大力弘扬中华民族"取之有节、用之有度"的传统美德，杜绝西方的物质主义和消费主义，依靠科技进步提高资源开采和利用效率，建立和完善节约集约导向的经济体系，加快构建废弃物循环利用体系，实现生产系统和生活系统的有效链接和循环。我们要将节约发展作为绿色发展的内

在要求，将建立资源能源节约型社会作为生态文明建设的重要目标，将节约集约作为建设人与自然和谐共生现代化和实现高质量发展的重要要求和现实选择。

坚持清洁发展。在环境质量向好的同时，我国环境治理仍面临着新的课题，因此，我们必须将清洁发展作为坚持绿色低碳发展的基本要求。清洁发展是狭义的绿色发展。按照党的二十大精神，为了进一步提升生态环境质量，我们要坚持精准治污、科学治污、依法治污，持续深入打好污染防治攻坚战。按照"坚持山水林田湖草沙一体化保护和系统治理"的理念，坚持全方位、全地域、全过程开展生态环境治理。按照"全生命周期"的理念，坚持将污染治理贯穿于产前、产中和产后，实行全程治污。我们要将清洁发展作为绿色发展的内在规定，将建设环境友好型社会作为生态文明建设的目标，将清洁发展作为建设人与自然和谐共生现代化和实现高质量发展的重要要求和现实选择。

坚持低碳发展。由于人为排放的温室气体超过大气层的"碳预算"导致的全球气候变暖已经成为严重的全球性问题，我国的碳排放总量和人均水平都在一定程度上攀升。习近平总书记提出："把碳达峰、碳中和纳入经济社会发展和生态文明建设整体布局"。按照党的二十大精神，我们要深入推进能源革命，提升生态系统碳汇能力，加快节能降碳先进技术研发和推广应用，积极稳妥推进碳达峰碳中和。同时，我们要把低碳发展的要求融入到各项建设事业当中，形成和发展低碳经济、低碳政治、低碳文化、低碳社会。我们要将低碳发展作为绿色发展的内在规定，将建设低碳社会作为生态文明建设的重要目标，将低碳发展作为建设人与自然和谐共生现代化和实现高质量发展的重要要求和现实选择。

"推进生态优先、节约集约、绿色低碳发展"，是对绿色发展的丰富和创新，明确了高质量发展的生态内涵和生态要求，明确了建设人与自然和谐共生现代化的现实选择和具体举措。

在总体上，党的二十大报告科学擘画建设人与自然和谐共生现代化的蓝图，丰富和发展了习近平生态文明思想，是我们建设人与自然和谐共生现代化的政治宣言和行动纲领。在习近平生态文明思想的指导下，按照党的二十大精神，我们要努力将科学蓝图变为美好现实，努力将我国建设成为富强民主文明和谐美丽的社会主义现代化强国，努力为人类文明新形态作出新的更大的贡献。

■ **参考文献**

习近平：《高举中国特色社会主义伟大旗帜　为全面建设社会主义现代化国家而团结奋斗——在中国共产党第二十次全国代表大会上的报告》，人民出版社 2022 年版。

习近平：《论坚持人与自然和谐共生》，中央文献出版社 2022 年版。

在中国式现代化建设中提高
人民生活品质：内在要求与实践向度

丁元竹[*]

立足中国国情和满足人民群众对美好生活的向往，党的二十大报告突出强调中国式现代化的五大基本特征：人口规模巨大、全体人民共同富裕、物质文明和精神文明相协调、人与自然和谐共生、走和平发展道路。围绕中国式现代化这一主线，党的二十大报告在第九部分把"增进民生福祉，提高人民生活品质"作为全党全国各族人民迈上全面建设社会主义现代化国家新征程、向第二个百年奋斗目标进军、尤其是未来五年全面建设社会主义现代化国家开局起步关键时期增进民生福祉和加强社会建设的新任务新要求。这是在 2020 年《中共中央关于制定十四五规划和二〇三五年远景目标的建议》中提出"改善人民生活品质，提高社会建设水平"和2021 年《中华人民共和国国民经济和社会发展第十四个五年规划和 2035 年远景目标纲要》中提出"增进民

扫码听全文

---

* 丁元竹，中共中央党校（国家行政学院）社会和生态文明教研部教授、博导、创新工程首席专家，十三届全国政协委员，全国政协文化文史和学习委员会委员。

生福祉，提升共建共治共享水平"的基础上，进一步强调适应中国式现代化要求的"民生福祉"和"生活品质"。中国式现代化所强调的全体人民共同富裕、物质文明和精神文明相协调、人与自然和谐共生，均集中体现在提高人民生活品质上。深入理解党的二十大报告中"生活品质"这一提法和概念内涵，对加深理解中国式现代化的本质要求，推动中国式现代化建设具有重要意义。

提高人民生活品质是中国式现代化建设的内在要求

生活品质集经济、社会、文化、精神于一体。生活品质是衡量经济发展水平、社会发展阶段并为各国共同采用的发展维度，指的是人们享受物质生活的水准和有关物质享受的主观感受、满意程度，包括客观的生活品质和主观的生活品质。

一是客观的生活品质指经济社会发展水平及其给人们带来的经济收入，以及在经济社会发展基础上人们获得的包括公共服务在内的各类服务。主观的生活品质则指人们对经济发展水平及其带来的经济收入以及对在经济社会发展基础上获得的包括公共服务在内的各种服务的主观感受、满意程度。作为经济社会发展的终极目标，人们通过获得经济收入和服务得到满足，客观获得和主观感受在个体身上得到最终体现，生活品质得以实现。

二是生活品质是一个集经济、社会、文化、精神于一体的综合性概念。诺贝尔经济学奖得主、印度经济学家阿马蒂亚·森道出了生活品质的主客观性及复杂性："你可能比较富裕，但并不健康。你也可能很健康，但并不能过上你想过的日子。你可能过上了你想过的日子，但并不幸福。你也可能过得很幸福，但并没有多少自由。当然，你也可能有很多自由，但没有取得多少成就。"①阿马蒂亚·森通过这样一段表述，揭示了生活品质的内在逻辑和特点。

三是生活品质也会体现个体和群体的生活特征。个体的生活品质是个人对自己身心健康状况和所处经济社会环境的感受，对自己生活的满意度，以及对社会的反馈性行为。个人层面的生活品质，主要包括经济收入、身体健康、家庭关系、邻居关系、工作状况、娱乐休闲，等等。由于每个个体的生活追求、价值观念、文化背景、所处制度环境等不同，因此不同个体对同一事物的心理感受也不一样。但个体生活品质也存在一般性，例如，几乎每个个体都会追求舒适的生活条件、更高的收入水平、更多的自我发展机会等。个体不能离开社会，马克思主义经典作家认为，人就其本质来说是一切社会关系的总和，个体生活品质改善是个人、政府和社会共同努力的结果。群体生活品质是某一群体集体生活品质的一般表现。群体既可以指具有某一共同特征的集合体，如妇女、儿童、残疾人等，也可以指生活在某一区域内的集合体，如社区居民、城市居民、农村居民、特定国家的公民等。群体的生活品质可以指城市居民生活品质、老年人生活品质、农村居民生活品质等。提高人民生活品质，必须从人民群众最关心、最直接、最现实的利益问题入手，了解他们的实际生活、主观感受。

---

① ［印］阿马蒂亚·森等：《生活水准》，徐大建译，上海财经大学出版社2007年版，第3页。

同时，要了解各个社会群体的生活状况和主观感受。个体生活品质与群体生活品质既相互联系，又具有各自的特点。个体生活品质是群体生活品质的基础，群体生活品质是个体生活品质的集体体现。

生活品质体现了人的全面发展的程度和水平。党的二十大报告指出："我们不断厚植现代化的物质基础，不断夯实人民幸福生活的物质条件，同时大力发展社会主义先进文化，加强理想信念教育，传承中华文明，促进物的全面丰富和人的全面发展。"①这进一步明确，中国式现代化要强调"物的全面丰富和人的全面发展"。

一是把"物的全面丰富和人的全面发展"并列，表明了中国共产党对中国式现代化发展新阶段的科学判断和对人的全面发展意义的高度重视，是马克思主义中国化时代化的体现。马克思主义经典作家高度重视人的全面发展，提出了人的全面发展内涵、人的全面发展是人类社会发展的必然趋势等重要理论。

二是马克思主义经典作家关于人的全面发展的理论可以分为三个相互联系的层次。人的身体和精神的全面发展是人的全面发展基本的、第一层次的要义。马克思和恩格斯研究了一定历史条件下和社会关系中从事生产劳动及其他社会实践活动的人，批判地吸收了近代西方哲学关于身与心关系的学说，揭示了人不同于动物的基本社会特征，把人看作是身体和精神的统一体，把人的全面发展看作是人的身体和精神的全面发展。马克思和恩格斯还论述了人的意识、思维、情感、意志在指导、推动、调控人的生产劳动和其他社会实践中的作

---

① 习近平：《高举中国特色社会主义伟大旗帜　为全面建设社会主义现代化国家而团结奋斗——在中国共产党第二十次全国代表大会上的报告》，《人民日报》2022 年 10 月 26 日。

用，把人的精神的全面发展理解为人的智、德、美和知（认识）、情（情感）、意（意志）的全面协调发展。人的身体和精神的全面健康发展是人从事生产劳动和其他社会实践活动的基础。第二层次要义是人的活动能力，其中首先是生产活动能力。生产活动能力是由人的身体与人的精神相统一产生的结构，是人的身体和精神全面发展在人的活动能力上的具体表现。人的活动能力多方面发展可以明确且具体体现为人的全面发展程度。马克思指出，只有发展生产力，创造生产的物质条件，"才能为一个更高级的、以每个人的全面而自由的发展为基本原则的社会形式创造现实基础"①。人的身体和精神的全面、充分、自由的发展，乃是人的全面发展的第三层次的要义，是人的全面发展的最高表现，是人类实现自我完善的崇高理想。具体来说，人的身体和精神的自由发展体现在三个层面：自由时间的运用；自由选择职业；自由地支配和控制社会、自然界和人自身。人们的主观感受，一方面来自他们从经济和社会发展中的分享；另一方面取决于他们的自由选择，包括对时间的自由选择和对自身发展的自由选择。

三是在对生活品质的评价中，闲暇时间是评价自由选择和对自身发展的自由选择的重要尺度。在把单纯经济增长作为目标的社会，一个人忙忙碌碌，为生计和物质奔波，是不会有很高生活品质的。人的全面发展是人类社会发展的必然趋势。只有在一定历史条件和社会关系中从事实际活动（首先是生产活动）的现实人，才具有人的需要、人的本质。党的二十大报告把"物的全面丰富和人的全面发展"并列，

---

① 《马克思恩格斯全集》第 23 卷，人民出版社 1972 年版，第 649 页。

把马克思主义基本原理同中国式现代化建设实际相结合，是对马克思主义"人的全面发展"理论的继承与发展。

生活品质提高是中国式现代化发展的必然结果。生活品质是经济社会发展到一定阶段的必然要求和具体体现。

一是我国经济社会发展进入新发展阶段。2022年，我国经济总量突破120万亿元，全国居民人均可支配收入达到36883元，人均国内生产总值达到85698元，社会主义现代化国家建设迈上新台阶。① 正如《中共中央关于党的百年奋斗重大成就和历史经验的决议》中所指出的："党的十八大以来，我国经济发展平衡性、协调性、可持续性明显增强，国内生产总值突破百万亿元大关，人均国内生产总值超过一万美元，国家经济实力、科技实力、综合国力跃上新台阶，我国经济迈上更高质量、更有效率、更加公平、更可持续、更为安全的发展之路。"② 我国经济社会的持续、健康发展为提高人民生活品质奠定了坚实基础。

二是提高生活品质是经济发展到一定阶段的必然选择。经济学家罗斯托结合经济学理论和经济史研究人类生活，提出经济成长阶段理论。他在1960年出版的《经济成长的阶段》一书中提出世界各国经济发展分为五个不同阶段，包括传统社会阶段、经济起飞准备阶段、经济起飞阶段、经济成熟阶段、高额群众消费阶段。一般来说，这五

---

① 《2022年我国经济总量稳居世界第二，同比增长3%》，2023年1月18日，见 http://www.scio.gov.cn/34473/34474/Document/1735804/1735804.htm；《国家统计局：2022年全国居民人均可支配收入36883元》，2023年1月17日，见 http://www.ce.cn/xwzx/gnsz/gdxw/202301/17/t20230117_38351935.shtml.

② 《中共中央关于党的百年奋斗重大成就和历史经验的决议》，2021年11月16日，见 http://www.gov.cn/zhengce/2021-11/16/content_5651269.htm.

个阶段依次更替，构成一个完整的经济增长过程。罗斯托认为，"高额群众消费阶段"并非经济增长的终极，只是反映了数量上的消费特征。罗斯托在 1971 年出版的《政治和成长阶段》一书中对经济增长阶段进行了补充，又增加了一个新的阶段——"追求生活品质阶段"，至此，罗斯托把生活品质概念引入经济增长阶段理论。按照他的理论，在"追求生活品质阶段"之前，主导部门以工业为主体，组成耐用消费品产业。社会进入"追求生活品质阶段"后，主导部门以服务业为主体，提高居民"生活品质"成为经济发展的重要内容，主导部门主要由提供提高居民生活品质的各类服务、劳务部门组成。根据罗斯托的理论，"起飞"和"追求生活品质"是社会发展进程中两个重要"突变"。"追求生活品质"是工业社会中人类生活的真正突变。人类在经济发展的每个阶段都会追求生活品质，只是在不同经济发展阶段，人们的追求方式、内容、程度、重点有所不同。

三是经济增长本身并无好坏，但经济增长给人类带来的结果是有好坏之分的。在这个意义上，应当把全体人民的生活品质作为经济社会发展的评价标准。遵循中国式现代化是全体人民共同富裕的现代化这一基本要求，必须从经济发展能给人民带来什么样的福祉角度审视经济增长，审视的标准之一就是全体人民的生活品质。在这个意义上，生活品质是人类的经济自觉。阿马蒂亚·森提出，"生活水准并不是一种富裕的水平，即便生活水准之一尤其要受到富裕程度的影响"[①]。他指出，经济增长与富裕、福祉之间存在复杂的关系。在实施经济社会

---

① [印] 阿马蒂亚·森等:《生活水准》，徐大建译，上海财经大学出版社 2007 年版，第 19 页。

政策时，应努力处理好经济增长与人民福祉、人民生活品质之间的关系，使发展成果造福于全体人民。

四是生活品质既取决于物质生活，也取决于精神生活。物质生活的满足是人类最基本的需要。在全球化和信息时代，个人能力和受教育程度对个人在市场竞争中能否获得有利地位和较高经济收入所产生的影响不断增大，科学技术和文化需求呈日益增长趋势。提高人民群众生活品质，除关注物质文化和精神文化的需求外，还需要把更多的资源和精力放在促进人的全面发展上，致力于提高全体社会成员各方面的能力、文化素质、道德品质，以及改变他们的精神面貌。生活品质与福祉概念密切关联。福祉就是满足人们基本需求和生活保障的商品和服务。主观福祉是生活品质的内在要素，也是社会政策的基本要求。要通过对人们主观感受的认知和判断了解人们对生活品质的态度，适时调整社会政策，满足其对美好生活的需要。

统筹考虑生活品质的客观性与主观性

生活品质是主观性与客观性相统一的生活状态。党的二十大报告提出："人民群众获得感、幸福感、安全感更加充实、更有保障、更可持续，共同富裕取得新成效。"①这就要求我们在发展经济，提高人

① 习近平：《高举中国特色社会主义伟大旗帜　为全面建设社会主义现代化国家而团结奋斗——在中国共产党第二十次全国代表大会上的报告》，《人民日报》2022年10月26日。

民物质生活水准的同时，不断改善人民的精神面貌。

一是坚持生活品质的主观性与客观性有机统一。各级党组织和各级政府必须在充分深入调查研究人民群众需求的基础上，制定经济社会发展战略和发展政策，通过全过程人民民主，鼓励人民群众广泛参与政治、经济、社会和文化管理，实现包括公共物品和公共服务在内的各类物质和精神产品的有效供给，以保障实现提高人民群众生活品质的目标。

二是把幸福感作为评价生活品质的重要指标。幸福感是最近几年社会上谈论民生福祉、生活品质时使用较多的概念。幸福感代表了人们对美好生活的渴望，也代表了人们对社会生活的评价，包括幸福、愉快的感情体验、生活满意程度以及不愉快的情绪和情感。作为衡量个人和群体生活质量的综合性指标之一，幸福感是反映社会心态的"晴雨表"。幸福感是主观感受，也是对生活的全部投入和享受。学术界把幸福纳入更广泛意义上的"主观感受"研究和"生活质量"研究中。关于幸福感的成因，可以从客观因素与主观因素这两个方面分析。客观因素涉及外部和内部两个方面。外部客观因素主要包括：经济环境、社会支持（例如，正式的社会支持、非正式的社会支持等）、环境条件（例如，自然环境、人工环境等）。影响幸福感的内部（个体）客观因素主要包括：个人健康状况、教育程度、收入水平、社会关系，以及年龄、性别，等等。影响幸福感的主观因素主要是人格特质、自我效能感、认知模式、应对方式等。

在中国式现代化建设中把客观测量与主观评价有机结合。提高人民群众生活品质，必须坚持生活品质的主观评价与客观测量有机统一，这是把提高生活品质目标落到实处的重要政策工具。

一是生活品质的测量和评价，一方面，必须充分评价在经济社会发展基础上的物质产品供给和各类服务的供给能力；另一方面，要考虑人民群众的感受和要求。芬兰赫尔辛基大学教授埃里克·阿拉特提出了一个衡量生活品质的方法问题："所有社会指标的建构面临着一个基本的问题，即在评价人类福利水平中，我们应当依赖客观的外在状况的衡量标准，还是依赖通过公民个人主观的评价。"[①] 人们通常认为，"主观福祉是一种态度，它由认知和情感这两个基本层面组成"[②]。实践中，生活品质评价必须统筹客观与主观，这也是各国的通常做法。

二是人们的生活品质既与生活物质条件有关，也与对生活主观满意程度有关，其中任一方面都只能构成反映生活品质高低的必要条件，而不是充分条件。只有把二者的评价有机结合起来，才能反映生活品质的好坏情况。

三是在新发展理念指导下，各级政府需要从历史和整个社会发展的高度思考全社会的生活品质，而不是仅关注某些个体的幸福状况。生活品质涉及幸福指数、社会秩序等方面，也必然会涉及个人的生活现状和消费文化等方面。现实生活中，个人消费欲望永无止境，个人需求实际上并非完全由自己，而是更多由市场主导。代表全社会利益的政府要超脱单个人、单个利益群体的福祉，使自己有别于市场，关

---

① [印] 阿马蒂亚·森等：《生活水准》，徐大建译，上海财经大学出版社 2007 年版，第 101 页。

② [瑞士] 布伦诺·S.弗雷、阿洛伊斯·斯塔特勒：《幸福与经济学：经济和制度对人类福祉的影响》，静也译，北京大学出版社 2006 年版，第 12 页。

注更长远、更宏观、更整体、更全面的群体福祉、生活品质。包括政府在内，如果全社会仅考虑某些个体的幸福，就会使全社会的生活品质大打折扣。只以某些个体幸福为核心的福祉会使人们变得贪婪和自私，甚至危及子孙后代的未来。

不断探索中国式现代化进程中影响人民生活品质的各种因素。提高生活品质是推进中国式现代化的重要课题。

一是综观生活品质的历史和相关政策，我们会发现若干评价方式，诸如人们对于社会福祉的感受、生活质量、身体健康、心理健康、文化品质等；又如，物质主义和个人主义如何影响个人和全社会的生活品质，以及计量方式的进步和变通，等等。一般情况下，人们用客观生活品质、主观生活品质或生活满意度来计量生活品质。生活品质不仅意味着有很好的生活，也包括拥有生活的意义、实现人的潜能、感知生活的价值，等等。如前所述，个体的、主观的生活品质取决于个体的基因、环境、选择、其所赖以生存的社会环境，以及这些因素的组合方式。基因主要通过性格影响人们的福祉，但基因的影响并非一成不变，而是会随着环境的改变而改变。人们的教养、个人经历甚至生活环境等均会改变人们的性格和个体生活品质。

二是继续深入探究影响生活品质的各种因素。研究发现，下列方面可以提高人民的生活品质：完美的婚姻、好朋友相伴、收入颇丰的工作、足够的储蓄、美食、体育锻炼、充足的睡眠、闲暇安逸、精神饱满，等等。另外，乐观主义、相互信任、自我尊重、自立自强，充满感激之情、友善生活的精神、工作目标明确、归属感、积极向上的世界观等也会使人们感到更加幸福。这些幸福生活的组成要素并不仅仅取决于个人的选择，也取决于社会条件，以及政府的政策。一些人坚信强劲的、快速的经济发展和收入提高是压倒一切的目标和责任，还坚信财富是高质量生活的坚实基础。但历史和现实证明，财富的增长并不会自动带来生活质量的提高和福祉的改善，生活品质取决于个体状况和社会环境等多方面，从这个意义上也就更容易理解为什么全面推进中国式现代化必须坚持"五位一体"总体布局，即推动经济文明、政治文明、文化文明、社会文明、生态文明的协调发展。

解决好新发展阶段增进民生福祉和提高生活品质的重点、难点问题

全面深刻把握高质量发展的内涵和要求。党的二十大报告将"增进民生福祉，提高人民生活品质"纳入中国特色社会主义现代化总体布局中。党的十八大以来，以习近平同志为核心的党中央坚持以人民为中心，不断实现人民对美好生活的向往。党的十九大提出，要"不断满足人民日益增长的美好生活需要"。这极大丰富了具有中国特色、中国风格、中国气派的社会政策内涵。习近平总书记强调："要始终把最广大人民根本利益放在心上，坚定不移增进民生福祉，把高质量发展同满足人民美好生活需要紧密结合起来，推动坚持生态优先、推动高质量发展、创造高品质生活有机结合、相得益彰。"①

---

① 《习近平在参加青海代表团审议时强调　坚定不移走高质量发展之路　坚定不移增进民生福祉》，《人民日报》2021 年 3 月 8 日。

将经济发展与改善民生紧密结合是中国共产党践行以人民为中心发展思想的集中表现。从毛泽东同志提出建设一个伟大的社会主义国家，到邓小平同志提出中国现代化建设"三步走"的发展战略，到江泽民同志提出全面建设小康社会的奋斗目标，再到胡锦涛同志提出为夺取全面建设小康社会新胜利而奋斗，党中央始终坚持人民至上。党的十八大以来，我们党始终把最广大人民根本利益放在心上，坚定不移增进民生福祉。以习近平同志为核心的党中央立足新发展阶段，提出"把高质量发展同满足人民美好生活需要紧密结合起来"的重大决策，反映了中国共产党在发展中保障和改善民生的深思熟虑、与时俱进的孜孜追求。我们党用接续奋斗的实际行动切实兑现了"人民对美好生活的向往，就是我们的奋斗目标"的庄严承诺。提高人民生活品质是新发展阶段我国实现高质量发展的题中之义。

聚焦增进民生福祉和提高生活品质的着力点。从幸福经济学的视角看，收入、就业、物价对人们的幸福感影响较大。因此，做好新发展阶段提升人民生活品质的工作，要立足实际，体察民生，关切民情，实现高质量发展，努力扩大就业，创造条件鼓励支持居民消费。

其一，不断提升居民的社会恢复力。要重点关注人民健康、未来就业、数字化发展和不断加剧的气候变化等对人民生活品质的影响，把增进民生福祉，提高人民生活品质推向新高度。

一是注重疫情影响，不断完善相关制度建设。人类历史上，疫情、灾害等带来严重负面影响的同时，也曾经促成了一些积极事件，例如，第一届国际卫生大会的召开，国际法庭的成立，等等，这些都促进了国际秩序的完善。当前全国疫情防控形势总体向好，平稳进入"乙类乙管"常态化防控阶段，但全球疫情仍在流行，病毒还在不断变异。在此关键时期，要关注人们的生活品质尤其是人们的精神世界，因为"与生理疾病患者不同，心理疾病患者内心往往藏着非业人士肉眼看不见的创伤"①。"传染病的特点之一就是会引发恐惧、焦虑和大规模歇斯底里的情绪，并挑战社会凝聚力及人们共同管理危机的能力。传染病会造成社会撕裂与个人创伤。"②有学者对历史上疫情产生的影响进行研究后发现，一些疫情对经济发展的影响可能持续数十年，会大大降低经济运行效率，而且疫情在不同区域可能会周期性出现。有鉴于此，当前我们要"盯紧关键环节，做好风险人员管控，在已有工作基础上再推进再落实。要加强疫情监测和常态化预警能力建设，健全疫情监测体系和信息报告制度，及时准确作出预警并采取必要的紧急防控措施"③。

二是不断增强战胜困难的信心，提高应对意外挑战和风险的能力。经济的恢复很大程度上取决于人们对战胜各种风险的信心。只有不断增强信心，才可能扩大消费。网络时代发生在个体或群体身上的事件会通过社交网络迅速传播，甚至被放大，且放大的程度和速度前所未有，影响也会以更大的烈度表现。党的二十大报告强调，增强全党全国各族人民的志气、骨气、底气，不信邪、不怕鬼、不

---

① ［德］克劳斯·施瓦布、［法］蒂埃里·马勒雷：《后疫情时代：大重构》，世界经济论坛北京代表处译，中信出版社 2020 年版，第 197 页。

② ［德］克劳斯·施瓦布、［法］蒂埃里·马勒雷：《后疫情时代：大重构》，世界经济论坛北京代表处译，中信出版社 2020 年版，第 xii 页。

③ 《中共中央政治局常务委员会召开会议 听取近期新冠疫情防控工作情况汇报 中共中央总书记习近平主持会议》，2023 年 2 月 16 日，见 http://politics.people.com.cn/n1/2023/0216/c1024-32625311.html。

怕压，知难而进、迎难而上，统筹发展和安全，全力战胜前进道路上各种困难和挑战，依靠顽强斗争打开事业发展新天地。我们应牢记空谈误国、实干兴邦，坚定信心、同心同德，埋头苦干、奋勇前进。

三是在世界经济面临较大下行压力的背景下，推动中国经济逆势前行，以促进发展、增加就业。首先，进一步发挥市场在配置资源中的决定性作用，更好发挥政府作用，推动有效市场和有为政府更好结合。其次，要大力支持民营企业发展，促进多方利益相关者的合作，在联系日趋密切、竞争日趋激烈的国内国际市场中，为民营企业发展找到更多方案。充分发挥民营企业在推动发展、促进创新、增加就业、改善民生和扩大开放等方面不可替代的作用。最后，要坚持统筹发展和安全，制定兼有短期和长期的战略和措施。

四是关注特殊群体，积极应对人口老龄化。我国的人口老龄化呈现鲜明特点，老年人口规模庞大，老龄化进程明显加快，老龄化水平城乡差异明显，老年人口素质不断提高，低龄老年人口占老年人口总数比重过半，因此，中国很难照搬别国经验。以习近平同志为核心的党中央总揽全局、审时度势作出重大战略部署，提出"实施积极应对人口老龄化国家战略"，要坚持党总揽全局，坚持积极老龄化观念，打造共建共治共享的老龄社会治理共同体，综合施策，应对人口生育压力、人口老龄化。

其二，推动高质量就业。始终坚持就业优先战略，不断提升就业质量。

一是就业是民生之本。就业是影响生活品质的重要因素，因为

"没有工作就会导致孤立，这种孤立的生活状态很难或根本不可能使人过一种满意的生活。然而由失业引起的幸福水平的明显降低并不局限于收入方面的损失。事实上，即使减少的收入或其他与失业直接相关联的损失得到了补偿或冲抵，但失业过程中还是会出现忧虑"①。就业问题既是客观问题，又会产生主观问题。必须坚定不移实施就业优先战略，将就业摆在经济社会发展的优先位置，不断扩大就业容量。2023年，要把抓发展、稳就业、促就业摆在重要位置，全方位落实就业服务政策，提高劳动者技能，保障就业稳定，特别要关注重点社会群体的就业。

二是抓紧研究互联网和人工智能发展给就业带来的影响。不仅在中国，而且在世界范围内，"新冠疫情危机及随之而来的社交隔离措施，令创新和技术变革进程突然加速。聊天机器人（通常与亚马逊的人工智能语音助手 Alexa 采用相同的语音识别技术）和其他可替代一般人工劳动的软件正在快速推行。这些因需要（如实施卫生措施的需要）而引发的创新应用很快会导致成千上万乃至百万的工作岗位流失"②。学界对这种发生在国内外就业领域的新情况需要跟进研究，实务界应在保障全体社会成员生活品质提升前提下，合理使用人工智能。例如，数字化技术将为全新的医疗模式提供技术支撑，基于各种高质量信息，医生根据自己的诊断和病人的记录，采用人工智能辅

---

① ［瑞士］布伦诺·S.弗雷、阿洛伊斯·斯塔特勒：《幸福与经济学：经济和制度对人类福祉的影响》，静也译，北京大学出版社2006年版，第121页。

② ［德］克劳斯·施瓦布、［法］蒂埃里·马勒雷：《后疫情时代：大重构》，世界经济论坛北京代表处译，中信出版社2020年版，第22页。

助，可大大提高诊断的准确性；许多手术可以通过机器人完成，机器人也可以承担某些护理任务，如提醒病人服药等。这些都会改变医疗服务模式和结构，也会对相关就业产生深远影响。

三是面对科技革命的挑战，加快教育体制改革。面对人工智能的冲击，教育改革创新是关键。信息化、全球化加速了全球经济格局的深刻变革。各国数据表明，技术进步是发达经济体技能水平、劳动者工资降低的根本原因，能从技术进步中受益的主要是那些受教育程度较高的劳动者。教育问题将是科技创新时代的关键、核心问题。无论对发达国家还是发展中国家而言，教育都是根本性问题。发展中国家更需要坚定不移推进教育改革，培养具有创新性思维、开发能力强的科研人才队伍。

四是高度关注年轻一代的就业和生活问题。要进一步加强社会交流互动，推动经济持续稳定发展，解决好就业问题，特别是年轻一代的就业问题。在所有年龄组中，要特别关注"Z世代"对经济前景的看法，努力增加其工作机会、增强其信心，为年轻世代创造公平的竞争环境。同时，在经济高质量发展中，在提高物质生活水平的同时，创造活泼的个人精神生活环境，最大限度地避免"内卷"。

其三，在提高收入水平基础上扩大消费需求。无论是扩大就业，还是扩大消费，都必须确保经济平稳健康可持续发展。

一是增加全体社会成员的收入，努力增加低收入群体收入，扩大中等收入群体规模，实现全国居民人均可支配收入增长与经济增长基本同步。首先，增加收入，不断推动经济高质量发展是关键。必须抓住总需求不足这一当前经济运行中面临的突出矛盾，把恢复和扩大消费摆在优先位置，加快建设现代化产业体系，加大力度吸引和利用外资，全面推进乡村振兴战略，防止出现规模性返贫。其次，扩大消费必须稳定扩大就业、保持居民收入稳步增长。再次，针对不同群体，健全工资合理增长机制，提高劳动报酬在初次分配中的比重，完善创新要素参与分配机制，多渠道增加财产性收入。最后，进一步完善收入分配制度。按照党的二十大报告要求，正确处理初次分配、再分配、第三次分配之间的关系；引导、支持有意愿有能力的企业、社会组织和个人参与公益慈善事业，鼓励和支持互联网公益事业发展。

二是在消费问题上，有必要研究日本在进入老龄化和少子化阶段后出现的"消费困境问题"。日本市场研究所董事长松田九一认为："厌消费带来的不仅仅是负面影响。这一代人抑制支出产生的结果是存款数额的增加。随着社会老龄化的推进和老年人收入的降低，存款等资产的耗尽会导致储蓄率降低，进而会使投资在设备等硬件上的资金不足。"[1]日本的经验和教训表明，生育率降低和年轻一代消费减少会影响经济长期增长趋势。与此同时，随着信息社会、智慧社会的到来，人们的消费方式也在发生变化，这些都会对经济持续增长产生影响。要鼓励年轻一代奋发向上，"特别是勤奋，作为支撑社会发展的价值及伦理受到极大重视"[2]。

---

[1] ［日］松田久一：《下一个十年，消费崩盘的年代》，盛凯译，南方出版社 2011 年版，第 15 页。

[2] ［日］松田久一：《下一个十年，消费崩盘的年代》，盛凯译，南方出版社 2011 年版，第 15 页。

结 语

前进道路上不会一帆风顺，中国式现代化绝不是轻轻松松、敲锣打鼓就能实现的。习近平总书记在党的二十大报告中明确指出："我们必须增强忧患意识，坚持底线思维，做到居安思危、未雨绸缪，准备经受风高浪急甚至惊涛骇浪的重大考验。"①前进道路上，我们必须牢牢把握以下重大原则：坚持和加强党的全面领导、坚持中国特色社会主义道路、坚持以人民为中心的发展思想、坚持深化改革开放、坚持发扬斗争精神。"五个重大原则"既是以习近平同志为核心的党中央立足中华民族伟大复兴战略全局和世界百年未有之大变局向全党全国各族人民奋进新征程发出的号令，也是我们全面建设社会主义现代化国家、实现第二个百年奋斗目标、实现中华民族伟大复兴的根本遵循，同时为我们在新发展阶段，在中国式现代化建设中不断提高人民生活品质指明了方向。

■ 参考文献

《马克思恩格斯全集》第 23 卷，人民出版社 1972 年版。

习近平：《高举中国特色社会主义伟大旗帜 为全面建设社会主义现代化国家而团结奋斗——在中国共产党第二十次全国代表大会上的报告》，《人民日报》2022 年 10 月 26 日。

---

① 习近平：《高举中国特色社会主义伟大旗帜 为全面建设社会主义现代化国家而团结奋斗——在中国共产党第二十次全国代表大会上的报告》，《人民日报》2022 年 10 月 26 日。

《习近平在参加青海代表团审议时强调　坚定不移走高质量发展之路　坚定不移增进民生福祉》，《人民日报》2021 年 3 月 8 日。

《2022 年我国经济总量稳居世界第二，同比增长 3%》，2023 年 1 月 18 日，见 http://www.scio.gov.cn/34473/34474/Document/1735804/1735804.htm ；《国家统计局：2022 年全国居民人均可支配收入 36883 元》，2023 年 1 月 17 日，见 http://www.ce.cn/xwzx/gnsz/gdxw/202301/17/t20230117_38351935.shtml。

《中共中央关于党的百年奋斗重大成就和历史经验的决议》，2021 年 11 月 16 日，见 http://www.gov.cn/zhengce/2021-11/16/content_5651269.htm。

《中共中央政治局常务委员会召开会议　听取近期新冠疫情防控工作情况汇报　中共中央总书记习近平主持会议》，2023 年 2 月 16 日，见 http://politics.people.com.cn/n1/2023/0216/c1024-32625311.html。

［印］阿马蒂亚·森等：《生活水准》，徐大建译，上海财经大学出版社 2007 年版。

［瑞士］布伦诺·S. 弗雷、阿洛伊斯·斯塔特勒：《幸福与经济学：经济和制度对人类福祉的影响》，静也译，北京大学出版社 2006 年版。

［德］克劳斯·施瓦布、［法］蒂埃里·马勒雷：《后疫情时代：大重构》，世界经济论坛北京代表处译，中信出版社 2020 年版。

［日］松田久一：《下一个十年，消费崩盘的年代》，盛凯译，南方出版社 2011 年版。

效率与公平实现
动态统一的制度基础和价值支撑

王金柱[*]

习近平总书记在学习贯彻党的二十大精神研讨班开班式上强调："推进中国式现代化是一个系统工程，需要统筹兼顾、系统谋划、整体推进，正确处理好顶层设计与实践探索、战略与策略、守正与创新、效率与公平、活力与秩序、自立自强与对外开放等一系列重大关系。"效率与公平，是推进中国式现代化必须处理好的一对基本矛盾。我们党自改革开放以来，以解放和发展社会生产力为主要任务，基本遵循"效率优先、兼顾公平"的原则，极大地促进了社会主义市场经济的发展。伴随时代发展、社会进步，公平问题越来越引起人们的关注与重视。党的十八大以来，中国特色社会主义进入新时代，我国社会主要矛盾已经转化为人民日益增长的美好生活需要和不平衡不充分的发展之间的矛盾，实现更高质量的效率和更高层次的社会公平越来越具有现实紧迫性。

扫码听全文

---

* 王金柱，中共中央党校（国家行政学院）党建教研部教授、党建原理教研室主任。

在推进中国式现代化和中华民族伟大复兴的新征程上，有必要对效率与公平的关系从理论和政策上重新思考、科学定位。

正确把握效率与公平的辩证统一关系

效率与公平是辩证统一的关系，都是从属于一定生产方式下的特定范畴，共生于社会生产过程中。一方面，公平是提高效率的前提。效率的提高不是一个自发的过程，依赖于公平的规范约束。公平的规范约束既包含在市场竞争过程之中，也包含在市场竞争之后。从公平的市场竞争意义上说，就是要求和规定每一个经济主体都能够在机会均等的原则下获取生产资料；都能够在机会均等的条件下参与市场竞争；其所承担的赋税等义务也应当是均等的。另一方面，效率为公平的实现创造必要条件。公平作为一种社会规范和价值判断，一个首要的前提就是经济效率的提高。没有效率的提高，没有生产力的不断发展，就不可能出现真正意义上的公平理念和促进社会公平的体制机制。公平与效率既是相辅相成的，也是相对的。在某一时期，维护和保障公平可以促进效率的提升，但过于公平又会降低效率。

一、经济学视野下效率与公平的核心要义

从经济学视角看，效率是指产出与投入的比率，反映的是资源配置的有效性或资源利用的有效程度，效率高意味着资源配置达到最优状态。引申到全社会范畴，就是实现人尽其才、物尽其用，社会上不

存在任何资源浪费现象，每个劳动者都能达成经济收入最大化的预期。在一定结构或状态的资源配置情况下，产出投入比是确定的。资源的配置受社会制度即国家一系列法律、政策、规定的影响，其中最有决定意义的是资源的所有制形式和经营机制。社会主义市场经济体制的建立和完善，最基本的任务之一就是建立合理的产权制度、提高资源配置效率。伴随人类社会发展，经济增长与资源不足的矛盾日益突出。如果没有一种有效率的资源配置制度，就会加剧资源稀缺的压力，从而影响人类的生存和发展。从这个意义上说，提高效率首先意味着保护和有效地利用资源。早在1995年，党的十四届五中全会就提出要"实行两个具有全局意义的根本性转变"——经济体制从传统的计划经济体制向社会主义市场经济体制转变、经济增长方式从粗放型向集约型转变。其中，要求经济增长方式由粗放型向集约型转变，目的是将过去那种只靠消耗资源提高生产效率的思路和做法，转变为依靠优化资源配置提高生产效率、实现经济增长。

谈到公平，离不开分配问题。其中收入分配或生活资料分配，关乎人民群众的切身利益，与社会公平关系最为直接。就原则意义上讲，公平是指收入分配所依据的客观的、合理的原则或规则，如按劳分配、按资分配、等价交换等。①劳动的过程不仅是创造财富的过程，而且也是消耗能量的过程。按劳动量(包括活劳动和物化劳动)分配，是社会主义收入分配中必须坚持的公平原则之一，也是保证社会生产过程中能量守恒的客观要求。就实质意义上讲，公平是一种关系范

---

① 徐钦智：《论构建社会主义和谐社会中效率与公平的定位问题》，《东岳论丛》2005年第4期。

畴，它的作用在于调节、规范一定社会范围内人们之间的收入分配关系，使社会上所有个人的集合，单个个人的收入和其付出的体力和脑力劳动总和的比例系数相等。[①] 简言之，就是使付出相同劳动量的人们收入均等化。公平是相对的，公平的程度，即一定范围的社会群体内公平的实现，是市场调节的结果。从这个意义上讲，市场机制、等价交换，不仅仅是互通有无，更重要的是通过它实现劳动的价值、缩小社会成员的劳动收入差距，从而调动劳动者的积极性和创造性。公平的作用，对于微观部门是如此，对于整个社会更是如此。

二、追求效率与公平的动态统一是社会主义的内在要求

在社会主义社会，效率与公平是一对非对抗性的矛盾，追求效率与公平的动态统一是社会主义的内在要求。邓小平同志指出："社会主义的本质是解放生产力，发展生产力，消灭剥削，消除两极分化，最终达到共同富裕。"[②]"解放生产力，发展生产力"需要效率；"消灭剥削，消除两极分化，最终达到共同富裕"离不开公平。社会主义市场经济萌生和发展的实践也证明，效率和公平二者不可偏废，但不同时期又有所侧重。改革开放前我国实行绝对平均的分配方式，只讲公平不讲效率。改革开放以后逐步引入了商品、市场概念，提出建立社会主义市场经济体制，强调让市场引导资源配置，社会生产力得到了巨大发展。但与此同时，也引发了收入分配、就业、"三农"、社会保

---

① 徐钦智：《论构建社会主义和谐社会中效率与公平的定位问题》，《东岳论丛》2005 年第 4 期。

② 《邓小平文选》第三卷，人民出版社 1993 年版，第 373 页。

障、资源环境等领域的一些失衡和矛盾。党的十八大以来，以习近平同志为核心的党中央科学把握我国发展大势，不断解放和发展社会生产力，持续创造和积累社会财富，并通过完善收入分配制度，促进基本公共服务均等化，实施供给侧结构性改革，在一定程度上缓解了地区差距、城乡差距、收入差距日益扩大的问题，引领中国经济迈上更高质量、更有效率、更加公平、更可持续、更为安全的发展之路。以上制度安排的变化，恰恰体现了效率与公平之间存在的一种受客观条件限制的动态平衡机制。

在社会主义社会，尽管效率与公平的关系总体上是统一的，但二者也有矛盾的方面，有时是不可兼得的。比如，对高收入者征税和对低收入者补助，虽然会在一定程度上影响微观效率，但这些是促进社会公平的重要举措。又如，在利益至上的市场思维影响下，市场竞争可能会扩大社会成员的收入差距，但为了促进社会生产力的发展，使整个社会保持生机与活力，有时可能需要牺牲一定意义上的公平。进一步地，如何正确处理效率与公平的关系，在公平与效率的配置上作出恰当的安排，是任何国家在现代化建设中都必须认真解决的治理难题。

推进中国式现代化对效率与公平提出新的时代课题

中国的现代化进程自 19 世纪 60 年代洋务运动就开始启动，之后虽步履维艰，但在 20 世纪 70 年代末实行改革开放后迈出了重要一步，并且取得了举世瞩目的成绩。公平与效率这一理论问题伴随改革开放以来的现代化进程不断引起人们的关注和讨论。

一、改革开放以来对效率与公平问题的认识和探究

我国自改革开放以来对效率与公平关系的认识经历了由浅入深、由片面至逐步全面的过程。改革开放之初，平均主义分配模式被打破，调动广大劳动者的积极性和创造性，提高经济发展效率成为彼时的重要任务。在这样的政策导向和社会氛围中，理论界"效率决定论"和"公平与效率冲突论"占据了主流地位。20世纪90年代以后，随着经济持续发展，人们的收入差距由小变大，党和政府在继续强调经济效率优先的同时，开始考虑保护低收入者的利益，对原来只强调效率优先的分配政策进行适当调整，理论界"效率优先、兼顾公平"的提法逐渐占据主导地位。进入21世纪后，收入差距扩大，逐渐接近国际警戒线，而且还有继续扩大的趋势，社会矛盾增多，潜在的不稳定性因素增加，党和政府在强调按市场规则做好一次分配的同时，加大了税收等经济杠杆对收入分配的调节力度，促进社会公平。理论界开始对"效率优先、兼顾公平"这一提法进行反思，出现了"统一论""重新组合论"和"逐步并重论"等观点，注重效率与公平的协调发展。

可见，第一阶段学术界主要关注效率与公平之间的对立性，否认它们之间的内在统一性，把效率与公平看成是非此即彼、"鱼和熊掌不可兼得"的关系。第二阶段开始从效率与公平的对立思维束缚中冲决出来，进行辩证思考，但仍然带有片面性，没有认识到二者之间有相互促进、相互制约的一面，还没有完全突破"效率优先、兼顾公平"

的思维定式。第三阶段的认识更加辩证，不再是笼统地争论效率与公平谁先谁后，而是强调依据我国经济社会发展的实际情况，在对立统一中把握效率与公平的关系，要求对效率与公平进行重新组合或逐步过渡，达到效率与公平协调发展的目的，由此我们对效率与公平的认识提高到一个新的层次。①

二、推进中国式现代化亟待深化对效率与公平问题的研究

如前所述，长期以来，学术界把关注点集中在效率与公平哪一个更重要、哪一个更优先的问题上。效率与公平是人类追求的双重价值目标，它们之间是对立统一的辩证关系。这种关系在不同的时期、不同的地点和不同的条件下，有不同的对应和组合关系，并以时间、地点和条件为转移，不能简单机械地分出谁先谁后，而是要动态地、立体地将它们的关系放到经济社会发展的背景下考察。以全体人民共同富裕为重要特征的中国式现代化，对效率和公平提出了一系列更深刻的问题，包括在推进中国式现代化的进程中，应该坚持什么样的公平观与效率观，让现代化建设成果更多更公平地惠及全体人民。

第一，推进中国式现代化，亟待加强对全面公平观的研究。长期以来，大多数研究对公平的理解建立在一般意义上效率与公平的关系，主要局限于分配领域；既没有区分各个方面和各个层次上的公平，也没有从全局着眼，把握全面的公平。美国著名政治学家乔·萨托利认为平等（公平）至少有五个方面的指向：一是政治上的平等（公

---

① 王桂英：《效率和公平关系的再认识》，《经济研究导刊》2008 年第 17 期。

平），使每个人都享有平等的政治权利；二是社会平等（公平），使每个人都有相同的社会尊严，即免受社会歧视的权利；三是机会均等的平等（公平），使每个人都有靠自己的努力和贡献获得利益的权利；四是起点的平等（公平），使每个人从一开始就有足够的权利（物质条件）以便得到相同的能力而与其他人并驾齐驱；五是经济的相同性，即不给任何人优于别人的权利（经济特权）。中国式现代化是全体人民共同富裕的现代化，既要创造效率，又要有效地维护和促进社会公平正义：一是就业和发展机会的公平，特别是要创造更公平的受教育机会；二是市场进入条件的公平；三是政府办事原则的公平，杜绝办事讲关系、图好处；四是法律规则的公平，健全社会公平正义法治保障；五是区域和城乡一体化的公平，在推进乡村振兴和新型城镇化的过程中逐步消除城乡差别。

第二，推进中国式现代化，亟待加强对整体效率观的研究。效率有局部效率与整体效率之分，局部效率或者微观效率固然要提高，但整体效率的提升更为重要。以损害整体效率、影响整体发展为代价取得的局部效率或者微观效率，不是真正的效率。如果只片面地追求局部效率或者微观效率，任由企业、公司等微观经济单元粗放式发展，不仅会造成国家资源的浪费，影响可持续发展目标，而且会增加社会就业压力和社会保障负担，甚至危及社会稳定乃至子孙后代的长远利益。有什么样的发展观和发展理念就有什么样的效率观。在推进中国式现代化进程中，必须坚持新发展理念，牢牢把握高质量发展方向，把经济效率与社会效益、经济发展与人的自身发展协调起来，消减人与人、人与自然的紧张关系，发挥包括多重经济价值在内的综合性的积极效用，促进经济社会持续、健康、协调发展。效率观的研究除了要关注社会生产中的资源投入与产品产出的高比例或高生产率，而且要体现包括市场分配、政府调控在内的分配方式所带来的社会经济持续增长、贫富差距逐渐缩小、就业更加充分等综合指标。

第三，推进中国式现代化，亟待从多维度对效率与公平进行深入研究。首先，要从历史与逻辑相一致的维度研究效率与公平问题。历史从哪里开始，逻辑就从哪里延伸，不同历史时期有不同的公平与效率观，有不同的效率与公平的组合。在以中国式现代化全面推进中华民族伟大复兴的新征程上判断、确定效率与公平的组合，主要看对社会历史发展是否起推动作用，是否代表最广大人民的根本利益，是否有益于国家的可持续发展。其次，要从实现机制维度研究效率与公平的关系。在推进中国式现代化进程中，处理好效率与公平的关系，实现二者的动态平衡、良性互动，需要政府和市场协同发力、初次分配与再次分配共同作用。展开来说，初次分配要充分发挥市场的作用，鼓励社会大众通过诚实劳动、合法经营获得更多财富；再次分配要强化政府对收入分配的调节功能，制定科学的收入分配调节方案，合理调节收入差距，防止收入差别过大；同时要重视规范市场秩序，鼓励通过正当途径追求效率，形成提高效率的长效机制。最后，要从制度层面进一步规范效率与公平的关系。制度文明是一个社会成熟的标尺，在推进中国式现代化进程中如何建立和完善适应社会主义市场经济的各项制度，规范市场行为，形成公平有序的竞争态势，对实现效率与公平双重价值目标具有十分重要的意义，也是深化效率与公平研究的一个新的切入点。

夯实效率与公平动态统一的制度基础和价值支撑

习近平总书记在学习贯彻党的二十大精神研讨班开班式上指出，中国式现代化"既要创造比资本主义更高的效率，又要更有效地维护社会公平，更好实现效率与公平相兼顾、相促进、相统一"。这离不开社会主义市场经济的健康发展，为此要构建高水平社会主义市场经济体制，将社会主义制度的公平性与市场经济的高效率有机结合起来，进一步增强经济社会生机活力。

一、公有制和市场经济有机结合是效率与公平动态统一的重要基础

实现超越资本主义的效率与公平目标是社会主义的题中应有之义。在资本主义条件下，激烈的市场竞争虽然带来了社会生产力的迅速发展，但也加剧了社会两极分化，引发了深刻的社会矛盾，突出表现为成千上万的农民失去了赖以生存的土地，成为游民无产者，衣食无着、处境悲惨。于是，一些思想界的先驱人物纷纷开始抨击当时普遍出现的社会不公，并提出了对理想社会的种种设想，这就是社会主义思潮的最初萌芽。在形形色色的社会主义思潮中，马克思创立的科学社会主义以追求没有剥削、没有压迫和共同富裕、共同享有的新社会为目标。在马克思看来，当资本主义发展到一定程度，生产关系已经阻碍生产力发展的时候，社会主义必然会代替它。社会主义生产关系更能适应生产力发展的要求，社会主义制度必然会有比资本主义更

高的效率。① 由此可见，社会主义思想正是为了克服资本主义社会弊病而生的，并追求比资本主义更高的效率和更好的公平。为了将社会主义从空想变成现实，世界范围内社会主义国家前赴后继开展了创造性探索实践。

苏联作为世界上第一个社会主义国家，试图通过公有制、计划经济克服资本主义的种种弊端，以创建比资本主义更有效率和更为公平的社会主义生存方式。苏联模式在特定的历史条件下促进了经济社会快速发展，也为苏联军民夺取反法西斯战争的胜利创造了有利条件，但由于不尊重经济发展客观规律，随着时间推移，这些举措的弊端日益凸显，成为阻碍经济社会发展的体制障碍。新中国成立后，面对一穷二白、生产力严重落后的国情民情，我国效仿苏联建立了高度集中的计划经济体制，促进了国民经济快速发展。随着 20 世纪 80 年代末 90 年代初国内国际形势变化，我国又创造性地把公有制和市场经济结合起来，逐步建立起社会主义市场经济体制，为效率与公平双重价值目标的实现奠定了制度基础。一方面，在社会主义公有制条件下，人们对生产资料的所有关系是平等的，这就避免了私有制条件下少数人凭借生产资料所有权占有社会剩余产品的绝大部分，从而更好地维护和促进了社会公平正义。另一方面，市场经济以市场竞争为运行基础，是一种充满活力和效率的经济形态。个人和企业为了自身利益的最大化而展开竞争，促使技术不断进步、管理水平不断提高、各种资源的使用效率不断提高。我国改革开放以来取得的伟大成就充分说

---

① 程传兴：《社会主义公平与效率的实现条件》，《河南大学学报（社会科学版）》2004 年第 6 期。

明，将公有制与市场经济有机结合，就能够实现比资本主义更高的效率和更好的公平。

社会主义市场经济体制是中国特色社会主义的重大理论和实践创新，是社会主义基本经济制度的重要组成部分。随着中国特色社会主义进入新时代，社会主要矛盾发生变化，经济由高速增长阶段转向高质量发展阶段，需要在更高起点、更高层次、更高目标上推进经济体制改革及其他各方面体制改革，构建更加系统完备、更加成熟定型的高水平社会主义市场经济体制，为在推进中国式现代化进程中实现效率与公平的动态统一创造条件。一是必须完善生产条件的分配与财产权的制度安排。马克思指出："消费资料的任何一种分配，都不过是生产条件本身分配的结果。"① 财产权制度是人类社会的基本法律制度，是分配制度深层次的决定因素。收入分配与产权是紧密相连的，只有改革和完善产权制度，才能从根本上解决好各种分配问题，形成全体人民各尽其能、各得其所而又和谐相处的社会氛围。有了劳动力产权的保护和实现，才有按劳分配制度；有了其他生产要素产权的保护和实现，才有按要素分配制度。二是必须坚持市场化改革方向，保护好各类市场主体的权益，充分调动他们的积极性，在更大程度上发挥市场在资源配置中的决定性作用。三是在市场化改革中必须坚持走社会主义道路，把市场经济建立在生产资料公有制基础之上，毫不动摇地坚持以公有制经济为主体。四是健全完善按劳分配与按生产要素分配相结合的分配制度，这是公有制与市场经济相结合的必然要求，

---

① 《马克思恩格斯选集》第 3 卷，人民出版社 2012 年版，第 365 页。

并从分配方面为实现效率与公平的动态统一奠定了制度基础。

二、科学划分政府和市场的边界是实现效率与公平动态统一的充分保证

政府调控和市场机制是实现效率与公平动态统一的具体手段，如何处理政府和市场的关系、合理划分政府与市场的边界，是市场经济发展中难以回避的问题。市场经济是一种有效率的经济形态，但它自身也是有缺陷的，它的缺陷需要政府去弥补。第一，市场经济的自发性引导着市场主体完全根据价格的涨落决定自己的生产和经营活动，可能会造成供给失衡乃至经济波动，需要政府运用宏观调控手段调节社会总供求；第二，市场经济的盲目性驱动着企业不断扩大生产规模，最终形成市场垄断，这既会降低效率又会损害公平，需要政府制定严格的法律制度，规范市场主体之间的竞争行为，维护良好的市场秩序；第三，市场竞争的趋利性诱使市场主体的价值取向发生扭曲，趋向个体化和本位化，从而引发一系列社会问题，如收入差距扩大、社会矛盾加剧、资源环境恶化等等，需要政府对市场行为进行监管，维护社会公平正义；此外，市场还不能有效地提供公共产品，不能解决外部性问题，这必须由政府来解决。总之，市场经济需要政府发挥宏观调控作用，但政府干预过多，也会妨碍市场机制发挥作用，降低经济效率。

第二次世界大战以来，世界范围内主要市场经济国家对经济活动的干预时多时少，总的趋势是不断加强，但方式方法在不断调整。我国作为一个发展中国家，和其他许多发展中国家和后工业化

国家一样，在推进工业化的过程中面临着本国企业在国际市场上竞争力不强、市场发育滞后、技术和管理水平落后等一系列困难和问题，这些都需要政府有更多的作为。再加上，我国人口众多、区域城乡发展差距明显，政府理应在维护和促进社会公平方面发挥更大的作用，为此要坚决反对以发挥市场在配置资源中的决定性作用为由，忽视政府对经济的宏观调控作用，搞自由放任的市场经济的做法。但也要清醒地认识到，政府干预是有边界的，不能妨碍市场机制发挥作用。在经济体制转轨阶段、在市场发育尚不成熟的一些方面，可以由政府进行调节，但更应该创造条件让市场发挥作用，只要市场能够发挥作用的领域，就要交给市场处理，为此要坚决反对以市场机制不完善为借口，任意扩大政府管理职能，过多干预微观经济主体活动的行为。

三、推进全体人民共同富裕是实现效率与公平动态统一的价值旨归

共同富裕是社会主义的本质要求，是中国式现代化的重要特征。共同富裕集中体现了效率与公平的辩证统一关系。一方面，共同富裕不是部分人、大部分人的富裕，而是全体人民在平等权利基础上普遍享有的富裕，是能够不断满足人民日益增长的物质生活和精神文化需要的富裕。在这样的目标指引下，广大劳动者的积极性、主动性才能得到充分调动，经济社会发展效率才能得到持续提升。另一方面，共同富裕不等于社会成员完全平均或同步富裕。习近平总书记深刻指出："我们要实现14亿人共同富裕，必须脚踏

实地、久久为功，不是所有人都同时富裕，也不是所有地区同时达到一个富裕水准，不同人群不仅实现富裕的程度有高有低，时间上也会有先有后，不同地区富裕程度还会存在一定差异，不可能齐头并进。"倘若将共同富裕狭隘地等同于同时富裕、同步富裕、同等富裕，既不科学，也不现实，势必影响效率的提高，最终走向共同富裕的反面。

邓小平同志在南方谈话中指出："走社会主义道路，就是要逐步实现共同富裕。共同富裕的构想是这样提出的：一部分地区有条件先发展起来，一部分地区发展慢点，先发展起来的地区带动后发展的地区，最终达到共同富裕。"① 从我国推进中国式现代化和共同富裕的实践看，适当偏重"效率"和"部分先富"的第一步战略目标已经基本实现。社会生产力和综合国力大幅提升，人民生活水平和社会保障水平显著提高，经济总量跃升到世界第二位，社会结构发生了显著分化，中等收入群体的规模超过4亿多人。如今，注重"公平"，加快推动"先富带后富"的第二步战略目标成为重要任务。也就是说，现阶段应该对公平问题给予更多关注，协调好效率与公平之间的关系。展开来说，要健全和完善收入分配调节机制，把更加注重社会公平作为完善分配制度、加大调节收入分配力度、缓解收入差距扩大趋势的重要政策取向，保护合法收入，取缔非法收入，整顿不合理收入，调节过高收入；要想方设法扩大中等收入群体规模，聚焦重点人群和突出问题，采取有针对性的措施进一步优化社会结构，促进社会整体转

---

① 《邓小平文选》第三卷，人民出版社 1993 年版，第 373—374 页。

型；要强化就业优先政策，推动投资、消费、产业、区域等政策与就业政策衔接配套，千方百计拓宽就业渠道，扩大就业容量，稳步提升就业质量，努力实现更加充分、更高质量就业。

■ 参考文献

《马克思恩格斯选集》第 3 卷，人民出版社 2012 年版。

《邓小平文选》第三卷，人民出版社 1993 年版。

徐钦智：《论构建社会主义和谐社会中效率与公平的定位问题》，《东岳论丛》2005 年第 4 期。

王桂英：《效率和公平关系的再认识》，《经济研究导刊》2008 年第 17 期。

程传兴：《社会主义公平与效率的实现条件》，《河南大学学报（社会科学版）》2004 年第 6 期。

在理论和实践的创新
中推进中国式现代化

中国式现代化是坚持"把马克思主义基本原理同中国具体实际相结合、同中华优秀传统文化相结合"的重大理论创新和实践创举。要在正确处理好顶层设计与实践探索、战略与策略、守正与创新、效率与公平、活力与秩序、自立自强与对外开放等一系列重大关系中深刻理解中国式现代化的理论特质和实践品格，并在持续的理论和实践创新中深化拓展中国式现代化。

以系统观念整体推进中国式现代化

任　洁[*]

　　党的二十大确定了全面建成社会主义现代化强国、实现第二个百年奋斗目标，以中国式现代化全面推进中华民族伟大复兴的使命任务。中国式现代化是强国建设、民族复兴的唯一正确道路。推进中国式现代化是一项伟大而艰巨的事业，没有既定模式可以参考、没有现成经验可以借鉴、没有外部力量可以依赖，必须坚持独立自主、自立自强，掌握科学思想方法和工作方法加以推进。习近平总书记在学习贯彻党的二十大精神研讨班开班式上发表了重要讲话，立足党和国家事业发展全局强调："推进中国式现代化是一个系统工程，需要统筹兼顾、系统谋划、整体推进，正确处理好顶层设计与实践探索、战略与策略、守正与创新、效率与公平、活力与秩序、自立自强与对外开放等一系列重大关系。"这些重大关系，既辩证统一又一脉相承，既着眼长远又脚踏实地，充分体现了马克思主义唯物辩证的思想方法，是我们党

扫码听全文

---

　*　任洁，中国社会科学院马克思主义研究院研究员。

对推进中国式现代化认识的进一步深化，为达至全面建成社会主义现代化强国这一"过河"的目标，解决了"桥"和"船"的问题。

系统观念的马克思主义理论渊源

依照马克思主义哲学的观点，万事万物相互联系、相互依存，共同构成与外部环境相互影响的具有特定结构和功能的有机整体。系统就是用来标志事物联系和发展特定形式的重要范畴。而系统观念就是从总体性的角度看待系统与要素、要素与要素、结构与层次、系统与环境之间的关系，并从这些关系的相互作用和相互联系的动态过程中认识事物、把握规律，进而从总体上实现事物结构和功能的优化。

马克思的"社会机体"思想集中体现了观察事物、分析解决问题的系统性方法论。马克思运用系统性方法论，对资本主义社会这一复杂系统的经济运行和阶级发展趋势进行了深刻剖析，并在此基础上揭示了资本主义必然灭亡、社会主义必然胜利的历史发展规律。在《哲学的贫困》一书中，马克思最早提出了"社会机体"范畴。他指出，每一个社会中的生产关系都是一个统一的整体，而社会就是"一切关系在其中同时存在而又互相依存的社会机体"[①]。在《雇佣劳动与资本》一书中，马克思对"社会机体"的相关思想做了更为明确的阐述，并在此基础上揭示了社会经济形态发展演进的客观规律。马克思

---

① 《马克思恩格斯文集》第1卷，人民出版社2009年版，第604页。

说："各个人借以进行生产的社会关系，即社会生产关系，是随着物质生产资料、生产力的变化和发展而变化和改变的。生产关系总合起来就构成所谓社会关系，构成所谓社会，并且是构成一个处于一定历史发展阶段上的社会，具有独特的特征的社会。古典古代社会、封建社会和资产阶级社会都是这样的生产关系的总和，而其中每一个生产关系的总和同时又标志着人类历史发展中的一个特殊阶段。"① 至此，马克思关于生产力与生产关系辩证运动的规律以及社会经济形态的表述，达到了在《〈政治经济学批判〉序言》之前最为精确的水平。同时，这也是马克思主义社会系统的概念。在《资本论》第一卷的第一版序言中，马克思对"社会机体"思想做了进一步阐述："现在的社会不是坚实的结晶体，而是一个能够变化并且经常处于变化过程中的有机体。"② 在这里，马克思明确指明了社会机体所具有的变化发展的特性，是运用系统性方法论观察分析资本主义社会经济运行和阶级状况得出的科学结论。可以说，马克思主义关于社会机体的思想与系统观念具有内在一致性，社会机体思想本身就是马克思运用系统观念和整体性思维考察社会结构和历史发展规律的思想。恩格斯在借鉴现代自然科学成果的基础上，更为明确地使用了"系统"这一概念，指出"关于自然界所有过程都处在一种系统联系中的认识，推动科学到处从个别部分和整体上去证明这种系统联系"③。

列宁在继承发展马克思社会机体思想的基础上，进一步提出社会

---

① 《马克思恩格斯文集》第 1 卷，人民出版社 2009 年版，第 724 页。
② 《马克思恩格斯文集》第 5 卷，人民出版社 2009 年版，第 10—13 页。
③ 《马克思恩格斯文集》第 9 卷，人民出版社 2009 年版，第 40 页。

是一个"活的机体"的思想，并认为研究社会机体的方法就是辩证法。列宁指出："马克思和恩格斯称之为辩证方法（它与形而上学方法相反）的，不是别的，正是社会学中的科学方法，这个方法把社会看做处在不断发展中的活的机体（而不是机械地结合起来因而可以把各种社会要素随便配搭起来的一种什么东西），要研究这个机体，就必须客观地分析组成该社会形态的生产关系，研究该社会形态的活动规律和发展规律。"① 列宁关于"活的机体"的思想，是对马克思社会机体思想的科学总结，也是把握系统观念和辩证法思想的重要理论依据。

从方法论角度看，坚持和运用系统观念认识世界和把握规律，就是要坚持发展地而不是静止地、全面地而不是片面地、系统地而不是零散地、普遍联系地而不是单一孤立地认识和处理问题。也因此，唯物辩证法与系统观念具有内在一致性，但是二者具有不同侧重点。唯物辩证法比较侧重于从客观事物的内在联系去把握事物、认识问题和解决问题，系统观念更侧重于运用整体性思维分析事物的本质和内在联系，实现对事物发展规律的整体把握。

运用系统观念分析和解决问题，是中国共产党人始终坚持的优良传统和宝贵经验

"工欲善其事，必先利其器。"领导干部无论从事什么工作，最要

---

① 《列宁专题文集·论辩证唯物主义和历史唯物主义》，人民出版社 2009 年版，第 185 页。

紧的是要掌握科学的思想方法和工作方法。习近平总书记在纪念马克思诞辰 200 周年大会上指出："我们要坚持和运用辩证唯物主义和历史唯物主义的世界观和方法论，坚持和运用马克思主义立场、观点、方法，坚持和运用马克思主义关于世界的物质性及其发展规律，关于人类社会发展的自然性、历史性及其相关规律，关于人的解放和自由全面发展的规律，关于认识的本质及其发展规律等原理，坚持和运用马克思主义的实践观、群众观、阶级观、发展观、矛盾观，真正把马克思主义这个看家本领学精悟透用好。"中国共产党在百余年奋斗历程中，在革命、建设、改革各个历史时期，始终注重坚持和运用马克思主义的世界观和方法论认识世界和改造世界，一贯善于运用系统观念认识、分析、解决问题，这是中国共产党人在百年奋斗中形成的优良传统，积累的宝贵经验，体现了中国共产党人卓越的实践智慧。

在新民主主义革命时期，以毛泽东同志为主要代表的中国共产党人非常注重运用系统观念认识、分析、解决关于中国革命的一系列重大问题。1936 年 12 月，毛泽东同志在陕北的红军大学作题为《中国革命战争的战略问题》的讲演，系统阐述了中国革命战争的特点、人民战争的思想和战略方面的问题。在这次讲演中，毛泽东同志特别强调运用"全局性"思想认识中国革命问题的重要性。他说："因为懂得了全局性的东西，就更会使用局部性的东西，因为局部性的东西是隶属于全局性的东西的。"[1]1940 年 1 月，毛泽东同志在《新民主主义论》中强调，"中国革命是世界革命的一部分"[2]，而且是"无产阶

---

[1] 《毛泽东选集》第一卷，人民出版社 1991 年版，第 175 页。
[2] 《毛泽东选集》第二卷，人民出版社 1991 年版，第 666 页。

级社会主义世界革命的一部分"①。正是因为具有这种"世界历史"视野、全局视野、整体视野，才使得毛泽东同志能够正确分析中国革命与世界社会主义革命的关系，正确分析中国革命的性质问题，从而得出"中国走资本主义道路走不通"的正确结论，最终引领中国走上社会主义道路。毛泽东同志在 1937 年 8 月发表的《矛盾论》一书中提出，中国共产党人"不但要研究每一个大系统的物质运动形式的特殊的矛盾性及其所规定的本质，而且要研究每一个物质运动形式在其发展长途中的每一个过程的特殊的矛盾及其本质"②。《矛盾论》作为从哲学上对教条主义进行彻底清算的哲学著作，同样强调从系统性、整体性把握矛盾及其本质。

在社会主义建设时期，毛泽东同志运用系统观念对社会主义建设过程中需要处理好的重工业和轻工业、农业的关系，沿海工业和内地工业的关系，经济建设和国防建设的关系，国家、生产单位和生产者个人的关系，中央和地方的关系，汉族和少数民族的关系，党和非党的关系，革命和反革命的关系，是非关系，中国和外国的关系这十大关系进行了论述。这表明，毛泽东同志对中国的社会主义建设已经具有了初步的系统思想，他强调，"提出这十个问题，都是围绕着一个基本方针，就是要把国内外一切积极因素调动起来，为社会主义事业服务"③。《论十大关系》是运用系统观念阐述社会主义建设问题的经典文献。

---

① 《毛泽东选集》第二卷，人民出版社 1991 年版，第 668 页。
② 《毛泽东选集》第一卷，人民出版社 1991 年版，第 310 页。
③ 《毛泽东文集》第七卷，人民出版社 1999 年版，第 23 页。

党的十一届三中全会以后，以邓小平同志为主要代表的中国共产党人运用系统观念认识和把握改革开放大局，探索中国特色社会主义建设规律。邓小平同志指出："要提倡顾全大局。有些事从局部看可行，从大局看不可行；有些事从局部看不可行，从大局看可行。归根到底要顾全大局。"① 基于这种大局观、全局观，邓小平同志提出社会主义现代化建设涉及包括经济现代化、政治现代化、法制现代化、社会现代化、教育现代化、人的现代化等在内的多领域和多方面，"四个现代化"不是社会主义现代化建设的全部内容。社会主义现代化建设的诸多领域和方面并非孤立存在、独立发展，而是普遍联系、互相依存的关系。1980 年 1 月，邓小平同志在中共中央召集的干部会议上指出："为了建设现代化的社会主义强国，任务很多，需要做的事情很多，各种任务之间又有相互依存的关系，如像经济与教育、科学，经济与政治、法律等等，都有相互依存的关系，不能顾此失彼。"② 1982 年，党的十二大报告提出："我们在建设高度物质文明的同时，一定要努力建设高度的社会主义精神文明。这是建设社会主义的一个战略方针问题。"③ 1986 年，党的十二届六中全会首次提出"社会主义总体布局"的设想："以经济建设为中心，坚定不移地进行经济体制改革，坚定不移地进行政治体制改革，坚定不移地加强精神文明建设，并且使这几个方面互相配合、互相促进"④。1987 年，党的

---

① 《邓小平文选》第二卷，人民出版社 1994 年版，第 82 页。
② 《邓小平文选》第二卷，人民出版社 1994 年版，第 249—250 页。
③ 《十二大以来重要文献选编》（上），人民出版社 1986 年版，第 25 页。
④ 《十二大以来重要文献选编》（下），人民出版社 1988 年版，第 1173—1174 页。

十三大报告提出要"把我国建设成为富强、民主、文明的社会主义现代化国家",明确"富强、民主、文明"是社会主义现代化国家的内涵。从党的十三大开始,中国现代化的内涵和外延突破了"四个现代化",既包含了物质文明的内容,也包含了精神文明的内容,带有全面、整体发展的意涵,标志着党中央关于社会主义现代化发展战略思想的逐步成熟。

以江泽民同志为主要代表的中国共产党人运用系统观念提出推进社会主义现代化建设必须处理好的十二大关系,即改革、发展、稳定的关系,速度和效益的关系,经济建设和人口、资源、环境的关系,第一、第二、第三产业的关系,东部地区和中西部地区的关系,市场机制和宏观调控的关系,公有制经济和其他经济成分的关系,收入分配中国家、企业和个人的关系,扩大对外开放和坚持自力更生的关系,中央和地方的关系,国防建设和经济建设的关系,物质文明建设和精神文明建设的关系。[1] 这十二大关系是在改革和发展的新形势下带有全局性的重大问题。以胡锦涛同志为主要代表的中国共产党人形成了以人为本、全面协调可持续发展的科学发展观。科学发展观的提出,意味着中国共产党人已经注意到经济发展与资源、环境和人口的协调问题,注意到人与自然的和谐发展问题。在总的发展目标中,科学发展观既包括了经济、社会的发展,也包括了控制环境污染、改善生态质量这些影响长远发展的基础性条件,体现了系统的思想和工作方法。

---

① 参见《江泽民文选》第一卷,人民出版社 2006 年版,第 460—475 页。

党的十八大以来，面对"两个大局"呈现的时代特征，以习近平同志为核心的党中央坚持系统谋划、统筹推进党和国家各项事业，形成一系列新布局新方略，带领全党全国各族人民推进和拓展了中国式现代化，取得了历史性成就。在这个过程中，系统观念是具有基础性的思想和工作方法。习近平总书记在一系列重大问题上强调坚持系统观念推进工作的重要性，指出："改革开放是一个系统工程，必须坚持全面改革，在各项改革协同配合中推进"；"全面深化改革是一项复杂的系统工程，需要加强顶层设计和整体谋划，加强各项改革关联性、系统性、可行性研究"；"全面依法治国是一个系统工程，要整体谋划，更加注重系统性、整体性、协同性"；"要从系统工程和全局角度寻求新的治理之道，不能再是头痛医头、脚痛医脚，各管一摊、相互掣肘，而必须统筹兼顾、整体施策、多措并举，全方位、全地域、全过程开展生态文明建设"；"完整、准确、全面贯彻新发展理念，必须坚持系统观念。我在党的十九届五中全会、中央经济工作会议等场合多次强调了坚持系统观念问题。完整、准确、全面贯彻新发展理念，要统筹国内国际两个大局，统筹'五位一体'总体布局和'四个全面'战略布局，加强前瞻性思考、全局性谋划、战略性布局、整体性推进"。

推进中国式现代化是一项系统工程，必须坚持系统观念

"中国式现代化"是党的二十大报告的核心关键词。整个报告从指导思想、战略目标、领导力量、总体布局、实践方略、外部保障等

各个方面对全面建设社会主义现代化国家进行了总体部署。推进中国式现代化是一项系统工程，涉及改革发展稳定、内政外交国防、治党治国治军等党和国家事业的各个领域、各个方面，必须做好全局性谋划，实现质量、结构、规模、速度、效益、安全的有机统一与协调优化。只有以系统观念推进中国式现代化，处理好一系列重大关系，才能保障中国式现代化巨轮行稳致远。

第一，处理好顶层设计与实践探索的关系。不谋万世者，不足谋一时；不谋全局者，不足谋一域。中国式现代化是 14 亿多人口的超大规模现代化，国情复杂、历史悠久、文化绵长，需要深刻洞察世界发展大势，准确把握人民群众的共同愿望，深入探索经济社会发展规律，使制定的规划和政策体系体现时代性、把握规律性、富于创造性，做到远近结合、上下贯通、内容协调。同时，推进中国式现代化是一项探索性事业，还有许多未知领域，需要我们在实践中大胆探索，通过改革创新推动事业发展，决不能刻舟求剑、守株待兔。在推进中国式现代化的实践中，要处理好顶层设计与实践探索的辩证统一关系，实现二者的良性互动、有机结合。一方面要加强整体谋划、顶层设计，确保发展方向正确，防止犯颠覆性错误；另一方面要鼓励实践探索，激发创新活力，最大限度汇聚推进中国式现代化的智慧和力量。加强顶层设计不能脱离基本国情和实践需要，必须立足基层实践、扎根中国大地；进行实践探索不能一叶障目、迷失方向，必须契合顶层设计、服务全局。习近平总书记强调："治理这样一个国家很不容易，必须登高望远，同时必须脚踏实地。"登高望远要求以顶层设计定向把舵，脚踏实地要求在实践探索中踔厉奋发。

第二，处理好战略与策略的关系。凡事预则立，不预则废。战略问题是一个政党、一个国家的根本性问题。从全局、长远、大势上作出判断和决策，要增强战略的前瞻性，准确把握事物发展的必然趋势，敏锐洞悉前进道路上可能出现的机遇和挑战，以科学的战略预见未来、引领未来。要增强战略的全局性，谋划战略目标、制定战略举措、作出战略部署，必须着眼于解决事关党和国家事业兴衰成败、牵一发而动全身的重大问题。要增强战略的稳定性，战略一经形成，就要长期坚持、一抓到底、善作善成，不要随意改变。策略是在战略指导下为战略服务的，正确的战略需要正确的策略来落实。实施战略的环境条件随时都在发生变化，每时每刻都会遇到新情况新问题，所以要讲究策略、智慧和方法。正确运用战略策略是我们党创造辉煌历史、成就千秋伟业、战胜各种风险挑战、不断从胜利走向胜利的成功秘诀。我们要把战略的原则性与策略的灵活性有机结合起来，灵活机动、随机应变、临机决断，在因地制宜、因势而动、顺势而为中把握战略主动。

第三，处理好守正与创新的关系。方向决定道路，道路决定命运。在推进中国式现代化的新征程上，必须守好中国式现代化的本和源、根和魂，毫不动摇坚持中国式现代化的中国特色、本质要求、重大原则，确保中国式现代化的正确方向。实践没有止境，变化永不停息。因此，要把创新摆在国家发展全局的突出位置，顺应时代发展要求，着眼于解决重大理论和实践问题，积极识变应变求变，大力推进改革创新，不断开辟发展新领域新赛道，塑造发展新动能新优势，让创新在全社会蔚然成风。守正与创新相辅相成，体现了变与不变、继承与发展、原则性与创造性的辩证统一。唯有守正，才能不迷失方向、不犯颠覆性错误；唯有创新，才能把握时代、引领时代。守正不是墨守成规、一成不变，创新不是无本之木、无源之水。只有在创新基础上的守正，才不会故步自封，才能与时俱进、推陈出新；只有在守正基础上的创新，才不会偏离方向，才能根深叶茂、源远流长。只有坚持守正与创新的辩证统一，在守正中把稳舵盘、保持航向，在创新中寻求突破、扬帆远航，才能始终沿着正确方向推动中国式现代化行稳致远。

第四，处理好效率与公平的关系。中国式现代化是全体人民共同富裕的现代化，既要创造比资本主义更高的效率，又要更有效地维护社会公平，更好实现效率与公平相兼顾、相促进、相统一。公平要建立在效率的基础上，效率也要以公平为前提。处理好效率与公平的关系，就要做到统筹兼顾，避免顾此失彼。既不能因为片面追求效率而在客观上造成富者愈富、穷者愈穷的"马太效应"，也不能因为片面追求公平而影响社会活力的释放。只有以提升效率不断做大蛋糕，以促进公平分好蛋糕，才能实现效率与公平的辩证统一，既推动社会主义现代化事业不断发展壮大，又让每个人都能共享现代化发展成果。

第五，处理好活力与秩序的关系。活力是指旺盛的生命力，代表社会创造力的竞相迸发与个人潜力的充分发挥，主要体现为社会发展；而秩序则是指有序与稳定，主要体现为国家安全和社会稳定。活力与秩序相互影响、相互促进。中国式现代化应该既充满活力又拥有良好秩序，实现活力和秩序的有机统一。健康、良好的社会秩序是社会焕发活力的前提和保障，社会活力的奔涌则能进一步促进社会秩序的提升，活力和秩序两者相辅相成。习近平总书记深刻指出："社会治理是一门科学，管得太死，一潭死水不行；管得太松，波涛汹涌也不行。"要创造活力寓于秩序之中、秩序建于活力之上的良性循环，实现社会有序运行与社会活力迸发的有机统一和相互协调，确保中国式现代化行稳致远。

第六，处理好自立自强与对外开放的关系。既坚持独立自主、自立自强，又坚持不断扩大高水平对外开放。在自主中谋求发展、在开放中坚持自主，才能走好自己的路、办好自己的事，在中国与世界各国良性互动、互利共赢中推进中国式现代化事业发展。推进中国式现代化必须坚持独立自主、自立自强，坚持把国家和民族发展放在自己力量的基点上，坚持把我国发展进步的命运牢牢掌握在自己手中。对外开放是中国的基本国策，任何时候都不会动摇。推进中国式现代化，也需要不断扩大高水平对外开放。习近平总书记多次强调："当代中国的伟大社会变革，不是简单延续我国历史文化的母版，不是简单套用马克思主义经典作家设想的模板，不是其他国家社会主义实践的再版，也不是国外现代化发展的翻版。"没有自立自强就会随波逐流，没有对外开放就会故步自封，只有在独立自主的基础上借鉴吸收一切人类优秀文明成果，做到不忘本来、吸收外来，才能更好地开创中国式现代化的未来。

■ **参考文献**

《马克思恩格斯文集》第 1 卷，人民出版社 2009 年版。
《马克思恩格斯文集》第 5 卷，人民出版社 2009 年版。

《马克思恩格斯文集》第 9 卷，人民出版社 2009 年版。

《列宁专题文集·论辩证唯物主义和历史唯物主义》，人民出版社 2009 年版。

《毛泽东选集》第一卷，人民出版社 1991 年版。

《毛泽东选集》第二卷，人民出版社 1991 年版。

《毛泽东文集》第七卷，人民出版社 1999 年版。

《邓小平文选》第二卷，人民出版社 1994 年版。

《江泽民文选》第一卷，人民出版社 2006 年版。

《十二大以来重要文献选编》（上），人民出版社 1986 年版。

《十二大以来重要文献选编》（下），人民出版社 1988 年版。

正确把握顶层设计与实践探索的关系

郑功成 *

习近平总书记在学习贯彻党的二十大精神研讨班开班式上的重要讲话，深刻阐述了推进中国式现代化进程中需要妥善处理好的若干重大关系，而顶层设计与实践探索的关系摆在首位，显示了这一重大关系的至关重要性。

正确认识顶层设计与实践探索的辩证关系

在党的二十大报告中，习近平总书记明确提出："中国式现代化，是中国共产党领导的社会主义现代化，既有各国现代化的共同特征，更有基于自己国情的中国特色。"进而系统阐明了中国式现代化是人口规模巨大的现代化，是全体人民共同富裕的现代化，是物质文明和精神文明相协调的现代化，是人与自然和谐共生的现代化，是走和平发

---

* 郑功成，中国人民大学教授，中国社会保障学会会长。

扫码听全文

展道路的现代化。中国式现代化的本质要求与基本特征，决定了其是有别于西方现代化的社会主义现代化新路。正因如此，中国式现代化离不开科学的顶层设计，即基于国家富强、民族振兴、人民幸福的理论蓝图，同时需要通过全方位的实践探索来将蓝图付诸实施，并在这种探索中促使蓝图更加完善，进而使得中国特色社会主义大厦更加宏伟坚固。

顶层设计事关行动的理念、目标、方向与路径。如果没有科学的顶层设计，实践探索只能在迷雾中前行，这意味着存在误入歧途的风险。中国式现代化是前无古人的伟大事业，创造的是人类文明新形态，它包括物质文明、政治文明、精神文明、社会文明、生态文明的协调发展和全面提升。如果没有科学的顶层设计指引，目标与路径都会模糊化，不同系统或子系统之间也不会自动有效协同配套，顾此失彼或者厚此薄彼以及由此导致整个经济社会发展失衡的现象就很难避免，局部突进带来的不会是整体质量的提升。因此，我们需要科学的顶层设计，它应当包含社会主义的先进理念、共同富裕的目标追求、合理建构的制度体系和达到目标的基本途径。

实践探索是走向或实现目标的具体行动。一方面，实践探索为顶层设计提供着现实支撑。没有大胆的实践探索，顶层设计只能是乌托邦式的空想；有了实践探索的支撑，顶层设计才能源于实践又高于实践，才能对实践发展发挥出有效的指导作用并将蓝图变成现实。中国特色社会主义的道路自信、理论自信、制度自信、文化自信，正是基于新中国成立以来的实践探索，以及在这种实践探索中持续不断取得的巨大成功。在全面建设社会主义现代化国家的新征途上，同样需要通过实践探索才能达到理想的境界。另一方面，实践探索又检验并丰富着顶层设计。中国式现代化是一个十分复杂的系统工程，这种复杂性既来自风云变幻的国际环境，也来自我国自身发展带来的深刻变化。例如，网络技术进步及其广泛应用所带来的全面影响，我国现阶段呈现出来的老龄化、少子化人口新格局，不仅是社会发展带来的新变化，更是需要积极、妥善应对的新挑战。为此，我国不仅需要与时俱进地进行实践探索，而且需要通过实践探索与时俱进地促使顶层设计更加完善，进而确保中国式现代化朝着既定的目标、沿着正确的路径稳步前进。

综上，顶层设计与实践探索的关系是辩证统一的，在中国式现代化进程中，需要同时给予高度重视，以科学的顶层设计推动实践发展，以大胆的实践探索丰富顶层设计，通过两者的有机结合、良性互动，最终达至理想的境界。

坚持顶层设计与实践探索的辩证统一，是我国社会主义现代化建设积累的一条宝贵经验

1949 年 10 月 1 日中华人民共和国成立后，以毛泽东同志为主要代表的中国共产党人根据长期革命斗争实践积累的经验，同时吸取近代以来各种制度尝试留下的教训，以及借鉴苏联的经验，确立了建设社会主义中国的目标，定下了共同富裕的国家发展基调，并通过制定自己的宪法，明确了社会主义中国的国体、政体与基本经济社会

制度。1959 年 12 月到 1960 年 2 月，毛泽东同志完整地提出了"四个现代化"概念，即"建设社会主义，原来要求是工业现代化，农业现代化，科学文化现代化，现在要加上国防现代化"①。1964 年 12 月，周恩来同志在第三届全国人大一次会议上正式提出"四个现代化"目标以及分两步走的国家战略，首次勾画了中国现代化建设的宏伟蓝图。② 这是最早的中国式现代化顶层设计。同一时期，我国进行了艰辛的社会主义建设实践探索，很快建立起了较为完整的工业体系，开展了大规模的农田水利基础设施与城镇公共设施建设。不过，这一阶段的顶层设计中存在急于求成的因素，实践探索中也因经验不足而出现了一些偏差，如采取高度集中的计划经济体制，事实上抑制了市场与个体的活力，追求纯之又纯的公有制超越了所处的社会主义发展初级阶段，再加上西方国家的围堵，我国的现代化进程受到了不利影响，民生改善亦未达到预期目标。

1978 年后，我国进入改革开放时代，以邓小平同志为主要代表的中国共产党人基于国际国内形势的发展变化和民生改善的迫切要求，迅速确立了以经济建设为中心的社会主义现代化建设"三步走"战略，并将效果具体落实到发展生产力和改善人民物质文化生活上，体现了经济发展与人民生活改善的统一。经过党的十四大、十五大，"三步走"战略进一步丰富，形成了"两个一百年"奋斗目标，这使

---

① 中共中央文献研究室编：《毛泽东邓小平江泽民论科学发展》，中央文献出版社、党建读物出版社 2008 年版，第 19 页。

② 邓小平同志曾明确指出："我们现在讲的四个现代化，实际上是毛主席提出来的，是周总理在他的政府工作报告中讲出来的。"参见《邓小平文选》第二卷，人民出版社 1994 年版，第 311—312 页。

得中国式现代化顶层设计在大胆的实践探索中日益清晰明朗，并以持续高速增长的卓越发展成就，使我国逐渐成为并稳居世界第二大经济体。在这一阶段，顶层设计与实践探索相互呼应，中国共产党领导下的中国特色社会主义道路越走越宽广，公有制为主体、多种所有制经济共同发展，按劳分配为主体、多种分配方式并存，社会主义市场经济体制等社会主义基本经济制度越来越具活力，我国也从传统的农业国迅速成为影响世界的工业国，工业化、城市化一日千里，国民经济持续高速增长，综合国力持续大幅提升，民生改善实现了质的飞跃。不过，这一阶段也出现了经济社会发展失衡的现象，结构性矛盾、环境污染、收入差距以及人口老龄化、新技术革命带来的挑战日益显现，民生诉求在国家发展进步中全面升级。所有这些，均决定了中国式现代化还需要更加科学的顶层设计，并继续进行大胆的实践探索。

党的十八大后，中国特色社会主义进入新时代，以习近平同志为核心的党中央审时度势，进一步完善了中国式现代化的顶层设计，统筹推进"五位一体"总体布局，协调推进"四个全面"战略布局，并通过全面深化改革不断完善和发展中国特色社会主义制度、推进国家治理体系和治理能力现代化，在经济、政治、社会、文化、生态文明建设等各个方面均实现了历史性突破，取得了历史性的成就。2021年如期全面建成小康社会，实现了中华民族伟大复兴的关键性阶段目标。党的二十大将全面建成社会主义现代化强国的战略安排定为分两步走，即从2020年到2035年基本实现社会主义现代化，从2035年到本世纪中叶把我国建成富强民主文明和谐美丽的社会主义现代化强国。党的二十大为从现在起至2035年乃至本世纪中叶全面建设社会主义现代化国家描绘了清晰的蓝图，不仅保证了社会主义现代化建设大政方针的连贯性和经济社会发展的持续性，而且为中国式现代化的全面提速提供了更加清晰的行动指南。正是在科学顶层设计的指引下，新时代的实践探索也走出了新路，各种改革方案均取得了良好的效果，中国特色社会主义制度更加成熟、更加定型，政治体制更加适应中国式现代化的需要，经济发展更加具有抵御各种风险的韧性，民生发展在全面建成小康社会的新起点上开始迈向扎实推进共同富裕的新境界。

需要指出的是，顶层设计也分层次。宪法是对国体、政体和国家基本制度安排的顶层设计，国家层面的现代化战略是贯彻宪法精神、关乎国家发展全局与长远的全面性顶层设计。事实上还应当有各个系统乃至各个子系统的顶层设计，这一层级的顶层设计是对更高层级顶层设计的具体化，其对实践发展起直接推进作用，也直接接受实践的检验。以民生保障制度而言，就有教育制度、就业制度、社会保障制度、医疗卫生制度、住房制度等，这些制度各成体系又相互关联，均需要有立足长远的顶层设计，再经过具体实践的发展达到预期目标。在强调国家层级全局性、全面性顶层设计的同时，还要突出具体行业的顶层设计，并增进彼此之间的协同性，进而促使实践发展取得理想的效果。

从"一穷二白"的落后农业国起步，到全面建成小康社会，再到迈上全面建设社会主义现代化国家新征程，中华民族实现了从站起来、富起来到强起来的伟大飞跃，中国式现代化创造了经济快速发展和社会长期稳定两大奇迹。如果没有新中国成立后的顶层设计与艰辛的实践探索，我们可能还在迷雾中继续摸索；如果没有改革开放后的顶层设计与大胆的实践探索，我国不可能迅速缩小与西方发达国家的差距；如果没有新时代的顶层设计与创造性实践探索，国家发展也不可能取得如此辉煌的成就。因此，新中国成立以来，社会主义现代化建设所积累的一条宝贵经验，就是坚持顶层设计与实践探索的辩证统一。在顶层设计中，我们坚持中国共产党领导，坚持走中国特色社会主义道路，坚持以人民为中心的发展思想，坚持中国特色社会主义的根本制度、基本制度、重要制度，坚持统筹谋划国家发展大局，等等。即使是在 1990 年前后苏联解体、东欧剧变导致世界社会主义遭受重大挫折的条件下，我国也始终保持着定力并不断优化自己的顶层设计。在实践探索中，我们坚持全面深化改革，坚持理论创新、实践创新，不断破除影响或阻碍国家发展进步的体制机制障碍，持续不断地创造出了举世瞩目的发展奇迹。新中国成立以来的伟大成就和宝贵经验，为中国式现代化的确定性提供了有效的证据与有力的支撑，也为继续实践探索提供了有效且有力的依据。

面向未来需要更加妥善处理
好顶层设计与实践探索的关系

当前，我们已经行进在全面建设社会主义现代化国家的新征途上，步入了推进全体人民共同富裕的康庄大道。与此同时，我们必须充分认识到推进中国式现代化和创造人类文明新形态所具有的复杂性与艰巨性，更加妥善处理好顶层设计与实践探索的关系。

一方面，我国仍然处于社会主义初级阶段，人均国内生产总值仍然处于中等收入国家水平，仍然属于发展中国家。这意味着我国的现代化进程同样面临着西方发达国家曾经历过的发展难题及可能陷阱，同样需要有效应对当今世界共同面临的各种新的挑战，因而需要持续促进生产力发展并创造出更加丰厚的物质财富。这本身就充满着复杂性与艰巨性。另一方面，中国式现代化的基本特征决定了我国的现代化建设更加复杂与艰巨。其一，14亿多人口整体迈进现代化，不仅远远超过英国、美国等国家现代化的人口规模，而且超过了现有发达国家人口的总和。如此巨大的人口规模，决定了我国的现代化较任何其他国家的现代化都更加艰巨和复杂。其二，中国特色社会主义的本质要求，决定了中国式现代化是全体人民共同富裕的现代化，它虽然是一个长期的历史过程，但从现在开始，必须更加着力维护和促进社会公平正义，必须让国家发展成果更多更公平地惠及全体人民，在这一过程中逐渐缩小收入差距，坚决推进基本公共服务均等化，坚决防止两极分化。这一内在要求的实现，较之欧美国家的现代化显然更具难度。其三，中国式现代化是物质文明和精神文明相协调的现代化，这意味着我国要在一个压缩的时间长度内实现物质富足与精神富有同步跃升，从而不仅需要持续厚植现代化的物质基础，不断夯实人民幸福生活的物质条件，而且要大力发展社会主义先进文化，传承弘扬中华优秀传统文化，促进并最终实现人的自由而全面发展。其四，中国式现代化是人与自然和谐共生的现代化，这意味着我国的现代化不能像西方发达国家曾经经历的那样，以无止境地向自然索取甚至破坏自然来实现现代化，而是必须在促进经济发展的同时创造出良好的生态环境，走可持续发展之路，实现中华民族永续发展。其五，中国式现代化是走和平发展道路的现代化。我国不走一些国家通过战争、殖民、掠夺等血腥方式实现现代化的老路，而是以人类命运共同体倡导者、建设者的姿态，致力于推动全球和平发展，这是西方现代化国家前所未有的责任担当，同时也意味着需要付出更多艰辛努力。

中国式现代化建设面临的复杂性与艰巨性，决定了更加需要妥善处理好顶层设计与实践探索的关系，在不断完善顶层设计和全面推动实践探索上同时发力。

第一，继续完善国家现代化的多层次顶层设计。党的二十大报告、国家"十四五"规划和2035年远景目标纲要等是对推进中国式现代化的总体战略部署。我们还需要以习近平新时代中国特色社会主义思想为指引，以党和国家关于现代化建设总体战略部署为基本依据，尽快制定并完善各行各业的顶层设计。如在经济发展方面，需要制定利用我国的制度优势、人口优势、市场优势来确保高质量发展和持续增长的顶层设计，而坚持"两个毫不动摇"，尽快建立健全支持民营经济健康发展的政策体系显然具有必要性；在收入分配方面，需要立足于缩小差距、鼓励奋斗、成就幸福，尽快构建初次分配、再分配、第三次分配协调配套的制度体系；在基本公共服务方面，需要尽快制定推进基本公共服务均等化的时间表与路线图；在就业方面，需要在充分就业与提高就业质量两个方面同时发力，积极就业政策的实施同样需要有挖掘战略就业空间、调节结构性就业矛盾以及促使劳动者安居乐业的顶层设计；在社会保障方面，需要立足于高质量、可持续发展，尽快提出多层次社会保障体系建设的总体框架、功能定位及发展举措；等等。因此，面向未来完善国家层级的顶层设计，关键是将中国式现代化的目标设定、价值追求及总体部署尽快落实到各个领域的顶层设计中，同时增进相关行业的整体协同，这样才能形成更加优化的顶层设计。

第二，全面推动各领域的实践探索。习近平总书记指出："推进中国式现代化是一个探索性事业，还有许多未知领域，需要我们在实践中去大胆探索，通过改革创新来推动事业发展，决不能刻舟求剑、守株待兔。"尽管我们已经走过了摸着石头过河的年代，也可以借鉴西方发达国家的经验教训，但许多方面还需要自己创新，这些创新需要通过实践探索来检验，并在持续不断积累经验的基础上走向更加成熟、更加定型。党的十八大以来，全面深化改革即是全方位的实践探索。在政治领域，加强党的领导、完善纪检监察制度，更通过 2018 年、2023 年的党和国家机构改革促使国家治理体系更加优化；在经济领域，通过自贸区的试点实践促使对外开放水平得到提升，通过鼓励创新实践促使产业升级，通过多种试点增添了经济发展的活力；在社会领域，通过建立中央调剂金制度推动了基本养老保险全国统筹，通过推进药品价格谈判、药品带量招采以及改革医保基金支付方式等显著地增进了人民群众在医疗保障方面的获得感，等等。面向未来，这些实践探索还需要继续向纵深推进。不仅如此，新发展阶段的实践探索还包括面对新的挑战采取行动，如第四次工业革命带来的就业形态多样化，只有重构社会保障制度与财富分配格局才能更加有效地保障劳动者的合法权益，进而促使社会财富分配格局更加公平。在这方面，我国不可能再等西方发达国家先建立制度再行借鉴，而是必须同步探索甚至发挥引领作用。因此，面向未来的实践探索需要更大的勇气与智慧。

第三，进一步促进顶层设计与实践探索良性互动、有机结合。一方面，顶层设计不能脱离我国的基本国情和实践需要，要以实践探索为基础。唯有如此，才能充分发挥其所具有的设目标、把方向、定规划的优势。另一方面，实践探索要以顶层设计为指导，避免一叶障目、迷失方向，充分发挥其解决实际问题、总结成功经验的优势。正如习近平总书记指出的："要鼓励地方、基层、群众解放思想、积极探索，鼓励不同区域进行差异化试点，善于从群众关注的焦点、百姓生活的难点中寻找改革切入点，推动顶层设计和基层探索良性互动、有机结合。"如此一来，顶层设计便会更加科学化，实践探索也会取得更加丰厚的成果。

■ **参考文献**

《邓小平文选》第二卷，人民出版社 1994 年版。

中共中央文献研究室编：《毛泽东邓小平江泽民论科学发展》，中央文献出版社、党建读物出版社 2008 年版。

守正创新：中国式现代化的逻辑进路

何虎生[*]

中国式现代化是我们党领导全国各族人民在长期探索和实践中所取得的重大成果，也是我们党始终坚持守正创新，逐步探索社会主义现代化道路的现实凝练。习近平总书记在学习贯彻党的二十大精神研讨班开班式上明确指出，推进中国式现代化是一个系统工程，要正确处理好守正与创新的重大关系。新时代新征程上，深刻把握中国式现代化理论和制度的守正与创新，从理论向度、历史角度、实践维度

扫码听全文

来探索守正的内在蕴含与创新的发展历程以及二者之间的辩证关系，对于继续推进中国式现代化发展进程，开创党和国家事业发展新局面具有着重要的理论价值与现实意义。

---

* 何虎生，中国人民大学马克思主义学院教授，北京高校思想政治理论课高精尖创新中心副主任，中国人民大学中共党史党建研究院副院长；中国人民大学马克思主义学院博士研究生方亮对本文亦有贡献。

在本质探寻中深入理解
中国式现代化理论与制度的正道坚守

方向决定道路，道路决定命运。只有守正，才能在推进中国式现代化的实践中不迷失方向、不犯颠覆性错误。中国式现代化理论与制度的发展历程就是我们党在守正中把稳舵盘、保持航向的现实探索，只有深入理解中国式现代化的正道坚守，在本质探寻中深刻把握其守正根基，才能确保中国式现代化的正确方向。

一、守马克思主义之正

马克思主义是关于现实的人及其社会历史发展的学说，科学阐释了人类社会历史发展进程的客观规律，为人类提供了认识世界、改造世界的科学方法，开辟出一条通向真理的道路。我们党作为无产阶级政党，始终坚持将马克思主义作为科学指导思想和强大理论武器。习近平总书记在十八届中央政治局第四十三次集体学习时指出："马克思主义就是我们党和人民事业不断发展的参天大树之根本，就是我们党和人民不断奋进的万里长河之泉源。背离或放弃马克思主义，我们党就会失去灵魂、迷失方向。在坚持以马克思主义为指导这一根本问题上，我们必须坚定不移，任何时候任何情况下都不能动摇。"我们党百余年奋斗历程所取得的辉煌成就，根本就在于我们党始终坚持将马克思主义的科学理论作为指路明灯，并不断坚持发展，切实推进马克思主义中国化时代化。

马克思主义是中国探索现代化道路的根本守正所在。现代化是人类文明进步的客观进程，也是国家社会发展的现实追求。在马克思主义的视域下，现代化究其本质就是不断推动社会生产力的迅速发展，其践行道路总是同各国各民族所处的时期、所拥有的文化和所面对的环境紧密相连。中国式现代化理论和制度的现实实践以辩证唯物主义和历史唯物主义为基点，科学运用马克思主义所揭示的现代化规律，在超越西方现代化的同时又有效避免了西方式现代化弊端，使马克思主义真理性与科学性在中国式现代化进程中得到充分检验。可以说，马克思主义成功指引中国走上了全面建设社会主义现代化强国的康庄大道，深刻彰显出中国式现代化理论和制度实践的巨大优势。

二、守党的全面领导之正

党政军民学，东西南北中，党是领导一切的。习近平总书记在庆祝中国共产党成立 100 周年大会上的讲话中指出："中华民族近代以来 180 多年的历史、中国共产党成立以来 100 年的历史、中华人民共和国成立以来 70 多年的历史都充分证明，没有中国共产党，就没有新中国，就没有中华民族伟大复兴。"为什么中国作为世界人口大国能够坚持一盘棋，统一指挥、统一行动，推动中国特色社会主义事业展现出前所未有的光明前景，问题的答案就在把方向、谋大局、定政策、促改革的中国共产党的坚强领导之中。回首百年历程，中国共产党团结带领中国人民以不懈奋斗深刻改变了中国人民和中华民族的前途命运，实现中华民族伟大复兴进入了不可逆转的历史进程。实践充分证明，风雨来袭时，中国共产党是中国人民最可靠的主心骨；惊涛骇浪中，党的领导是党和国家事业不断发展的"定海神针"。

党的领导直接关系中国式现代化的根本方向、前途命运、最终成败。马克思指出："一个单独的提琴手是自己指挥自己，一个乐队就需要一个乐队指挥。"推进中国式现代化的"指挥"必然是中国共产党。中国特色社会主义最本质的特征是中国共产党领导，中国特色社会主义制度的最大优势是中国共产党领导。党的全面领导决定了中国式现代化的根本性质，确保了中国式现代化锚定奋斗目标行稳致远，激发了建设中国式现代化的强劲动力，凝聚了建设中国式现代化的磅礴力量，是以中国式现代化全面推进中华民族伟大复兴的根本现实基础。新时代新征程上，我们必须坚决维护党中央权威和集中统一领导，把党的全面领导落实到党和国家事业各领域各方面各环节，深刻领悟"两个确立"的决定性意义，增强"四个意识"、坚定"四个自信"、做到"两个维护"，为全面建设社会主义现代化国家而团结奋斗。

三、守中国特色社会主义道路之正

我们党在百余年奋斗中始终坚持从现实国情出发，探索并形成符合中国实际的正确道路，这是历史的选择、人民的选择、实践的选择，也是历史必然性、主体能动性和实践创造性的有机统一。从山河破碎到国泰民安，从满目疮痍到民族振兴，中国人民在中国共产党的领导下取得了一个又一个伟大胜利，中华民族迎来了从站起来、富起来到强起来的伟大飞跃，历史雄辩地证明：只有社会主义才能救中国，只有中国特色社会主义才能发展中国。习近平总书记强调："新征程上，我们一定要坚持中国特色社会主义道路，坚持党的基本理论、基本路线、基本方略，坚持自信自强、守正创新，在自己选择的正确道路上昂首阔步走下去，以中国式现代化全面推进中华民族伟大复兴。"

坚持中国特色社会主义道路是中国式现代化的重大原则之一。一个国家走向现代化，既要遵循现代化一般规律，更要符合本国实际，具有本国特色。党的二十大报告深刻阐明了中国式现代化五个基于国情的鲜明特色，展现了不同于西方现代化模式的新图景，打破了"现代化＝西方化"的迷思，为现代化理论和制度的实践发展提供了中国方案。习近平总书记指出，在推进中国式现代化前进道路上，要牢牢坚持中国特色社会主义道路，"坚持道不变、志不改"，"坚持把国家和民族发展放在自己力量的基点上，坚持把中国发展进步的命运牢牢掌握在自己手中"。中国式现代化道路摒弃了西方以资本为中心的现代化、对外扩张掠夺的现代化老路，是中国共产党领导的社会主义现代化，是立足于中国现实本身的科学实践探索。

四、守人民立场之正

江山就是人民，人民就是江山。人民是国家的主人，这是社会主义国家人民性的根本体现，也是区别于其他国家的显著特质。习近平总书记指出："人民是我们党执政的最大底气，是我们共和国的坚实根基，是我们强党兴国的根本所在。"中国共产党为什么能？一个重要原因就是我们党始终将人民作为"源"和"本"，始终坚持以人民为中心，始终得到人民的拥护和支持。从石库门到天安门，从兴业路到复兴路，我们党从成立之日起，就坚持把为中国人民谋幸福、为中华民族谋复兴作为初心使命，把人民立场作为自己的根本政治立场，团结带领中国人民为创造自己的美好生活进行了长期艰苦奋斗，推动党和国家事业发展取得辉煌成就，这深刻彰显了我们党始终尊重人民群众主体地位，始终重视人民群众磅礴力量，始终同人民群众想在一起、干在一起、风雨同舟、同甘共苦。

中国式现代化理论与制度的现实实践，始终坚持以人民为中心的发展思想。坚持人民至上是我们党一切工作的出发点和落脚点，也是中国式现代化的必然要求和应有之义。维护人民根本利益，增进民生福祉，不断实现发展为了人民、发展依靠人民、发展成果由人民共享，让现代化建设成果更多更公平惠及全体人民，这是党执政兴国的价值旨归，也是推进中国式现代化的现实指向。党的十八大以来，人民生活水平显著提高，人民生活质量显著提升，人民切实享有更好的教育、更稳定的工作、更满意的收入、更可靠的社会保障、更高水平的医疗卫生服务、更舒适的居住条件、更优美的环境，中国人民对美好生活的向往正在不断变为现实。面对全面建设社会主义现代化国家的目标任务，面对国内外复杂严峻的风险挑战，我们必须守好人民立场之正，始终保持同人民群众的血肉联系，坚持以人民为中心的发展思想，推动中国式现代化行稳致远。

在历史进程中深刻把握中国式现代化理论和制度的创新发展

创新是一个民族进步的灵魂，也是一个国家兴旺发达的不竭动

力。中国式现代化理论和制度的实践探索和不断推进，就是在继承中
发展、在守正中创新的历史过程。只有从历史角度透视中国式现代化
的嬗变历程，在历史进程中总结其创新发展的成功经验，才能不断推
动中国式现代化在理论与实践的双重维度下进一步发展完善。

一、在新民主主义革命时期

面对近代以来国破家亡的艰危困局，我们党团结带领全国各族人
民进行了艰苦卓绝的斗争，在革命实践中创造性地将马克思主义基本
原理同中国革命实际相结合，开辟了一条农村包围城市、武装夺取政
权的新民主主义革命道路，推翻了帝国主义、封建主义、官僚资本主
义三座大山，实现了民族独立、人民解放，为实现现代化创造了根本
前提和社会条件。

在理论探索上，以毛泽东同志为主要代表的中国共产党人在这个
时期对中国的现代化问题进行了初步的思考探索与理论构建。1945
年，党的七大明确提出了革命与建设的现实任务，即"中国工人阶级
的任务，不但是为着建立新民主主义的国家而斗争，而且是为着中国
的工业化和农业近代化而斗争"，并且对革命胜利以后现代化推进的
现实规划有了初步的构想——"中国人民及其政府必须采取切实的步
骤，在若干年内逐步地建立重工业和轻工业，使中国由农业国变为工
业国"，为中国式现代化的理论推进奠定了基础。

在制度实践中，民主革命时期我们党就有着领导新型人民政权建
设的初步经验，从土地革命战争时期的工农民主专政的苏维埃政权，
到抗日战争时期的"三三制"抗日民主政权，再到解放战争时期的东

北行政委员会和华北人民政府等政权机关，都是我们党在复杂战争环境下实行局部执政的伟大实践探索。在这个过程中，我们党逐步深化了在党的领导、经济、文化、司法等相关领域制度建立与制度实践的重要认识，为现代化的制度构建与实践发展提供了重要经验。

二、在社会主义革命和建设时期

1949 年新中国成立后，新生政权面临着百废待兴、内忧外患的严峻考验，我们党团结带领人民进行社会主义革命，建立了社会主义制度，实现了中华民族有史以来最为广泛而深刻的社会变革。在这个时期当中，我们党领导的社会主义革命与建设取得了独创性的理论成果和巨大的实践成就，为现代化建设奠定根本政治前提和宝贵经验、理论准备、物质基础。

在理论探索上，如何构建现代化理论、推进实现现代化是新中国成立以后我们党所面临的重大问题。1953 年我们党提出的"一化三改"过渡时期总路线深刻揭示了中国的现代化在根本性质上就是社会主义的现代化。1956 年，毛泽东同志在党的八大开幕词中指出"要把一个落后的农业的中国改变成为一个先进的工业化的中国"，明确了现代化发展方式由传统农业向现代工业的转变。1964 年，周恩来同志在第三届全国人大一次会议的《政府工作报告》里明确提出了实现"四个现代化"的历史性任务，即"在不太长的历史时期内，把我国建设成为一个具有现代农业、现代工业、现代国防和现代科学技术的社会主义强国"，并提出了现实实践的"两步走"战略安排，这是党中央首次完整地提出"四个现代化"目标，是对中国的现代化规律进行的初步总结，为之后中国的现代化理论提供了基本框架。

在制度实践中，1949 年的中国人民政治协商会议第一届全体会议完整确立了新中国国家制度和治理体系的基本框架，奠定了新中国的制度基础。1953 年至 1956 年，在对生产资料私有制进行社会主义改造的过程中，我国社会主义基本制度逐步得到确立与完善。在1954 年宪法以根本大法的形式明确了我国国家制度和治理体系的基本内容与大体框架以后，我国的政治、经济、国防、科技、教育、文化、社会等方面的体制机制不断建立健全，1956 年党的八大宣布"社会主义的社会制度在我国已经基本建立起来了"。可以说，这一时期社会主义制度的建构与实践为中国推动现代化发展搭建了基础的社会主义制度框架，提供了最坚实的制度保障。

三、在改革开放和社会主义建设新时期

党的十一届三中全会后，我们党作出把党和国家工作中心转移到经济建设上来、实行改革开放的历史性决策，实行社会主义市场经济体制。党团结带领人民进行经济建设、政治建设、文化建设、社会建设，取得一系列重大成就，实现了从生产力相对落后的状况到经济总量跃居世界第二的历史性突破，实现了人民生活从温饱不足到总体小康、奔向全面小康的历史性跨越，为中国式现代化提供了快速发展的物质条件。

在理论探索上，以邓小平同志为主要代表的中国共产党人，立足社会主义初级阶段的基本国情，对中国现代化建设的内涵、目标及实践进行了深入思考。1979 年，邓小平同志正式提出"中国式的现代

化"概念，并以"小康"概念的深厚底蕴赋予了现代化以中国内涵，并制定了"三步走"发展战略，这深刻体现了中国共产党和中国人民对于现代化的认识发展与独特理解，是中国式现代化的理论前身。党的十三届四中全会以后，以江泽民同志为主要代表的中国共产党人把握历史发展规律、顺应时代要求，提出了"新三步走"战略安排，明确了新时期"两个一百年"奋斗目标，为我国现代化事业指明了奋斗方向。党的十六大以后，以胡锦涛同志为主要代表的中国共产党人提出"构建社会主义和谐社会"的理论和实践课题，深化了社会主义现代化建设的理论内涵，切实推动着中国式现代化的理论发展。

在制度发展中，这一时期的制度体系与具体体制都得到了巩固完善与创新发展。加强党的领导制度建设、坚持和发展中国特色社会主义政治制度、建立和发展社会主义市场经济体制、积极推进文化体制改革、建立和完善社会主义保障体系、确立和实施依法治国方略、推进和深化党和国家机构改革……经历了长期的奋斗、创造和积累，我们党推进构建了中国特色社会主义制度，为中国式现代化发展提供了充满活力的制度保障。

四、中国特色社会主义进入新时代

党的十八大以来，以习近平同志为核心的党中央立足中华民族伟大复兴战略全局和世界百年未有之大变局，统筹推进"五位一体"总体布局、协调推进"四个全面"战略布局，在已有基础上继续前进，不断实现理论和实践上的创新突破，成功推进和拓展了中国式现代化。

在理论探索上，我们党紧紧围绕如何全面建设社会主义现代化这一重大课题，进一步深化了对中国式现代化的内涵和本质的认识，丰富和发展了中国式现代化的理论内涵。2017年党的十九大报告明确指出："我们要建设的现代化是人与自然和谐共生的现代化，既要创造更多物质财富和精神财富以满足人民日益增长的美好生活需要，也要提供更多优质生态产品以满足人民日益增长的优美生态环境需要。"2020年，在党的十九届五中全会第二次全体会议上，习近平总书记深刻阐述了中国式现代化的基本特征，为中国式现代化指明了前进方向。2022年，党的二十大报告提出"以中国式现代化全面推进中华民族伟大复兴"，阐述了中国式现代化的中国特色、本质要求和重大原则，构建了中国式现代化的理论体系，使中国式现代化更加清晰、更加科学、更加可感可行，为中国在新阶段的接续发展作出了明确的行动规划。

在制度发展中，我们党把制度建设摆在更加突出位置，推进一系列变革性实践、实现一系列突破性进展，国家制度和国家治理主要领域基础性制度体系基本形成，各个领域的各项制度体制改革不断深化完善，如市场体制改革、司法体制改革、社会治理体制改革，等等，切实推进制度建设取得了重大实质性成果，推动中国特色社会主义制度更加成熟、更加定型，为中国式现代化提供了更为完善的制度保证。

在现实探索中正确处理好守正与创新的辩证关系

一切伟大成就都是接续奋斗的结果，一切伟大事业都需要在继往开来中推进。党的二十大明确指出："从现在起，中国共产党的中心任务就是团结带领全国各族人民全面建成社会主义现代化强国、实现第二个百年奋斗目标，以中国式现代化全面推进中华民族伟大复兴。"只有在实践探索中深刻把握守正与创新的内在联系，正确处理好二者之间的辩证关系，才能确保中国式现代化进程在守正中保持航向，在创新中扬帆远航。

一、守正是创新的前提和基础

任何事物的发展推进必须遵循着既定的规律以及明确的方向，一个政党与国家的发展道路更是需要在既定的遵循之上紧跟时代步伐，这样才不会在历史的浪潮中迷失自我。推进中国式现代化是前无古人的开创性事业，也是关乎着我们党和国家未来发展的伟大实践。只有在牢牢坚守中国式现代化的本和源、根和魂的基础上积极识变应变求变，才能保证中国式现代化以自身的独特性质引领世界现代化探索的潮头，而不是随波逐流，以他者的框架限制自身。习近平总书记指出："要坚守正道、追求真理，立足我国国情，放眼观察世界，不妄自菲薄，不人云亦云。"党的十八大以来，我们党在立场、方向、原则、道路等根本性问题上旗帜鲜明、毫不含糊，着力正本清源、固本培元，始终坚持中国式现代化的中国特色、本质要求、重大原则，进而在此基础上进行一系列的实践探索，取得了举世瞩目的伟大成就。我们党在紧随时代的创新历程中始终坚守马克思主义之正、党的全面领导之正、中国特色社会主义道路之正、人民立场之正，从而保证了我们党和国家的事业能在错综复杂的形势环境中不被乱花迷眼、不畏浮云遮眼，始终保持强大战略定力，坚定朝着既定目标前行。因此，我们必须深刻理解中国式现代化实践进程中守正对于创新的基础性地位，以守正为创新凝心铸魂。只有在守正基础上的创新，才不会偏离方向，才能根深叶茂、源远流长。

二、创新是守正的内在要求

事物的创新发展是不断由量变到质变、连续性和阶段性统一的运动过程，更是在新的历史条件下对过去阶段的超越过程。习近平总书记强调："我们通过守正创新形成了中国特色社会主义理论体系，守正就不能偏离马克思主义、社会主义，但不是刻舟求剑，还要往前发展、与时俱进，否则就是僵化的、陈旧的、过时的。"这深刻揭示了创新在守正延续发展中的重要地位，只有创新才能实现有活力的守正。中国式现代化理论与制度的探索实践，本质上就是在守正的基础上进行的创新历程。世界每时每刻都在发生变化，中国也每时每刻都在发生变化，中国式现代化的守正也必须在不断推进理论创新、实践创新、制度创新、文化创新以及其他各方面的创新实践中得以实现。当前，世界百年未有之大变局加速演进，新一轮科技革命和产业变革深入发展，国际力量对比深刻调整，我国发展进入战略机遇和风险挑战并存、不确定难预料因素增多的时期。以习近平同志为核心的党中央全面审视国际国内新的形势，以巨大的理论创新勇气，科学回答了时代和实践提出的重大问题，审时度势、科学判断、深入思考，提出了一系列原创性新理念新思想新战略，切实指引党和国家事业各领域各方面工作展现新貌，顺应时代发展推进中国式现代化不断前进。可以说，这是人类历史上最为宏大而独特的实践创新，也是对于中国式现代化守正的当代诠释。因此，我们必须深刻理解中国式现代化实践进程中创新对于守正的发展性延伸，以创新为守正注入活力，不断为中国式现代化开辟新局。

三、在守正创新中推进中国式现代化

源浚者流长，根深者叶茂。守正不是墨守成规、一成不变，创新不是无本之木、无源之水。二者相辅相成，体现了继承性与创造性、合规律性与合目的性、普遍性与特殊性的辩证统一。新时代新征程上，在推进中国式现代化系统工程的现实实践中，我们要悟透守正创新的丰富内涵，正确处理好二者之间的辩证关系，不断开创党和国家事业发展新局面。

一是要把握好继承性与创造性的辩证统一。中国式现代化始终面对着回应过去、立足现在、展望未来的时代拷问，如何在继承过去探索进程中的成功经验与自身独特性质的基础上实现符合时代要求的创新性创造实践，是我们当前必须回答好、解决好的重大问题。我们不能在时代的潮流中停滞不前，也不能丢掉根本、割断自身的精神命脉，必须以有扬弃的继承与现实的时代创造来推动中国式现代化的返本开新。

二是要把握好合规律性与合目的性的辩证统一。中国式现代化始终面对着合规律性与合目的性两个基本尺度。守正创新不是因循守旧，也不是主观随意，而是要从现实的"实然"当中把握社会历史发展规律，从目标的"应然"当中构建实践蓝图，从而推进中国式现代化既符合事物发展的客观规律，又朝着自身所构想的目标不断前进。

　　三是要把握好普遍性与特殊性的辩证统一。中国式现代化既有各国现代化的共同特征，更有基于自己国情的鲜明特色，始终面临着回应共性与个性之间的张力问题。现代化进程中各个领域各个方面的守正与创新，无一不是解决普遍性与特殊性之间的矛盾关系。因此，只有深刻把握好中国式现代化发展进程中普遍性与特殊性的辩证统一，才能更好地处理守正与创新之间的重大关系，进而扎实推进中国式现代化理论与制度的现实实践！

中国式现代化保持活力与秩序的关键

田　丰[*]

从人类社会发展规律来看，发展中国家经济保持持续增长，跃入发达国家行列的过程并非一帆风顺，不可避免要跨越"贫困再生产""低水平均衡""中等收入陷阱"等层层动荡阻力。纵观全球，不少国家在向经济发达国家迈进的过程中，或是由于经济增长动力不足，陷入经济停滞的局面，或是出现政府贪腐、贫富分化、城乡对立等问题，引发剧烈社会动荡。中国是唯一一个在独立自主、和平发展前提下，克服国内外形势变化带来的重重困难，在短短几十年内走完了发达国家花费几百年完成的城市化和工业化历程，创造了世所罕见的经济快速发展和社会长期稳定两大奇迹的国家。

"两大奇迹"是中国共产党领导人民群众成功开创、持续推进中国式现代化的显著成果，也为以中国式现代化全面推进中华民族伟大复兴提供了坚实基础。"两大奇迹"背后潜藏的逻辑是社会结构不断优化，从而

扫码听全文

＊　田丰，中国社会科学院社会发展战略研究院研究员。

赋予中国式现代化独具一格的活力与秩序。社会结构优化集中体现为人口红利的开发、科技创新人才队伍的建设、绝对贫困的消除、中等收入群体的扩大、城乡结构的再平衡、困难群体的关怀保障等方面，这些举措使中国避免陷入社会结构两极分化、群体撕裂和社会对立的陷阱，长期保持着经济社会发展的活力与秩序。

人口资源的开发为
中国经济起飞提供了充足的比较优势

党的二十大报告指出："中国式现代化是人口规模巨大的现代化。"人口是现代化进程中的基础性要素，也是最具创造性的要素，人口问题处理得好，现代化进程将充满生气，人口问题处理得不好，现代化进程会处处受到人口负面因素的制约。中国是一个人口大国，也是一个人力资源大国，具备人口红利的天然优势。改革开放以来，中国牢牢把握人口红利带来的机会窗口期，对外依靠劳动力成本低廉的比较优势，积极开展对外贸易特别是加工贸易，优化主体结构、优化商品结构、优化市场结构、优化贸易方式、优化贸易环境，推动外向型经济快速发展；对内将劳动人口就业问题摆在经济社会发展优先位置，稳定就业形势、拓宽就业渠道、优化就业结构、提升就业质量，同时大规模转移农村富余劳动力，不但解决了农村人口就业困难、失业人口增多的难题，而且通过人口长期均衡发展的战略布局，推动了城市化和工业化的进程。根据官方统计数据，我国人口城市化率从 1978 年的 17.92% 提高到 2022 年的 65.22%，第一产业就业人口比例从 1978 年的 70.5% 降低到 2021 年的 22.9%。伴随产业改造升级，预计第一产业就业人口比例会继续下降。由此我国基本顺利完成了人口城市化和就业非农化的重要转折。

人口红利能够带来机会窗口，而一旦人口红利耗尽，经济社会发展可能再度陷入困局，因此必须在人口发展战略层面实现从人口数量优势向人口素质优势的转变，加快人口素质提升和高端人才队伍建设。2008 年政府工作报告提出"在全国城乡普遍实行免费义务教育"，有力保障了全体国民的受教育权利，经过多年推广，我国人口基本素质得到了普遍提升。2022 年，我国 16—59 岁劳动年龄人口平均受教育年限达到 10.93 年，比 2021 年提高 0.11 年，比 2020 年提高 0.18 年。[1] 改革开放以来，中国高等教育也快速实现了从精英化到大众化和普及化的转变，特别是党的十八大以来，我国建成了世界最大规模高等教育体系，人口素质结构发生了重大变化，正在形成更具广泛意义且延绵不绝的"人口红利"，这对民族复兴大业必将产生深远、重大的影响。

科技创新人才队伍建设为跳出
"中等收入陷阱"提供了重要力量

美国哈佛大学教授丹尼尔·贝尔早在 20 世纪 70 年代就提出，到

---

[1] 《王萍萍：人口总量略有下降　城镇化水平继续提高》，2023 年 1 月 18 日，见 http://www.stats.gov.cn/xxgk/jd/sjjd2020/202301/t20230118_1892285.html。

了后工业社会，以拥有先进知识、技术的科学家和工程师为代表的知识阶层将取代以财产为基础的资产阶级成为社会的核心阶层乃至领导者。

以中国式现代化全面推进中华民族伟大复兴，不可避免要突破"中等收入陷阱"。"中等收入陷阱"意味着处于现代化进程中的国家在失去廉价劳动力的比较优势之后，又缺乏足够的自主创新能力，进而失去经济持续增长的长远动力。由是观之，跳出"中等收入陷阱"的关键是形成创新驱动型的经济增长模式，而创新驱动需要高素质人才队伍和大规模科技研发投入的支撑。早在20世纪60年代，党中央就明确将科学技术现代化放入了"四个现代化"之列。1977年5月，邓小平同志在同中央两位同志的谈话中呼吁："一定要在党内造成一种空气：尊重知识，尊重人才。要反对不尊重知识分子的错误思想。"1988年9月5日，邓小平同志在会见捷克斯洛伐克总统胡萨克时，进一步提出"科学技术是第一生产力"的重要论断。1995年5月6日，中共中央、国务院颁布了《关于加速科学技术进步的决定》，提出在全国实施科教兴国战略。2006年，《国家中长期科学和技术发展规划纲要（2006—2020年）》确立了创新型国家建设目标。党的十八大以来，习近平总书记高度重视科技创新和人才培养工作，我国深入实施科教兴国战略、人才强国战略、创新驱动发展战略，营造"聚天下英才而用之"的良好氛围。

在国家层面系列政策支持下，科技创新与社会服务能力显著增强，高等教育事业持续健康发展，人才培养质量稳步提升。截至2022年底，我国发明专利有效量为421.2万件，其中国内（不含港澳台）发明专利有效量为328万件，成为世界上第一个国内发明专利有效量超过 300 万件的国家 ①。更重要的是，在一些尖端领域（如载人航天、探月工程、深海工程、超级计算、量子信息等），我国取得了一批重大科技成果，可以比肩甚至超越发达国家。截至 2022 年底，国内高价值发明专利拥有量中，属于战略性新兴产业的有效发明专利达到 95.2 万件，所占比重为 71.9% ②。中国经济社会发展创新动能持续增强，必然为推进中国式现代化带来更加蓬勃的朝气。

消除绝对贫困是推进中国式现代化的"压舱石"

邓小平同志指出："社会主义的本质，是解放生产力，发展生产力，消灭剥削，消除两极分化，最终达到共同富裕。"③ 改革开放后，党和国家深刻总结正反两方面历史经验，将马克思主义与中国国情相结合，充分认识到贫穷不是社会主义的产物，陈旧僵化的体制机制和平均主义的分配结构被打破，"解放和发展社会生产力""允许一部分人、一部分地区先富起来""先富带后富、帮后富"成为中华民族的共识，中国经济总量持续、稳定增长，综合国力大幅提升。然而，一部分人先富起来自然地带来社会结构的分化，不同地区、不同人群之间的收入差距日益凸显，倘若放任这种趋势自由发展，势必加剧贫

---

① 《我国发明专利有效量位居世界第一》，2023 年 1 月 16 日，见 http://stdaily.com/index/kejixinwen/202301/527c29b76ad8405e81d5ddc9a5397595.shtml。

② 《我国发明专利有效量位居世界第一》，2023 年 1 月 16 日，见 http://stdaily.com/index/kejixinwen/202301/527c29b76ad8405e81d5ddc9a5397595.shtml。

③ 《邓小平文选》第三卷，人民出版社 1993 年版，第 373 页。

富两极分化，引发大量中等收入群体资产萎缩、贫困人口持续增多的社会结构倒退现象，进而导致社会极化和对立、群体撕裂和冲突。习近平总书记在省部级主要领导干部学习贯彻党的十九届五中全会精神专题研讨班开班式上深刻指出："实现共同富裕不仅是经济问题，而且是关系党的执政基础的重大政治问题。要统筹考虑需要和可能，按照经济社会发展规律循序渐进，自觉主动解决地区差距、城乡差距、收入差距等问题，不断增强人民群众获得感、幸福感、安全感。"

从调节和优化社会结构的角度来看，实现全体人民共同富裕先要做到消除绝对贫困。党的十八大以来，在以习近平同志为核心的党中央坚强领导下，全国上下历时八年打赢了脱贫攻坚人民战争，现行标准下 9899 万农村贫困人口全部脱贫，832 个贫困县全部摘帽，12.8 万个贫困村全部出列，①取得了在全球范围内史无前例的减贫成就。进而，遏制经济快速增长过程中贫富差距不断拉大的趋势，成为确保中国式现代化活力与秩序的核心要义。党和政府始终坚持居民收入增长与经济增长基本同步的原则，坚持按劳分配为主体、多种分配方式并存的分配制度，鼓励勤劳致富，多劳多得，提高劳动报酬在初次分配中的比重，健全工资合理增长机制，注重发挥再分配、三次分配对社会结构的调节和优化作用。最近十几年来，反映贫富差距的基尼系数呈现出波动下降的总体态势，到 2020 年已经降至 0.468。②同时，

---

① 《习近平：在全国脱贫攻坚总结表彰大会上的讲话》，2021 年 2 月 25 日，见 http://www.gov.cn/xinwen/2021-02/25/content_5588869.htm。

② 《国家发改委：城乡、地区和不同群体居民收入差距总体上趋于缩小》，2021 年 9 月 28 日，见 http://news.cctv.com/2021/09/28/ARTI1zJWUzIm4ABxFaicniwj210928.shtml。

居民收入分配调节力度在不断加大，居民收入来源更加多元化，转移净收入和财产净收入占比上升。更重要的是，随着乡村振兴战略和脱贫攻坚各项政策向纵深推进，农村居民人均可支配收入增速持续快于城镇居民。可以预见的是，新发展格局下，中国经济总量的"蛋糕"势必会越做越大，中国式现代化的生机与活力会进一步彰显。与此同时，伴随着收入分配制度的改革与完善，社会贫富差距将逐步缩小，收入—分配结构将更加完善，全体人民共同富裕将取得实质性进展，中国式现代化也将沿着正确道路有序推进。

中等收入群体的扩大是
经济社会发展的"安全阀"和"稳定器"

中等收入群体是优化社会结构、维系社会和谐的积极力量，也是经济社会发展的"安全阀"和"稳定器"。特别地，中等收入群体展现出来的强大消费力有助于优化消费结构、促进超大规模国内消费市场的形成和可持续发展。伴随着以国内大循环为主体、国内国际双循环相互促进的新发展格局的构建，中等收入群体将依托开放、高效的国内国际市场，源源不断地吸引全球资本、技术、人才、商品等资源要素，为中国经济增长和社会发展带来更活跃的资源要素。近年来，世界百年未有之大变局加速演进，世界多极化、经济全球化处于深刻变化之中，国际环境日趋复杂，不稳定性、不确定性明显增强，外需依赖的潜在风险越来越大，进一步壮大中等收入群体规模、释放中等收入群体的消费潜力，已然成为确保中国经济长期稳定发展的关键举措。

　　党的十八大以来，我国着力扩大中等收入群体规模，形成了世界范围内规模最大、超过4亿人的中等收入群体。尽管总量不少，但以14亿多人口的基数计算，所占比重约为30%，还不够高。而且，内部结构也不均衡，相对较低收入人群在中等收入群体中占比较大，一部分中等收入群体就业稳定性不足，存在"掉队"风险。此外，中等收入群体的地区和城乡发展不均衡，主要集中分布在东南沿海地区，特别是珠江三角洲地区、以上海为中心的华东地区以及大连渤海湾地区，还有相当多农村人口及中小城镇居民尚未进入中等收入群体行列。为此，有必要在深入分析收入—分配作用机制和形成机理基础上，进一步完善劳动、土地、资本、技术、管理、知识、数据等要素按贡献参与分配的初次分配制度，激励更多社会成员不断通过自身努力增加自身要素价值，进而扩大中等收入群体规模，充分发挥和释放中等收入群体的社会功能和消费潜能，尽快形成橄榄型社会结构。

城乡社会结构的再平衡
为城乡协调可持续发展提供新动能

　　我国发展最大的不平衡是城乡发展不平衡，最大的不充分是农村发展不充分。多年来，党和政府围绕城乡社会结构再平衡做了大量工作。2005年12月，十届全国人大常委会第十九次会议审议通过关于自2006年1月1日起废止《中华人民共和国农业税条例》的决定，在中华大地上实施了千百年的农业税成为历史，实实在在减轻了农民的经济负担，再一次解放了农村生产力，国家与农民的关系在历史上第一次出现了由取到予的里程碑式转变。党的十八大以来，以习近平同志为核心的党中央高度重视城乡协调发展，把解决好"三农"问题作为全党工作重中之重，通过开展脱贫攻坚、实施乡村振兴战略、推进美丽乡村建设等，使全体农民摆脱绝对贫困、同步进入全面小康，农村生产生活条件大为改善，乡村面貌焕然一新，城乡居民收入差距不断缩小。2022 年，城镇居民人均可支配收入 49283 元，农村居民人均可支配收入 20133 元，城乡居民收入比从 2021 年的 2.50 降至 2.45，农民收入增长速度已连续 13 年领先城镇居民。① 同时，户籍制度改革步伐不断加快，农业转移人口市民化和农村城镇化不断提速，小城镇产、城、人融合发展态势基本形成，在很大程度上避免了大量农村人口无序涌入大城市带来住房紧张、交通拥挤、污染增多、社会治安任务增重、就业困难等问题，为经济层面和社会层面同步实现城乡协调可持续发展奠定了基础。

加强困难群体的基本
民生保障为社会稳定发展兜底赋能

社会困难群体主要是指在社会生产生活中由于群体的力量、权

---

① 《城乡居民收入比下降令人鼓舞》，《中国经济时报》2023 年 2 月 2 日。

力相对较弱，因而在分配、获取社会财富时较少较难的一种社会群体。这一群体或是由于生理和主观方面的缺陷难以参与社会财富和机会的分配，或是由于各种特定的客观条件的限制，在权利、发展机遇、物质和精神生活等方面始终处于绝对或相对弱势的位置，需要社会保障、社会救助和公共服务为其生存和发展提供帮助。改革开放以来，我国社会保障体系实现了从计划经济时期的以城镇职工单位制保障为主，向符合社会主义市场经济体制需要的社会化保障的转变。党的十八大以来，以习近平同志为核心的党中央积极推进全民参保计划，降低社会保险费率，城乡居民基本养老保险制度不断完善、基本医疗保险制度改革持续深化，基本建立起了覆盖城乡所有居民的多层次社会保障体系。2022 年，全国参加城镇职工基本养老保险人数超过 5 亿人，参加城乡居民基本养老保险人数接近 5.5 亿人，参加基本医疗保险人数约为 13.45 亿人，参加失业保险接近 2.4 亿人，参加工伤保险约为 2.9 亿人，此外，还有 683 万人享受城市最低生活保障，3349 万人享受农村最低生活保障，435 万人享受农村特困人员救助供养等。① 随着中国特色社会主义的民生保障网不断织密扎牢，不仅困难群体的基本民生能够得到更大程度的保障，各个社会群体对高品质生活的期待、对美好生活的向往也将得到更好满足，整个社会将既充满活力，又安定有序。

归根结底，中国共产党之所以能够领导人民创造"两大奇迹"，

---

① 《中华人民共和国 2022 年国民经济和社会发展统计公报》，2023 年 2 月 28 日，见 http://www.scio.gov.cn/xwfbh/xwbfbh/wqfbh/49421/49690/xgzc49696/Document/1738025/1738025.htm。

保持中国式现代化的活力与秩序，最核心的还是坚持以人民为中心的发展思想，直面人民群众最关心最直接最现实的利益问题，不断优化与经济社会发展发展相适应的社会结构，创造人类文明新形态。

■ 参考文献

《邓小平文选》第三卷，人民出版社 1993 年版。

《城乡居民收入比下降令人鼓舞》，《中国经济时报》2023 年 2 月 2 日。

《习近平：在全国脱贫攻坚总结表彰大会上的讲话》，2021 年 2 月 25 日，见 http://www.gov.cn/xinwen/2021-02/25/content_5588869.htm。

《中华人民共和国 2022 年国民经济和社会发展统计公报》，2023 年 2 月 28 日，见 http://www.scio.gov.cn/xwfbh/xwbfbh/wqfbh/49421/49690/xgzc49696/Document/1738025/1738025.htm。

《国家发改委：城乡、地区和不同群体居民收入差距总体上趋于缩小》，2021 年 9 月 28 日，见 http://news.cctv.com/2021/09/28/ARTI1zJWUzIm4ABxFaicniwj210928.shtml。

《王萍萍：人口总量略有下降　城镇化水平继续提高》，2023 年 1 月 18 日，见 http://www.stats.gov.cn/xxgk/jd/sjjd2020/202301/t20230118_1892285.html。

《我国发明专利有效量位居世界第一》，2023 年 1 月 16 日，见 http://stdaily.com/index/kejixinwen/202301/527c29b76ad8405e81d5ddc9a5397595.shtml。

在"内"与"外"的
深度交融中 推进中国式现代化

付文军[*]

现代化及其引领的人类文明形态一直是人类孜孜以求的目标。党的二十大报告指出:"从现在起,中国共产党的中心任务就是团结带领全国各族人民全面建成社会主义现代化强国、实现第二个百年奋斗目标,以中国式现代化全面推进中华民族伟大复兴。"习近平总书记在学习贯彻党的二十大精神研讨班开班式上发表重要讲话强调:"推进中国式现代化是一个系统工程,需要统筹兼顾、系统谋划、整体推进,正确处理好顶层设计与实践探索、战略与策略、守正与创新、效率与公平、活力与秩序、自立自强与对外开放等一系列重大关系。""自立自强"与"对外开放"就是这其中的一组重要关系,中国式现代化事业必须在"内"与"外"的深度交融中妥善推进。

扫码听全文

---

* 付文军,浙江大学马克思主义学院教授、浙江大学中国特色社会主义研究中心研究员、浙江大学马克思主义理论创新与传播研究中心研究员。

坚持走自己的路：
中国式现代化是自立自强的现代化道路

通常而言，中国式现代化就是中国共产党领导中国人民走出的一条符合中国实际、深受中国人民欢迎、顺应历史发展潮流和时代发展趋势的社会主义现代化道路。自新中国成立，中国人民便开启了探索现代化的新征程。随着改革开放以来的社会主义实践，尤其是党的十八大以来的创新突破，我们党成功推进和拓展了中国式现代化。中国式现代化的顺利推进，关键就在于我们始终坚持独立自主、自立自强。中国共产党百余年的奋斗历史和实践经验表明，独立自主是中华民族精神之魂，是我们立党立国的重要原则。坚持走自己的路是中国式现代化得以取得举世瞩目成就的关键所在。易言之，中国式现代化就是一条自立自强的现代化求索之路。

一、独立自主、自立自强既是内嵌于中华优秀传统文化中的基因，又是中国共产党人在实践中总结出的基本经验

独立自主、自立自强是中华民族自古以来的价值取向与宝贵智慧。在中华民族发展史上，独立自主、自立自强一直都是镌刻在中华民族精神深处的宝贵财富。除了耳熟能详的"君子以自强不息"外，还有"独立而不改"（老子）、"君子求诸己"（孔子）、"自立自重"（陆九渊）和"不求于己而求于人者，未有能自立者也"（康有为）等反映中华民族自立自强的提法，这些经典表述无不确证了中华民族自古

至今一直都秉持着独立自主、自立自强的传统。这是中华民族能够自立于世界民族之林的精神支撑。

独立自主、自立自强是中国共产党人实践经验和实践智慧的总结。在"国家蒙辱、人民蒙难、文明蒙尘"之际，中国共产党挺身而出，扛起了改变落后挨打面貌的时代重任。党的一大通过的决议中，中国共产党人就声明政治斗争和其他斗争必须"始终站在完全独立的立场上，只维护无产阶级的利益，不同其他党派建立任何关系"。1935年，遵义会议召开，将党的路线转到了马克思列宁主义的轨道上来，制定了适合中国国情的路线方针政策，开启了中国共产党独立自主解决中国革命实际问题的新阶段。在社会主义革命和建设时期，加强社会主义国家建设是主要依靠国内力量还是仰仗国外援助成为一个重大的现实问题。周恩来同志给出的答案是"以国内力量为主，即自力更生为主"。在工业化建设过程中，毛泽东同志实事求是地提出"自力更生为主，争取外援为辅"的方案。聚焦于社会建设和发展这一核心问题，中国共产党人始终坚持自力更生，依靠自身的力量"站起来"并应对来自各方的风险挑战。在改革开放的过程中，邓小平同志一再强调"独立自主，自力更生，无论过去、现在和将来，都是我们的立足点"。走自己的路，是中国共产党人独立自主、自立自强的重要表现，也是改革开放得以成功的重要经验。中国特色社会主义进入新时代，习近平总书记也一直强调中华民族的发展必须坚持独立自主、自力更生，这也是我们能够创造彪炳史册伟大奇迹的"内因"。

二、在中国式现代化的推进过程中，我们始终坚持独立自主、自立自强这一基本原则

我们始终坚持把国家和民族发展放在自己力量的基点上。党的十九届六中全会指出："人类历史上没有一个民族、一个国家可以通过依赖外部力量、照搬外国模式、跟在他人后面亦步亦趋实现强大和振兴。那样做的结果，不是必然遭遇失败，就是必然成为他人的附庸。"依附道路虽然走得通，也可能短期内能走得顺，但这种受制于人的道路势必难以走得远。中国式现代化自始至终都未将中国发展的可能性拱手让人，并在实践中逐渐认识到中国发展的机遇需要自己来把握、中国发展的空间需要自己来创造。中国人民在中国式现代化的推进过程中汇聚的磅礴之力是保证这一现代化求索方案得以顺利展开的关键。

我们始终坚持把我国发展进步的命运牢牢掌握在自己手中。社会主义革命和建设的实践确证了"中国的事情必须由中国人民自己作主张、自己来处理"这一简单却又极其深刻的道理。中国式现代化就是中国人民开创的现代化，中国式现代化的道路必须由中国人民自己来走。中国人民是中国式现代化的主要参与者和生力军，享有中国式现代化的绝对主导权。中国式现代化所要解决的问题也是中国人民普遍反映的问题，中国式现代化的得失也完全由中国人民自己来评判，中国式现代化的成果亦由中国人民共享。在中国式现代化的推进过程中，我们始终坚持自己的事情自己做，在自己作主、自己处理这一认识的基础上选择了一条适合中国国情的社会主义现代化道路。

不断扩大高水平对外开放：
中国式现代化发展空间的拓展

工业革命开启了现代化的进程，也按下了世界历史的快进键。工业革命所开启的现代化进程要求在全世界范围内建立普遍的物质交换，"到处落户，到处开发，到处建立联系"成为这一时代的标配。原本割裂的区域或孤立的存在就此打破了隔阂而互相关联起来，"一切国家的生产和消费都成为世界性的了"。随着社会生产力的发展，万物互联成为不可避免的历史趋势。正如习近平主席2013年10月3日在印度尼西亚国会的演讲中所说："中国的发展离不开世界，世界的发展也需要中国。中国将坚定不移走和平发展道路，坚定不移奉行独立自主的和平外交政策，坚定不移奉行互利共赢的开放战略。中国的发展，是世界和平力量的壮大，是传递友谊的正能量，为亚洲和世界带来的是发展机遇而不是威胁。"

正是在对中国发展问题的深度思考和对世界历史的透彻把握中，中国共产党人开启了对内改革、对外开放的道路。改革开放是我们党的一次伟大觉醒，正是这个伟大觉醒孕育了我们党从理论到实践的伟大创造，同时也是中国人民和中华民族发展史上一次伟大革命，正是这个伟大革命推动了中国特色社会主义事业的伟大飞跃。可以说，对外开放不断拓展了中国式现代化的发展空间。

一、中国式现代化是一种世界历史性的存在，它是适应世界历史发展要求的现代化

中国式现代化是中国与世界交互作用的产物。改革开放的历史经验已然表明：开放带来进步，封闭必然落后。中国的发展离不开世界，世界的繁荣也需要中国。当下的世界发展格局已呈现出一种整体性的发展态势，任何人、任何国家和民族都不能脱离这一整体之外而孤立存在和发展。中国式现代化的方向、进程需要与世界历史发展路向保持一致。中国式现代化有力地推动着世界历史的进程，世界历史中的诸多"合力"也确保了中国式现代化能够顺利开展。中国式现代化是一种代表人类前进方向的文明模式，它充分表明了中国人民在与世界的深度交互中始终是站在历史正确的一边和人类文明进步的一边，积极探寻着通过维护世界和平发展自己和通过自身发展维护世界和平的道路。

中国式现代化要在对外开放中稳步推进。中国式现代化与对外开放是同向而行的，对外开放助力着中国式现代化。通过改革开放，我们逐渐成为世界第二大经济体、制造业第一大国、货物贸易第一大国、商品消费第二大国、外资流入第二大国，中国人民在富起来、强起来的征程上迈出了决定性的步伐。我们坚持的对外开放并不是放任自流式的全面放开，也不是口头式的虚假开放，而是有步骤、有原则的对外开放。在对外开放的过程中，我们始终坚持的社会主义道路规定了对外开放的基本方向，人民民主专政则是对外开放的制度保障和力量之源，中国共产党是当仁不让的对外开放的领导核心，马克思主

义为对外开放提供了理论基础和思想指引。在对外开放的过程中，中国式现代化取得了累累硕果。

二、在中国式现代化的推进过程中，我们旗帜鲜明地坚持扩大高水平对外开放，为中国式现代化创造了良好国际环境、开拓了广阔发展空间

我们始终坚持对外开放的基本国策，实行积极主动的开放政策，形成全方位、多层次、宽领域的全面开放新格局。对外开放是我们长期坚持的一项基本国策。中国式现代化必须与世界接轨，必须走"国际化"路线，方能充分利用好国际上的各种有利资源和有效方法以助力中国式现代化进程。中国式现代化就是"打开国门搞建设"的典范。随着中国式现代化的不断推进，中国开放的大门只会越开越大，中国对外开放的水平也只会越来越高。我们不仅要全面参与国际事务并发挥积极作用，还要在深度参与全球产业分工和合作中统筹协调好国内国际两种资源。在互利共赢的开放战略指引下，中国式现代化充分实现"引进来"和"走出去"并重，并塑造了"陆海内外联动"和"东西双向互济"的开放格局。

我们始终高举和平、发展、合作、共赢旗帜以自己的实际行动推动经济全球化造福世界各国人民。中国式现代化并不是霸权式、殖民式的现代化，中国的对外开放也不是对外扩张。我们始终恪守和平共处五项原则，切实维护世界的和平与发展。中国式现代化引领中国人民富起来、强起来了，我们向世界人民庄严承诺，我们绝不走国强必霸的歪路、邪路，绝不做损人利己、以邻为壑的事情。在中国式现代

化的建设过程中，我们大幅度放宽市场准入、创造更有吸引力的投资环境、加强知识产权保护、主动扩大进口等，都是积极扩大开放、加强国际交往的必然举措，我们提出共同营造开放包容的合作环境、共同激活创新引领的合作动能、共同开创互利共赢的合作局面等倡议，也是适应时代发展需要和积极构建人类命运共同体的题中之义。在对外开放的过程中，中国式现代化得以稳步推进并为世界的发展提供了中国智慧和中国方案。

中国式现代化的辩证智慧：
自立自强与对外开放的协同推进

中国式现代化是对共产党执政规律、社会主义建设规律和人类社会发展规律的系统性运用。中国共产党人在实践中确立了解决时代问题的基本思路和实践方法，蕴含着历史的认识方法与实践方式相统一的方法论，并展现了强烈的问题意识和问题导向。在中国式现代化的推进过程中，如何审视中国在世界历史中的位置，如何处理中国和世界的关系，如何在发展自身的基础上推动世界发展等，都是摆在中国共产党和中国人民面前的重大问题。中国式现代化在实践过程中始终坚持系统观念，并给出了极具辩证智慧的解答。尤其是在全面建设社会主义现代化国家的关键时期，运用历史唯物主义和辩证唯物主义的方法论来审视实践中的问题并找到合理的解答方案，是当前工作的重点。

在认识层面，我们必须系统地把握自立自强和对外开放的关系。在中国式现代化推进的过程中，自立自强和对外开放绝不是一个"二选一"的选择题，必须真正做到统筹兼顾。自立自强是对外开放过程中的自立自强。在推进中国式现代化过程中，自立自强并不是"关起门来"搞建设，闭门造车不但无法吸收和借鉴他国现代化建设的优秀经验，还会造成闭目塞听而无法正确审视自身的位置，这样的现代化终究是与时代脱轨的发展模式。在推进中国式现代化建设过程中，要真正做到自立自强就必须要以包容的胸怀和世界的眼光来深度融入世界历史潮流，在这一过程中苦练"内功"，发展自我、壮大自身。

对外开放也是在自立自强基础上的对外开放。对外开放不仅仅是简单地打开国门、互通商贸和交流互鉴，而是一种深度的交流和公平的对话。在现有的国际分工和发展态势之下，没有哪一个经济实力全面处于劣势的国家和民族能够在全球交往中拥有平等的地位和权利，"落后就要挨打"是人类交往过程中诸多现实经验的总结。只有强大的经济实力，才会有与之对应的话语权。随着中国式现代化的推进，我国的经济实力和国际影响力显著增强，我们以自身的实际行动深刻地影响了世界历史格局。与此同时，我们对外开放的主动性、积极性也得到了显著提升。总之，推进中国式现代化并建成社会主义现代化强国，我们既要"聚焦于内"——立足自身发展，也要"放眼于外"——深度融入世界。

在实践层面，我们必须积极建构自立自强与对外开放协同推进的发展格局。中国式现代化是自立自强和对外开放协同推进的现代化模式，这就需要我们在实践中建构二者协同发力的基本格局，坚定不移地走高质量发展和高水平对外开放之路。随着一系列现代化举措的推行，我国经济也从高速增长阶段转向高质量发展阶段。高质量发展是全面建设社会主义现代化国家的首要任务。发展是党执政兴国的第一要务。在全面建成社会主义现代化强国的新征程中，我国经济的发展必须坚守质量第一、效率优先的原则，做到质和量的有机统一。高质量发展能够为中国式现代化的稳步推进奠定坚实的物质基础。中国式现代化必须以新发展理念引领经济社会发展。具体而言，就是要通过创新发展解决发展的动力问题、以协调发展解决发展不平衡的问题、以绿色发展解决人与自然和谐的问题、以开放发展解决内外联动的问题、以共享发展解决社会公平正义的问题。

同时，我们还需要提高对外开放的水平，加快构建以国内大循环为主体、国内国际双循环相互促进的新发展格局。新的对外开放格局要求以国内大循环为主体，在深化改革中解决发展的难题。同时也要积极推动国际大循环，加强国际合作和参与国际竞争，以此提升我国经济社会发展效率和水平。在高质量发展和高水平对外开放的过程中，我们积极探索着利用好国内和国外两种资源和两个市场的方案，在"中"与"西"、"内"与"外"的辩证张力中积极助力以中国式现代化全面推进中华民族伟大复兴。这是中国式现代化内蕴着的辩证智慧和辩证方案，它为广大发展中国家独立自主迈向现代化树立了典范，为其提供了全新选择。

调查报告：公众关于中国式现代化的所思所想所盼

公众关于中国式
现代化的所思所想所盼

人民智库

调查目的

系统掌握公众关于中国式现代化的整体看法、认知、评价与期待，深入梳理分析公众关于中国式现代化的所思所想所盼，为开局之年更好地推进中国式现代化建言献策。

调查时间

2023 年 2 月 13 日—2023 年 2 月 28 日，通过互联网发布与微信公众平台推送电子问卷，共回收有效问卷 4391 份。

调查样本

男性占 67.3％，女性占 32.7％；受访者以中青年群体为主，21—30 岁占 54.7％，31—40 岁占 30.4％，41—50 岁占 7.5％，20 岁以下占 4.3％，50 岁以上占 3.1％；从政治面貌看，37.0％是共产党员（包括预备党员），29.7%是群众，27.2%是共青团员，民主党派或无党派人士占 6.1%；从职业或身份看，33.7%是民企或外企员工，19.7%是国企员工，18.1%是个体经营者或者自由职业者，16.4%是党政机关、事业单位人员，其他职业或身份占比 12.1%。

重要发现

近九成公众关注中国式现代化的理论创新和实践探索，普遍认同中国式现代化道路具有重大的世界意义，既开拓了世界现代化发展的新境界，又创造了人类文明新形态。

关于以中国式现代化全面推进中华民族伟大复兴，公众的突出感受是有期待有信心（81.6%）、激动兴奋（76.3%）、骄傲自豪（60.5%）；同时，对我国人口规模巨大的现代化特殊性有较为深刻的认识。

提到现代化，公众最先想到的是城市化（68.2%）、工业化（53.9%）和法治化（52.7%）；超半数公众认为世界各国现代化具有重视科技和教育、发展工业化和城市化等共同特征。

公众普遍意识到照搬西方现代化模式可能易落入忽视本土文化和传统价值（60.5%）、把现代化等同于西方化（57.1%）、社会不稳定（55.9%）等陷阱，中国式现代化具有以人为本、尊重自然、自信自强、共建共享、开放包容等文明特质。

公众相对更关注我国现代化进程中可能面临的国内改革发展风险挑战，对 2035 年我国基本实现社会主义现代化有信心、有期待。

公众认为开局之年推进中国式现代化最应抓好高水平对外开放、扩大内需、提振市场信心、推动产业升级和全面推进乡村振兴等工作，且领导干部应具备好学勤思、担当作为、改革创新和积极斗争等精神和态度。

公众普遍关注中国式现代化的理论创新和实践探索，认同中国式现代化道路具有重大世界意义

中国式现代化彰显了人类现代化进程中的中国智慧。调查显示，近九成的受访公众关注中国式现代化的理论创新和实践探索，其中，51.1%的受访者表示"非常关注"，36.5%的受访者表示"比较关注"。公众普遍认同中国式现代化道路具有重大的世界意义。

从世界现代化发展视角看，中国式现代化开拓了世界现代化发展的新境界。一是创造了工业化、城镇化、农业现代化、信息化等多领域齐头并进、良性互动、协调发展的"并联式"现代化发展模式，打破了"现代化＝西方化"的迷思，创造了新的现代化世界版图（63.5%）。二是党的领导决定了中国式现代化的根本性质（66.0%），党始终坚持把实现人民对美好生活的向往作为现代化建设的出发点和落脚点，着力促进全体人民共同富裕，突破了西方现代化的局限性，为发展中国家提供了现代化新选择（71.6%），有助于强化世界多极化的趋势（50.9%）。

从人类社会文明发展视角看，中国式现代化创造了人类文明新形态。在推进中国式现代化过程中，中国共产党坚持传承弘扬中华优秀传统文化，吸收借鉴

扫码听全文

311

人类优秀文明成果，倡导坚守全人类共同价值，主张独立自主、和平发展、兼济天下、美美与共，66.0%的受访者认为中国式现代化塑造了共融共生的文明新秩序，为人类未来发展提供了新的文明形态，32.2%的受访者认为中国式现代化推动人类社会实现新进步。中国式现代化注重人的全面发展和社会全面进步，是坚持科学社会主义基本原则的现代化，使科学社会主义在中国焕发蓬勃生机，实现了社会主义现代化理论和实践的创新突破，为世界社会主义发展带来新希望（61.7%）。

公众对以中国式现代化全面推进中华民族
伟大复兴的突出感受是自信期待，对我国
人口规模巨大的现代化特殊性有较为深刻的认识

当问及"在听到'以中国式现代化全面推进中华民族伟大复兴'时，您有哪些突出的感受"时，受访者选择最多的选项依次为"有期待有信心"（81.6%）、"激动兴奋"（76.3%）、"骄傲自豪"（60.5%），这些突出感受反映了公众对党团结带领中国人民取得的现代化建设成就的肯定和认可；16.9%的受访者表示"焦虑担忧"，这反映出一些公众对我国现代化建设可能面临的挑战与问题的担忧。

当问及"中国式现代化是人口规模巨大的现代化，您认为这意味着什么"时，超六成的受访者认为"中国不能通过简单模仿其他国家现代化的模式来实现自身的现代化"（70.0%）和"推进中国式现代

化的过程必须要循序渐进"（62.2%），这意味着我国要选择适合自身国情的现代化模式，从国情出发想问题、作决策、办事情，且在现代化建设过程中要稳中求进、循序渐进、持续推进。超半数的受访者认为"中国实现现代化的难度系数要远大于西方发达国家"（58.7%），"需要加强社会治理和政治制度建设，以确保社会稳定"（55.9%），"需构建更高效、更可持续的经济体系，平衡经济与生态"（52.1%），这意味着中国式现代化的艰巨性和复杂性前所未有，在推进中国式现代化过程中需要统筹兼顾社会治理和政治制度建设、经济发展和生态保护等重要工作，坚持人民至上的价值理念，始终锚定人民对美好生活的向往，让现代化建设成果更多更公平惠及全体人民。

多数公众认为中国式现代化既遵循了现代化一般规律，又实现了对西方现代化模式的超越

世界各国的现代化具有经济工业化、政治民主化、社会生活城市化等特征。提及现代化，受访公众最先联想到的是"城市化"（68.2%）、"工业化"（53.9%）和"法治化"（52.7%），这三个词语恰好从社会、经济和政治三个方面表征了现代化的特点。现代化的实现方式和路径虽然具有多样性，但也遵循普遍性的规律。调查表明，公众普遍认为"重视科学创新"（72.3%）和"提高教育水平"（62.7%）是推进中国式现代化应当遵循的基本规律，那些不注重人才培养和科技创新的国家最后大多会陷入"中等收入陷

阱"或沦为西方发达国家的附庸。同时，还有一些公众认为世界各国现代化的共性在于"发展工业化"（61.5%）和"推进城市化"（55.7%）。工业化是现代化的物质基础，是城市化的主要推动力，工业化的过程必然伴随着人口向城市集聚的城市化过程。还有部分受访者选择其他选项，选项占比皆未超过半数。

随着一些发展中国家"照搬照抄"西方现代化模式陷入发展困境，国内公众普遍意识到照搬西方现代化模式可能会落入一系列陷阱。调查显示，公众认为发展中国家照搬西方现代化模式可能易落入"忽视本土文化和传统价值"（60.5%）、"把现代化等同于西方化"（57.1%）的陷阱。此外，公众对西方的现代制度弊端有了清晰的认知，如照搬西式民主可能引发"社会的动荡和不稳定"（55.9%），"经济发展忽视了人的自由全面发展"（48.6%），"落入高福利负担陷阱"（45.1%）等。

公众认为中国式现代化有着独特的文明特质，实现了对西方现代化模式的超越。现代西方文明隐藏着"西方中心主义"和"殖民主义"两大传统，其现代化过程充斥着大肆掠夺和殖民扩张。而中国式现代化道路则厚植于中华五千多年的文明沃土，坚持科学社会主义基本原则，赢得了公众的广泛认可。调查显示，六成受访者认为中国式现代化道路具有以人为本（63.4%）的文明特质；超半数受访者认为其具有尊重自然（57.4%）、自信自强（56.2%）、共建共享（52.9%）和开放包容（50.4%）的文明特质；部分受访者还认为其具有和平发展（46.8%）、文明接续传承（28.2%）等文明特质。

此外，公众也十分认可中国独立自主、自信自强、开放包容的现代化道路。对于改革开放以来的现代化建设为我国发展带来哪些优势，受访公众选择较多的优势主要集中在国家的和平发展、国际影响力、经济实力等方面，其中，71.6%的受访者认为我国发展的主要优势是"实现了独立自主的和平发展"，超六成的受访公众认为是"成为了国际上重要的影响力国家"（64.2%）和"推动中国成为全球第二大经济体"（60.7%），超半数的受访者认为是"建立了门类齐全的现代化工业体系"（59.5%）和"提高了人民生活水平"（51.2%）。

公众对我国现代化进程中可能面临的国内改革发展风险挑战更为关注，对 2035 年我国基本实现社会主义现代化有信心、有期待

推进中国式现代化是一项前无古人的开创性事业，必然会遭遇各种风险挑战、艰难险阻甚至惊涛骇浪。调查显示：从公众视角来看，受访者可能相对更关注国内的改革发展等风险挑战，如发展的比较优势、产业转型升级、贫富差距以及内需扩大等问题，对国际社会的时事趋势及可能随时发生的"黑天鹅""灰犀牛"事件等的关注或预见相对较少。其中，六成多的受访者认为会面临人口红利消失和发展比较优势降低（68.3%）、"卡脖子"问题和产业转型升级挑战（61.2%），近半数的受访者认为会面临贫富差距扩大风险（51.4%）、内需疲软和发展动力不足风险（48.6%），有四成左右的受访者认为会面临城乡发展不均衡风险（42.1%）、资源瓶颈和生态约束（41.8%）以及人

口老龄化和社保负担增加（39.6%），还有少部分公众认为可能会面临逆全球化挑战（23.3%），以及疫情、金融危机（15.8%）或者国际冲突（13.6%）等突发事件。

从全面建成小康社会到基本实现社会主义现代化，再到全面建成社会主义现代化强国，这是新时代中国特色社会主义发展的战略安排。到2035年基本实现社会主义现代化，是我国向第二个百年奋斗目标进军的关键一步。调查显示：超九成公众对2035年我国基本实现社会主义现代化有信心。其中，60.2%的受访者表示"非常有信心"，30.9%的受访者表示"比较有信心"。在调查公众对2035年我国基本实现社会主义现代化后的个人生活憧憬时，超六成的受访者认为个人的日常通勤和交通出行会更加顺畅快捷（67.3%）、个人的收入水平大幅提升（62.5%）、居住条件大幅改善（60.0%），超半数的受访者认为个人的文化素养和受教育水平提升（54.6%）、精神文化生活更加丰富（54.2%），同时，四成左右的受访者认为医疗资源和医疗服务更优质（46.6%）、政治参与和社会参与更加广泛持续深入（40.5%）以及个人生活变得更加数字化和智能化（38.0%）。可以看出，公众对个人生活有着更高、更好、更优的憧憬和期待。

开局之年推进中国式现代化，
重点在于抓好经济工作和乡村振兴工作

第一，持续推动经济高质量发展，努力实现经济运行整体好转，是开局之年的关键工作。2022年，我国经济顶住压力实现国内生产总值同比增长3.0%，但在需求收缩、供给冲击、预期转弱三重压力和超预期事件冲击的影响下，我国经济增长速度放缓。同时，世界经济衰退风险增加，美国不断打压制裁中国企业，冀望世界各国跟中国"脱钩"，中国经济发展的外部环境更加复杂严峻。这更要求我国抓好今年的经济工作，坚定经济发展这一重心，以应对国际国内的新挑战。本次调查数据也显示，公众普遍关注经济发展，超半数认为开局之年最应抓好包括"推进高水平对外开放"（58.0%）、"着力扩大内需"（56.9%）、"提振市场信心"（56.9%）、"推动产业升级"（54.1%）等经济方面的工作。这表明在当前全球经济低迷的环境下，公众对经济发展的重视程度更高，期望政府能够采取有效措施推动经济复苏、扩大就业。因此，迫切需要把实施扩大内需战略同深化供给侧结构性改革有机结合起来，推动经济实现质的有效提升和量的合理增长，让国内公众和世界各国都看到中国的发展实力和潜力。

第二，全面推进乡村振兴，加快建设农业强国，为全面建成社会主义现代化强国奠定根基。全面建设社会主义现代化国家，最艰巨最繁重的任务仍然在农村，需要切实解决好发展不平衡不充分的问题，发展不平衡突出表现为城乡差距，发展不充分则主要体现在乡村地区。因此，以乡村振兴为抓手做好"三农"工作，大力推进农业农村现代化，对全面建设社会主义现代化国家至关重要。调查显示，52.1%的受访者认为"全面推进乡村振兴"是今年最应抓好的工作之一。当前，乌克兰危机延宕发酵，全球能源和粮食问题仍然突出。加快农业农村现代化，抓紧抓好粮食和重要农产品稳产保供，对我国经济社会平稳发展意义重大。此外，巩固脱贫攻坚成果、培育新型职业农民、拓宽农户致富渠道，仍是推进全体人民共同富裕的现代化的必要措施。

第三，高素质的干部队伍是开局之年推进中国式现代化和抓好各项工作的重要保障。中国式现代化是中国共产党领导的社会主义现代化，领导干部是推进中国式现代化和抓好各项工作的"领头雁"，需要具备良好的精神面貌和端正的态度。调查发现，七成多受访者认为领导干部应具备"好学勤思"（77.0%）、"担当作为"（75.5%）、"改革创新"（74.1%）、"积极斗争"（71.0%）等精神和态度。大多数党政机关、事业单位的受访群体也认为领导干部应具备"改革创新"（80.8%）、"积极斗争"（74.7%）、"好学勤思"（71.7%）、"担当作为"（70.7%）等精神和态度。这表明领导干部对自身应具备的精神面貌和态度的认知相对清晰、准确：具备改革创新精神，才能破除现有的体制机制障碍；具备积极斗争精神，才能在维护国家核心利益上敢于亮剑，克服前进路上的重重阻力；好学勤思是领导干部接纳新鲜事物和克服"本领恐慌"的重要途径，"好学才有本领"；敢于担当作为，是领导干部基本的政治品格和素质要求，"有多大担当才能干多大事业，尽多大责任才会有多大成就"。

（执笔：人民智库研究员　贾晓芬　刘哲）

总 策 划：王　彤

策划编辑：陈　登　徐媛君

责任编辑：徐媛君　王雨晴

特邀编校：谢晓冉

封面设计：石笑梦

图书在版编目（CIP）数据

人类文明新形态：中国式现代化 / 人民日报社人民论坛杂志社　主编 . —
　北京：人民出版社，2023.11
ISBN 978 - 7 - 01 - 026047 - 1

I.①人⋯　II.①人⋯　III.①现代化建设 – 研究 – 中国　IV.① D61

中国国家版本馆 CIP 数据核字（2023）第 201736 号

人类文明新形态
RENLEI WENMING XINXINGTAI
——中国式现代化

人民日报社人民论坛杂志社　主编

人民出版社 出版发行
（100706　北京市东城区隆福寺街 99 号）

北京中科印刷有限公司印刷　新华书店经销

2023 年 11 月第 1 版　2023 年 11 月北京第 1 次印刷
开本：710 毫米 × 1000 毫米 1/16　印张：20.5
字数：225 千字

ISBN 978 - 7 - 01 - 026047 - 1　定价：66.00 元

邮购地址 100706　北京市东城区隆福寺街 99 号
人民东方图书销售中心　电话（010）65250042　65289539